U0534545

国家社科基金项目"乡村过疏化背景下湘鄂民族地区传统村落的可持续发展研究"（15CMZ025）的最终结题成果

湘鄂西传统村落的过疏化与可持续发展

姜爱 著

中国社会科学出版社

图书在版编目（CIP）数据

湘鄂西传统村落的过疏化与可持续发展 / 姜爱著 . —北京：中国社会科学出版社，2023.4

ISBN 978-7-5227-1643-5

Ⅰ.①湘…　Ⅱ.①姜…　Ⅲ.①农村经济发展—研究—湖南②农村经济发展—研究—湖北　Ⅳ.①F327.64②F327.63

中国国家版本馆 CIP 数据核字(2023)第 050859 号

出 版 人	赵剑英
责任编辑	孔继萍
责任校对	冯英爽
责任印制	郝美娜

出　　版	中国社会科学出版社
社　　址	北京鼓楼西大街甲 158 号
邮　　编	100720
网　　址	http://www.csspw.cn
发 行 部	010-84083685
门 市 部	010-84029450
经　　销	新华书店及其他书店
印　　刷	北京君升印刷有限公司
装　　订	廊坊市广阳区广增装订厂
版　　次	2023 年 4 月第 1 版
印　　次	2023 年 4 月第 1 次印刷
开　　本	710×1000　1/16
印　　张	15.25
插　　页	2
字　　数	241 千字
定　　价	98.00 元

凡购买中国社会科学出版社图书，如有质量问题请与本社营销中心联系调换
电话：010-84083683
版权所有　侵权必究

内容摘要

　　传统村落是我国农耕文明的重要遗产，在历史、文化、艺术、建筑等方面都具有重要价值。随着工业化和城镇化进程的推进，这些村落过疏化趋势日益加剧，村庄发展主体缺失，村落文化传承受阻，村落发展困难重重。本书运用民族学和农村社会学的相关理论与方法探讨过疏化背景下湘鄂西地区传统村落的可持续发展问题，有利于深化城镇化背景下乡村发展规律的认识，推动传统村落的保护和发展，为全国过疏化村落的治理提供参考建议。

　　湘鄂西地区的传统村落是土家族、苗族、侗族等多民族的世居之地，这里生态植被良好，村落里蕴藏着丰富的历史文化遗产。在改土归流以前，该地区人口增长十分缓慢，人们沿袭刀耕火种的耕作方式，经济发展滞后。改土归流以后，随着流民的大量迁入和不断繁衍，人口数量激增，土地资源与生产结构的矛盾日益突出，村落慢慢呈现出过密化状态，村民辛苦劳作，惜土如金，不断改造自然生态以提高农业产出。改革开放以后，许多青壮年在城镇化、工业化的冲击下"离土又离乡"，传统村落过疏化趋势日益加剧。

　　随着经济的发展和社会的变迁，湘鄂西地区传统村落不断有人口流出，首先就是通过考学、参军走出去的非农职业者，由于他们有稳定的职业和收入，因此成为离开村落最为彻底的人群。而外出务工的个体户和农民工是村落中最大规模的人口外流。此外，还有因婚嫁外流的女子、因"婚姻挤压"而选择到外地上门的男子、因为读书外流的学生和为了满足子女需求而离乡的老人。随着越来越多的人离开，传统村落呈现出房屋空壳化、产业空洞化、人才空心化、文化消解化、情感疏远化的衰败景象，乡村社会的原子化严重。

湘鄂西地区传统村落里的农民外流是政策环境变化和农民"理性选择"二重化的结果，也是城乡"推力—拉力"作用的结果。20世纪80年代以来，随着工业化、城镇化的发展，教育资源的调整和城乡二元体制的影响，城市文明不断向乡村"入侵"，导致农村、农民的地位在城乡横向比较中衰落。由于山区自然条件的限制和农业成本的不断上涨，农民种地不赚钱，只能处在社会的最底层。而城市便捷的生活条件和较高的经济收入使那些走出来的村民不愿意再回去，在城市待得越久，对于城市的生活就更加向往，传统的乡土情结不断消解。

青壮年外出务工在一定程度上提升了农户的家庭收入，缓解了村落人多地少的矛盾，但付出的代价也是巨大的。由于人口减少，传统农业生产不断萎缩，许多土地只能实行退耕还林，传统习俗和民俗文化也不断流逝。由于乡村精英缺乏，乡村公共服务事业不断萎缩，乡村治理难度增加，基层组织建设受到影响。人口外流对个体家庭也带来重要影响，留守儿童教育缺失，留守老人负担重，留守夫妇面临"诱惑"和离婚风险，家庭不稳定因素增加，男性婚姻挤压现象突出。人口的外流导致传统的"熟人社会"已变成"半熟人社会"，乡村社会开始由"同质性"向"异质性"发展，降低了村民对村落共同体的认同。

从可持续发展理念出发，湘鄂西地区传统村落最终要实现生态良好、产业发展、文化传承、管理民主、乡愁延续的整体协调发展目标，村落发展应该坚持科学规划、整体推进的原则；以生态为本，绿色发展的原则；村民主体，多元参与的原则；因地制宜，多样化发展的原则。过疏化村落的治理可以采取以下具体措施：一是可以采取各种途径吸引精英人士返乡，鼓励大学生回乡创业，鼓励离退休公职人员"告老还乡"，要积极创造就业机会吸引优秀青年回流，将其重点培养为新型职业农民；二是加强对外流人员的密切联系和管理，重视农民技能培训，建立农民工动态管理机制；三是关注留守人群兴建公益建筑和文化空间，建立老年人幸福院和留守儿童托管园；四是积极探索过疏化村落经济发展新模式，要根据本村的资源禀赋适度发展林业、药材、养殖业和乡村旅游业；五是吸取国内外过疏化村落发展经验；六是建立村落发展的保障体系，健全制度与法律保障、资金保障、技术保障和组织人才保障。

传统村落过疏化是中国在快速现代化的过程中逐渐形成的，这种现象不仅在湘鄂西地区存在，很多自然条件较差、交通闭塞的传统村落都面临同样的问题。因此要正确看待乡村过疏化问题，因地制宜采取合理的治理对策，从短期来看要促进传统村落的正常运转，留住传统村落的"根脉"；从长期来看要通过村落的健康发展吸引一些外流人员返乡，同时鼓励市民下乡，实现城乡自由流动，让传统村落充满生机与活力！

关键词：湘鄂西地区；传统村落；过疏化；可持续发展

目 录

绪论 ·· (1)
  一 选题缘由及研究意义 ·· (1)
  二 相关学术史回顾 ·· (3)
  三 研究思路、内容与方法 ·· (19)
  四 相关问题说明 ·· (23)

第一章 湘鄂西地区传统村落概貌 ·· (33)
  第一节 湘鄂西地区传统村落的分布与类型 ··································· (33)
    一 传统村落的分布 ·· (33)
    二 传统村落的类型 ·· (36)
  第二节 湘鄂西地区传统村落的特点与价值 ··································· (40)
    一 传统村落的特点 ·· (40)
    二 传统村落的价值 ·· (44)
  第三节 湘鄂西地区传统村落保护与发展状况 ································· (50)
    一 取得的成绩 ·· (50)
    二 面临的问题 ·· (53)
  本章小结 ·· (55)

第二章 湘鄂西地区的历史变迁与村落发展 ······································ (56)
  第一节 古代湘鄂西地区的发展 ·· (56)
    一 先秦时期 ·· (57)
    二 羁縻时期 ·· (58)
    三 土司时期 ·· (59)

四　改土归流与苗防屯政时期 …………………………………… (61)
　第二节　近代湘鄂西地区的村落发展 ……………………………… (65)
　　一　晚清时期 …………………………………………………… (65)
　　二　民国时期 …………………………………………………… (67)
　第三节　中华人民共和国成立以后湘鄂西地区的村落发展 ……… (70)
　　一　土地改革时期 ……………………………………………… (70)
　　二　合作化与人民公社时期 …………………………………… (72)
　　三　改革开放以后 ……………………………………………… (74)
　本章小结 ……………………………………………………………… (76)

第三章　湘鄂西地区传统村落过疏化现状 ………………………… (77)
　第一节　传统村落的人口外流 ……………………………………… (77)
　　一　非农职业人口外流 ………………………………………… (77)
　　二　村民劳务输出 ……………………………………………… (80)
　　三　婚嫁外流 …………………………………………………… (81)
　　四　学生与老年人外流 ………………………………………… (83)
　第二节　传统村落过疏化的表现 …………………………………… (86)
　　一　房屋空壳化 ………………………………………………… (86)
　　二　产业空洞化 ………………………………………………… (88)
　　三　人才空心化 ………………………………………………… (89)
　　四　文化消解化 ………………………………………………… (91)
　　五　情感疏远化 ………………………………………………… (92)
　本章小结 ……………………………………………………………… (93)

第四章　传统村落过疏化形成的原因 ……………………………… (94)
　第一节　政策环境的影响 …………………………………………… (94)
　　一　工业化、城镇化的发展 …………………………………… (95)
　　二　城乡二元结构体制 ………………………………………… (96)
　　三　教育资源的调整 …………………………………………… (97)
　第二节　城市的拉力效应 …………………………………………… (98)
　　一　城市发展机会多 …………………………………………… (99)

二　城市生活方便快捷 …………………………………………（100）
　　三　相对较高的经济收入 ………………………………………（101）
 第三节　山区农村自身的离心力 ……………………………………（103）
　　一　山区自然条件的限制 ………………………………………（103）
　　二　农业生产成本不断上涨 ……………………………………（107）
　　三　基础设施不完善导致创业艰难 ……………………………（108）
 第四节　村民的"理性选择" …………………………………………（109）
　　一　生存理性逻辑 ………………………………………………（110）
　　二　社会理性逻辑 ………………………………………………（111）
 本章小结 ………………………………………………………………（112）

第五章　过疏化背景下传统村落发展面临的困境 …………………（114）
 第一节　传统生产萎缩 ………………………………………………（115）
　　一　土地粗放经营 ………………………………………………（115）
　　二　传统农业被转型 ……………………………………………（116）
　　三　家庭养殖衰落 ………………………………………………（118）
 第二节　传统习俗与民族文化的流逝 ………………………………（120）
　　一　传统节日习俗异化 …………………………………………（120）
　　二　婚丧礼俗的变迁 ……………………………………………（123）
　　三　民族艺术传承面临困境 ……………………………………（129）
 第三节　乡村公共服务事业萎缩 ……………………………………（131）
　　一　乡村小学发展困难 …………………………………………（131）
　　二　医疗水平停滞不前 …………………………………………（133）
　　三　公共服务发展受阻 …………………………………………（134）
 第四节　乡村治理难度增大 …………………………………………（136）
　　一　乡村缺乏德才兼备的村干部 ………………………………（136）
　　二　男性婚姻挤压导致社会不稳定 ……………………………（138）
　　三　村落不安全因子增加 ………………………………………（140）
 第五节　留守人口问题凸显 …………………………………………（141）
　　一　留守儿童教育缺失 …………………………………………（142）
　　二　独居老人负担过重 …………………………………………（143）

三　留守妇女面临"诱惑"和离婚风险 …………………………（144）
　第六节　村落价值认同式微 ………………………………………（146）
　　一　"异质性"增加导致村落凝聚力降低 …………………………（147）
　　二　新生代农民工"乡愁"流失 ……………………………………（148）
　本章小结 ………………………………………………………………（149）

第六章　过疏化背景下传统村落可持续发展的思考 ……………（150）
　第一节　传统村落可持续发展的目标 ………………………………（151）
　　一　风貌完整,村容整洁宜居 ………………………………………（151）
　　二　产业发展,村民生活小康 ………………………………………（152）
　　三　教育回归,文化传承有序 ………………………………………（153）
　　四　"三治"融合,管理平等民主 ……………………………………（155）
　　五　乡风文明,乡愁乡情延续 ………………………………………（156）
　第二节　过疏化村落发展的基本原则 ………………………………（157）
　　一　科学规划、逐步推进 ……………………………………………（158）
　　二　生态为本、绿色发展 ……………………………………………（159）
　　三　村民主体、多元参与 ……………………………………………（160）
　　四　因地制宜、多样发展 ……………………………………………（162）
　第三节　过疏化村落治理的具体措施 ………………………………（162）
　　一　采取各种途径吸引精英人士返乡 ……………………………（163）
　　二　加强对外流人员的密切联系和管理 …………………………（168）
　　三　关注留守人群兴建公益建筑和文化空间 ……………………（170）
　　四　积极探索过疏化村落经济发展新模式 ………………………（174）
　　五　吸取国内外过疏化村落发展经验 ……………………………（184）
　　六　建立村落发展的保障体系 ……………………………………（193）
　本章小结 ………………………………………………………………（196）

结论与讨论 …………………………………………………………（198）
　　一　正确看待传统村落的过疏化现象 ……………………………（198）
　　二　资本与市民下乡 ………………………………………………（199）

三　留住传统村落的根脉 …………………………………（201）

附　录 ……………………………………………………（203）

参考文献 …………………………………………………（225）

后　记 ……………………………………………………（231）

绪　　论

一　选题缘由及研究意义

中国历代国家领导人都非常重视农业、农村和农民问题，毛泽东曾强调"农业首先关系到五亿农村人口的吃饭问题"。[①] 邓小平指出："重视发展农业，不管天下发生什么事，只要人民吃饱肚子，一切就好办了。"[②] 以江泽民为领导核心的第三代领导集体指出"农业是国民经济的基础，也是社会稳定的基础"，"没有农民的小康，就不可能有全国人民的小康"。[③] 党的十九大提出实施乡村振兴战略，2018年的中央一号文件提出应该让"农业成为有奔头的产业，让农民成为有吸引力的职业，让农村成为安居乐业的美丽家园"。[④] 总之，农业是我国经济和社会发展的基础，农村的发展和农民的诉求永远不应该被忽视。

传统村落又称"古村落"，它是我国农耕文明的重要遗产，它拥有丰富的自然人文景观，承载着中华传统文化的精华，在历史、文化、艺术、建筑等方面都具有重要价值，是先辈们长期适应自然、与自然和谐相处的重要见证。在城镇化和工业文明扩张的进程中，传统村落的消失速度堪忧，李培林指出："过去十年，中国的行政版图上，每天几乎有70个村落消失，每年都有上万个村落消失。"[⑤] 因此，传统村落的保护与发展引起社会各界的广泛关注。2012年4月，国家住房和城乡建设部、文化

[①]《毛泽东文集》第7卷，人民出版社1999年版，第186页。
[②]《邓小平文选》第2卷，人民出版社1994年版，第406页。
[③] 江泽民：《江泽民论有中国特色社会主义（专题摘编）》，中央文献出版社2002年版，第118页。
[④]《中共中央国务院关于实施乡村振兴战略的意见》，《人民日报》2018年2月5日。
[⑤] 李培林：《村落的终结——羊城村的故事》，商务印书馆2010年版，第1页。

和旅游部、国家文物局、财政部联合启动了中国传统村落的调查，先后公布了6批"中国传统村落"名录。中国文联副主席冯骥才大力呼吁在城镇化转型中要加强对传统村落的保护，要留住"乡愁"。[1] 因此，传统村落的保护与发展问题意义重大。

（一）选题缘由

湘鄂西地区位于祖国中南部，这里生活着土家族、苗族、侗族、白族等多个少数民族，生态良好，历史文化源远流长，传统村落数量众多。近年来，在国家和社会的大力支持下，这些传统村落发展很快，基础设施建设不断改善，农民收入不断提高，但是困难依然很多。一方面，由于山区自然条件的限制，许多青壮年在城镇化、工业化的冲击下"离土又离乡"，传统村落过疏化趋势日益加剧，村庄发展主体缺失，村落民族文化传承受阻，古民居因为长期无人居住而破败不堪，大量农田杂草丛生，村落也不再是"守望相助"的精神家园了。另一方面，外出务工者无根飘零，他们在外面从事着繁重的体力劳动，有些人还遭遇着"黑心老板"的压榨和城市人的白眼。传统村落的可持续发展和现代变迁问题有待关注和深入研究。由于工作的原因，笔者长年在湘鄂西地区的村落做调研，乡村的衰败、乡土文明和民族传统文化的流逝时时牵动着笔者的心。鉴于此，笔者申请了国家社科基金青年项目并有幸获得立项，期待自己的研究能够为传统村落的保护与建设提供一点启示。

（二）研究意义

（1）有利于深化传统村落发展规律的认识，丰富传统村落的地方性研究。农村人口大量外流是工业化和城镇化发展的必然结果，但由此引发的农村过疏化问题不可忽视。本书对湘鄂西地区传统村落的研究有利于回应学术界有关传统与现代、保护与发展、变迁与传承的思考，强化对传统村落可持续发展的学理性研究，深化对城镇化、现代化背景下乡村发展规律的认识，有利于丰富中国乡村社会学理论。

（2）有利于推动传统村落的保护和发展。传统村落里蕴含着丰富的历史信息和文化景观，是中国农耕文明留下的宝贵遗产。长期以来，我们对传统村落的乡土建筑和历史景观保护给予了广泛关注，而忽略了村

---

[1] 冯骥才：《传统村落的困境与出路》，《传统村落》2013年第1期。

落"根脉"的保护和村落现代发展的研究。本书有助于政府和社会认清传统村落发展的特殊性，在此基础上采取切实有效的乡村建设策略，服务于当地的新农村建设和"美丽乡村"建设，促进传统村落的保护和发展。

（3）可以为全国过疏化村落的治理提供参考。中国是一个农业大国，农业是制约国民经济发展的薄弱环节，农村、农业、农民问题理应受到社会各界的高度关注。2014年，中央农村工作会议专门指出农村不能成为荒芜的农村、村民记忆里的农村，李克强总理首次将村落过疏化或空心村问题列入政府工作报告。未来几十年，我国城镇化水平还将进一步提升，村落过疏问题在很长一段时间内将持续存在，要实现乡村振兴，建设和谐的人居环境，有效缓解我国农村的人地矛盾、解决过疏问题是关键。本书通过深入实地调研得出的村落过疏化治理对策有利于缓解城乡矛盾，促进农村社会经济健康发展。

二 相关学术史回顾

（一）关于村落研究的学术史

20世纪三四十年代，随着人类学、社会学传入中国，一些西方学者开始关注中国农村社会。1899年，美国传教士明恩溥的《中国的乡村生活》[1]采用结构功能主义的分析范式描述了中国农村生活贫乏、家庭脆弱等现象，是西方社会了解中国社会的重要依据之一。1925年，葛学溥的《华南的乡村生活——广东凤凰村的家族主义社会学研究》详细记录和分析了广东凤凰村的经济、婚姻与家庭、宗教、人口及社区组织情况。[2] 英国汉学家莫里斯·弗里德曼1958年出版的《中国东南的宗族组织》运用功能主义的理论方法考察了福建和广东的村落与宗族问题。[3] 施坚雅以成都平原的市场体系为例，认为基层市场才是理解中国农民生活和中国农村社会最重要的单位。[4] 黄宗智根据多种档案材料和实地考察探讨了华北

---

[1] ［美］明恩溥：《中国的乡村生活》，陈午晴、唐军译，电子工业出版社2012年版。
[2] 葛学溥：《华南的乡村生活——广东凤凰村的家族主义社会学研究》，周大鸣译，知识产权出版社2012年版。
[3] ［英］莫里斯·弗里德曼：《中国东南的宗族组织》，上海人民出版社2000年版。
[4] 施坚雅：《中国农村的市场和社会结构》，中国社会科学出版社1998年版。

乡村在 20 世纪之前的农业内卷和社会分化现象，他的《华北的小农经济与社会变迁》和《长江三角洲小农家庭与乡村发展》详细考察了村庄内部经济结构对乡村发展的影响。杜赞奇研究了 1900—1942 年的华北乡村，他提出了"权力的文化网络"这一重要概念，详细论证了国家权力是如何深入社会底层的。[1] 华裔学者黄树民用生命史的叙述手法展现了福建林村的社会变迁。[2] 阎云翔的《私人生活的变革》以黑龙江下岬村为田野实践描述了中国农村的变迁。[3]

在中国，20 世纪初，由梁漱溟、晏阳初等人发起了"乡村建设运动"，他们对山东邹平和河北定县的多个村落进行了大量调查与"实验"。梁漱溟在《乡村建设理论》中阐述了他试图通过"乡村建设"或"乡土重建"推进中国现代化的设想。[4] 20 世纪三四十年代，中国的村落研究进入了一个规范的民族志研究时期，费孝通的《江村经济》、林耀华的《金翼》和《义序的宗族研究》、杨懋春的《一个中国村庄：山东台头》等成果被誉为中国乡村研究的典范。费孝通在云南"魁阁社会学工作站"时期，与张之毅等人合作撰写了《禄村农田》《易村手工业》《玉村商业和农业》等成果，他倡导的社区研究对于中国社会学界的农村研究具有重要影响。

1949 年以后，中国的人类学、社会学发展缓慢，村落研究停滞下来，一直到 20 世纪 90 年代才重新展开。1991 年，王沪宁从家族文化的视角分析了中国乡村的历史变迁。[5] 陆学艺通过对大寨、刘庄、华西、竹林等 13 个全国著名的村庄的变迁和农民的分化探讨了改革中的农村和农民问题。[6] 1997 年，王铭铭出版的《村落视野中的文化与权力——闽台三村

---

[1] [美] 杜赞奇：《文化、权力与国家——1900—1942 年的华北农村》，王福明译，江苏人民出版社 2003 年版。

[2] 黄树民：《林村的故事：1949 年后的中国农村改革》，纳日碧力戈译，生活·读书·新知三联书店 2002 年版。

[3] 阎云翔：《私人生活的变革》，上海书店出版社 2006 年版。

[4] 梁漱溟：《乡村建设理论》，上海人民出版社 2006 年版。

[5] 王沪宁：《当代中国村落家族文化——对中国社会现代化的一项探索》，上海人民出版社 1991 年版。

[6] 陆学艺：《改革中的农村与农民：对大寨、刘庄、华西等 13 个村庄的实证研究》，中共中央党校出版社 1992 年版。

五论》① 探讨了国家、社会与家族组织之间的关系。

"华中乡土派"是 20 世纪末出现的乡村治理研究领域的一个重要学术团体,主要的代表人物有徐勇、贺雪峰、项继权等,他们的研究始于村民自治,进而延伸至对乡村社会性质及运作逻辑的研究。徐勇 1997 年出版的《中国农村村民自治》以个案调查为基础系统阐述了中国村民自治制度的缘起、制度特征和制度框架,是村民自治制度研究的代表作。② 项继权的《集体经济背景下的乡村治理》通过对三个村的田野实证调查,看到了农村社会内在结构性因素对制度的影响,对乡村治理制度做了较为深入的分析。③ 贺雪峰组织出版了乡村治理的系列丛书,其成果《乡村治理的社会基础》《村治的逻辑》等都是农村研究的典范之作。这些学者大多有政治学的背景,重视田野调查,立志"做中国自己的社会科学研究"。2015 年起,他们又开启大规模的"中国农村调查工程",对中国七大区域的村庄进行调查。他们关于乡村治理的研究,不仅在学术界产生了广泛影响,而且引起国家有关政策部门的重视。在乡村政治实证研究领域也有其他学者的成果问世。辛秋水以文化扶贫和村民自治为题,在安徽大别山区作了为期十余年的调查和社会实验。④ 毛丹的《一个村落共同体的变迁》⑤,张静的《基层政权——乡村制度诸问题》⑥,马戎等主编的《中国乡镇组织变迁研究》⑦,温铁军的《中国农村基本经营制度研究》⑧,深圳大学黄卫平的《中国农村基层民主的最新突破》⑨ 等在学术界都有一些影响。

2000 年以后,很多学者关注村落的变迁问题。李培林通过对广州市城中村——羊城村的调研,论述了村落的变迁与终结将是一个漫长而艰

---

① 王铭铭:《村落视野中的文化与权力——闽台三村五论》,生活·读书·新知三联书店 1997 年版。
② 徐勇:《中国农村村民自治》,华中师范大学出版社 1997 年版。
③ 项继权:《集体经济背景下的乡村治理》,华中师范大学出版社 2002 年版。
④ 辛秋水:《宗族、乡村权力与选举》,西北大学出版社 2002 年版。
⑤ 毛丹:《一个村落共同体的变迁》,学林出版社 2000 年版。
⑥ 张静:《基层政权——乡村制度诸问题》,浙江人民出版社 2000 年版。
⑦ 马戎等:《中国乡镇组织变迁研究》,华夏出版社 2000 年版。
⑧ 温铁军:《中国农村基本经营制度研究》,中国经济出版社 2000 年版。
⑨ 黄卫平主编:《中国农村基层民主的最新突破》,社会科学文献出版社 2000 年版。

难的过程，村落的终结将会伴随产权的变动以及社会网络的重组，展示了城中村的文化特征及变化形态。[1] 翁乃群把南昆铁路的修建作为分界点，对铁路沿线广西、贵州、云南等的八个村落进行了经济、社会发展变迁的比较研究。[2] 于建嵘通过对湖南岳村的基层组织调查，探讨了乡村经济、社会、政治变迁的一般规律。[3] 同时，村落的追踪式研究也颇受学者们的青睐。庄孔韶对林耀华先生20世纪30年代末调查的福建省"黄村"进行了追踪式的田野考察，铺叙出中国地方社会与文化的变迁历程。[4] 周大鸣在20世纪20年代葛学溥对华南乡村生活研究的基础上，对福建潮州的"凤凰村"进行了追踪研究，全景式记录了该村的发展变迁状况。[5] 潘守永对杨懋春《一个中国村庄：山东台头》的田野地进行了回访，重点研究了中国乡村研究中的两大关系——家庭关系和村落关系。[6]

近十年来，很多高校都组织在校师生深入农村做调查。上海财经大学的"千村调查项目"经过2008—2017年十年的探索实践，他们每年暑期组织在校学生"走千村，访万户，读中国"，深入全国各地农村开展相关"三农"问题的主题调查，撰写调研报告万余篇。2014年以来，国家统计局为了弘扬苏区调查精神，在全国31个省（区、市）组织开展千村调查活动，旨在全面了解农村社会经济发展变化情况，广泛听取农民的意见建议，为"三农"发展和推进社会主义新农村建设提供决策依据。

少数民族村落是少数民族群众的生存之所和民族文化的存留地，由于自然地理和文化生态的差异，其发展特点与汉族地区村落存在一定的差异。20世纪50年代中期开始，全国人大民族委员会组织了16个调查组深入少数民族村寨为每个少数民族编写简史和简志，即著名的"三套丛书""五种丛书"。80年代以来又展开了三次大规模的民族学村落调

---

[1] 李培林：《村落的终结：羊城村的故事》，商务印书馆2004年版。
[2] 翁乃群：《南昆八村：南昆铁路建设与沿线村落社会文化变迁》，民族出版社2001年版。
[3] 于建嵘：《岳村政治：转型期中国乡村政治结构的变迁》，商务印书馆2001年版。
[4] 庄孔韶：《银翅——中国的地方社会与文化变迁》，生活·读书·新知三联书店2000年版。
[5] 周大鸣：《凤凰村的变迁——华南的乡村生活追踪研究》，社会科学文献出版社2006年版。
[6] 潘守永：《重返中国人类学的"古典时代"——重访台头》，《中央民族大学学报》（哲学社会科学版）2000年第2期。

查，即撰写"民族问题五种丛书"的补充调查，边疆民族地区稳定和发展的主要问题调查，以及我国少数民族现状与发展的调查。2000年和2003年，云南大学先后两次组织多学科调查组分别对云南的25个少数民族及全国15个省份的32个少数民族各选取一个典型村落进行了深入调查，前后共出版了60余本民族村落调查资料及研究报告。

综上所述，村落是民族学、社会学的重要研究对象，这些既有成果积累了丰富的理论基础和方法论，也为后来者更好地认识乡村社会、把握乡土传统提供了大量可资参考的前期资料。由于中国地域辽阔，各地区发展不平衡，只有因地制宜研究各地的实际情况，才能找到适宜的办法，关于湘鄂民族地区传统村落研究应该深入实地去调查。

(二) 关于传统村落的研究

传统村落被认为是农耕文明村落民居的"活化石"。20世纪80年代，建筑学、地理学领域的一些学者开始关注传统村落的价值，他们从村落景观与空间意象、乡土建筑等方面探讨了传统村落的保护问题。2000年以来，随着城镇化和现代化的发展，传统村落慢慢面临数量锐减、毁坏严重、污染威胁等问题，其生存现状引起政府和学界的高度重视，研究成果不断丰富，中南大学形成了传统村落文化研究阵地，中山大学孙九霞、中央民族大学麻国庆、华南师范大学陶伟都申报了关于传统村落的国家社科基金重大课题。目前，学者们对传统村落的研究主要围绕以下几个方面展开：

1. 传统村落的概念和内涵

在"传统村落"概念正式提出之前，学术界常常用"古村落"一词。刘沛林将"古村落"界定为："古代保存下来村落地域基本未变，村落环境、建筑、历史文脉、传统氛围等均保存较好的村落。"[1] 冯骥才认为："古村落的标准有四条，一是有悠久的历史；二是有较完整的规划体系；三是有比较深厚的非物质文化遗存；四是有鲜明地域特色，有独特性。"[2]

2011年，国家住建部、文化部、国家文物局、财政部在征求了专家

---

[1] 刘沛林：《古村落——和谐的人居空间》，生活·读书·新知三联书店1997年版，第6页。

[2] 冯骥才：《冯骥才随笔精选》，长江文艺出版社2016年版，第239页。

学者的意见后,最终决定将"古村落"的概念延展为"传统村落"。2012年4月印发的《关于开展传统村落调查的通知》中提出了"传统村落"的概念,认为传统村落是指:"村落形成时间较早,拥有较丰富的传统资源,具有一定的历史、文化、科学、艺术、社会和经济价值,应该予以保护的村落。"国家住建部还专门组织了"中国传统村落"的评选工作,评选标准包括:"一是现存传统建筑风貌完整,二是村落选址和格局保持传统特色,三是非物质文化遗产活态传承。"[1] 吉首大学杨庭硕教授认为传统村落是农耕文明的产物,他将传统村落划分为农田密集式传统村寨、商贸集散式传统村寨和行政中心式的传统村寨。[2] 鲁可荣和胡凤娇认为传统村落有广义和狭义之分。广义的传统村落强调村民仍然生活于其中的活态的村落共同体。这些村落大多建村历史较长,具有比较完整的村落历史面貌和选址布局,农耕生产生活方式具有地方特色。狭义的传统村落更强调其作为文物保护单位,主要指那些具有悠久的村落历史,丰富独特的古建筑和非物质文化遗产的传统村落,强调其作为文物保护单位。[3]

2. 传统村落的价值与功能

1997年,刘沛林系统阐述了古村落的重要价值,他认为古村落是产生中国风土建筑的沃土,体现了传统哲学中人与自然和谐的理念,可以给今天的城乡建设和环境设计以启迪;古村落在空间布局和构景方面独具特色,可以成为发展旅游业和弘扬民族传统文化的重要素材。[4] 冯骥才把传统村落看作"不同于物质遗产和非物质遗产的另一类文化遗产"[5],他认为传统村落具有艺术、科学、历史、文化等多重价值。前住建部副

---

[1] 中央人民政府网:《关于加强传统村落保护的通知》,http://www.mohurd.gov.cn,2012年4月16日。

[2] 杨庭硕、耿中耀:《农耕文明与传统村落保护》,《原生态民族文化学刊》2016年第4期。

[3] 鲁可荣、胡凤娇:《传统村落的综合多元性价值解析及其活态传承》,《福建论坛》(人文社会科学版)2016年第6期。

[4] 刘沛林:《古村落:亟待研究的乡土文化课题》,《衡阳师专学报》(社会科学版)1997年第2期。

[5] 冯骥才:《传统村落的困境与出路——兼谈传统村落类文化遗产》,《人民日报》2012年7月12日。

部长仇保兴在《深刻认识传统村落的功能》中指出："传统村落是在农耕文明的长期传承过程中不断形成的，它凝结着历史记忆，反映着时代的进步。传统村落不仅具有历史文化传承功能，而且对于推进农业的现代化、推进生态文明建设等都具有重要的价值。"① 在《关于切实加强中国传统村落保护的指导意见》中，传统村落的价值得到了政府的肯定，认为其"传承着中华民族的历史记忆、生产生活智慧、文化艺术结晶"，具有民族地域特色，维系着中华文明的根，也寄托着中华儿女的乡愁。

中南大学胡彬彬教授认为中国传统村落是"传统村落的空间形态多样、文化多元，蕴含着丰富深邃的历史文化信息"②。张勃认为传统村落具有多种价值，传统村落是"人们共同居住、生产和生活的空间，传承着不同地方与族群的历史记忆，是中华文明世代延续的根基，同时也是现代乡愁的消解地"③。祁嘉华认为古村落是"医治现代病的场所、循环经济的场所，具有绿色节能的潜质，对新农村建设具有重要启示"④。厦门大学彭兆荣于2018年5月乡村旅游国际学术研讨会暨第五届旅游高峰论坛中呼吁人们重返乡土家园，他认为："城市像监牢一样，城市的空气是污浊的，城市的食品是不安全的，城市人住在高楼是不接地气的，城市人与人之间的关系是冷漠的，乡村全是它的对立面。"

3. 传统村落的保护与传承

国外对传统村落的保护实践开始较早，1930年法国颁布《风景名胜区保护法》对传统街巷进行保护，这是世界上第一个提出保护村落的国家性法律法规。⑤ 法国提出了生态博物馆的理念，提倡原住民要保护村落传统建筑以维持民俗特色。韩国传统村落的保护采用刚性的原形保护原则，通过引入社会共识的保护概念，利用点、线、面来区分和设置保护

---

① 仇保兴：《深刻认识传统村落的功能》，《人民日报》2012年11月29日。
② 胡彬彬、吴灿：《中国传统村落文化概论》，中国社会科学出版社2018年版。
③ 张勃：《传统村落与乡愁的缓释——关于当前保护传统村落正当性和方法的思考》，《民间文化论坛》2015年第2期。
④ 祁嘉华：《陕西古村落》，陕西人民出版社2013年版，第219—227页。
⑤ 秦杰：《新型城镇化背景下传统村落保护研究》，硕士学位论文，杭州师范大学，2014年。

对象，提出了可持续保护计划。① 英国的传统村落保护首先得益于早期贵族和乡绅对乡村自然景观的营造和维护，以及某些中产阶级人士对于乡村传统文化遗产的关注。英国政府设立了国家乡村机构，明确了政府、社会组织和志愿者在传统村落保护中的行动空间和角色关系，调动了社会各阶层参与传统村落保护的积极性。②

自 20 世纪末开始，中国传统村落的生存现状就引起了社会各界的高度关注，冯骥才、乌丙安、胡彬彬等专家学者采取各种方式对传统村落的保护进行呼吁和谏言。自 2008 年以来，中南大学胡彬彬创办的中国村落文化研究中心对中国很多传统村落开展了田野调查，他们集合了不同学科背景的人才对传统村落进行多学科的交叉研究，不仅采集了大量一手数据与资料，而且打造了一流的创新研究平台。他们团队通过全面调查后发现在现代化和城镇化的进程中，中国传统村落的保护现状不容乐观，村落数量不断减少，"空心化"趋势日益严重。③ 他认为中国传统村落的保护存在着两个误区：误区一是重有形的建筑保护，轻无形的原住民文化保护；误区二是许多基层干部在城镇化进程中受到急功近利政绩观的影响，认为传统村落没有开发价值，不能提升当地的 GDP，可以任其消亡。④ 张云兰研究了广西传统村落在快速城镇化背景下面临的困局，如申报工作滞后、"空村化"加速、过度商业化等，她认为传统村落的保护应该强化政府职责，要坚持精准保护与发展一体化，确立村民的主体地位，适度发展文化产业等工作。⑤

很多学者都探讨了传统村落的保护措施和方式。王云庆、韩桐阐述了传统村落建档的必要性，他希望借档案工作之力去保护传统村落的历

---

① 刘志宏、李钟国：《西南民族村落与韩国传统村庄保护和建设的比较研究——以广西洞井古村寨、韩国良洞传统村落为研究案例》，《西南民族大学学报》（社会科学版）2015 年第 11 期。
② 李建军：《英国传统村落保护的核心理念及其实现机制》，《中国农史》2017 年第 3 期。
③ 胡彬彬、李向军、王晓波：《中国传统村落保护调查报告》，《中国传统村落蓝皮书》，社会科学文献出版社 2017 年版，第 6—18 页。
④ 胡彬彬：《当前传统村落演变态势堪忧——来自农村一线的调查与回访》，《人民论坛》2015 年第 2 期。
⑤ 张云兰：《新型城镇化背景下传统村落的保护和发展——以广西为例》，《广西民族研究》2017 年第 2 期。

史文化遗产和记忆。① 郑文武、刘沛林阐述了传统村落的数字化保护的问题。② 刘馨秋和王思明提出传统村落保护的六种模式：（1）与典型古建筑和传统民居相结合的模式；（2）与农业工程设施保护利用结合的模式；（3）与农业景观结合的模式；（4）与传统生态农业生产方式结合的模式；（5）与传统特色农产品结合的模式；（6）与传统民风民俗结合的模式。③ 周建明认为传统村落的保护包括以下几个方面：村落选址与山水格局保护、传统建筑保护、村落形态保护、日常生产、生活活动要素保护、非物质文化遗产保护等。村落保护要建立组织管理制度、宣传教育制度和资金保障制度。④ 徐春成、万志琴认为传统村落具有历史文化遗产和现实人居环境两重属性，传统村落的居住者才是村落真正的主人，因此传统村落保护需要征得居住者同意，保护对象是居住者的财产和生活方式。⑤ 顾森认为传统村落保护工作的核心是保持古村落的原生态，保护必须有政府行为和乡规民约，保护一定要关注民生。⑥ 陈国忠、孙晓静以山东古村落为例，认为传统村落保护要坚持整体性保护原则、原真性传承原则、民众性参与原则和持续性保育原则，主张建设乡村旅游综合体，完善乡村文化空间，学、民、官、商四位一体形成利益协调的保护机制和多赢格局。⑦ 学者们一致认为传统村落应该着眼于农耕文明和生产生活的整体保护，保护的对象包括物质文化遗存、自然文化遗产和非物质文化遗产三个方面的内容，保护的手段应该因地制宜。

4. 传统村落的发展与转型

对于传统村落的民众来说，他们最大的愿望是改善经济落后的状况。

---

① 王云庆、韩桐：《我国传统村落档案管理路径探析》，《浙江档案》2014 年第 6 期。

② 郑文武、刘沛林：《"留住乡愁"的传统村落数字化保护》，《江西社会科学》2016 年第 10 期。

③ 刘馨秋、王思明：《中国传统村落保护的困境与出路》，《中国农史》2015 年第 4 期。

④ 周建明：《中国传统村落——保护与发展》，中国建筑工业出版社 2014 年版。

⑤ 徐春成、万志琴：《传统村落保护基本思路论辩》，《华中农业大学学报》（社会科学版）2015 年第 6 期。

⑥ 顾森：《关注历史，关注传统，关注民生——谈谈中国古村落的保护》，载罗杨《守望古村落》，中国文联出版社 2012 年版。

⑦ 陈国忠、孙晓静：《山东古村落的整体保育和利用》，载罗杨《守望古村落》，中国文联出版社 2012 年版。

很多学者探讨了传统村落的发展模式问题,如范生姣结合贵州黔东南州传统村落的保护与发展实践,认为传统村落可以选择生态保育模式、主导产业模式、特色工艺模式和适度旅游模式。他认为无论选择哪种模式都必须以村民为主体,充分满足村民的切身利益。[①] 邓辉基于恩施彭家寨的调查,提出村寨整体协同与可持续发展的"生态家园"模式是文化遗产型传统村落发展的有效模式。[②] 唐晓梅和杨戴云以黔东南苗族侗族地区的传统村落为例,认为传统村落的发展要尊重村民生产生活需求,要尊重传统村落生成规律,保持传统村落的完整性、真实性和延续性[③]。

近年来,随着旅游业的迅速发展,许多传统村落成为地方政府和旅游开发商眼中的重要资源,如周庄、袁家村都是非常著名的旅游景点。孙九霞认为适度的旅游开发能够有效促进传统村落民居与传统建筑的保护,促进传统文化和传统手工业的复兴与发展,同时促进村落主体"文化自觉"意识的觉醒与强化。[④] 吴必虎、徐小波认为旅游发展为数量众多、特色鲜明的传统村落提供了持续的活化动力,旅游活化通过渐进的、沟通的和网络的方法和手段,可以促进地方发展机制和现代发展动力的有机融合,从而推动传统村落复兴和可持续发展。[⑤] 然而,从现实情况来看,传统村落的旅游开发存在以下问题:一是并非所有的传统村落都适合旅游开发,二是旅游开发多由外来投资主体操控,三是已开发的传统村落普遍存在开发过度的问题。因此,姚莉呼吁传统村落保护与开发实践中的各类主体务必要"意识清晰,理性行动,和谐共生",要实现保护与开发的良性协同发展。[⑥] 黄杰等提出少数民族地区传统村落活化与旅游

[①] 范生姣:《传统村落保护发展模式研究——以贵州省黔东南州为例》,《凯里学院学报》2017年第5期。

[②] 邓辉:《生态家园:文化遗产型特色民族村寨发展的有效模式——基于武陵山区彭家寨的调查》,《中南民族大学学报》(人文社会科学版)2014年第5期。

[③] 唐晓梅、杨戴云:《黔东南苗族侗族传统村落保护发展对策研究》,《民族学刊》2018年第3期。

[④] 孙九霞:《传统村落:理论内涵与发展路径》,《旅游学刊》2017年第1期。

[⑤] 吴必虎、徐小波:《传统村落与旅游活化:学理与法理分析》,《扬州大学学报》(人文社会科学版)2017年第1期。

[⑥] 姚莉:《"意识与行动"视角下贵州传统村落在旅游浪潮中的保护困境与突破——以玉屏县北侗村落老寨为例》,《贵州师范学院学报》2017年第7期。

开发的互动模式,认为旅游开发延续传统村落肌理风貌,发掘村落本源特色,营建内生发展机制,实现多策略整合性开发。①

随着城镇化进程的加快,传统村落的转型引起了学术界的关注,引起"村落终结论"和"村落再生论"的讨论。"村落终结论"认为传统村落会因为城市转型而走向终结,不仅空间会被城市侵蚀,社会结构和组织方式也会面临失序和解体。李培林认为:"血缘和地缘关系的逐步淡化和消解,社会边界的彻底解体意味着村落的终结。"② "村落再生论"认为现代化的侵入为传统村落的再生发展提供了良好的机遇,村落可以利用城镇化和现代化的力量重新积累发展资本。文军、吴越菲运用类型学理论考察了中国传统村落转型问题,他认为"流失'村民'的村落"提示了村民群体与村落之间形成的一种特殊的共生关系。村民的市民化没有带来乡村性的崩溃,反而因村民与村落的重新融合而使部分乡村呈现出了某种"新乡村性"③。

5. 传统村落的文化与遗产

从文化视角对村落乡土性开展的研究中,经典著作是费孝通教授的《乡土中国》,费老认为中国的乡土社会是一种"差序格局",提出了与"差序格局"紧密相关的道德伦理、家族、礼治秩序、无讼、长老统治、血缘地缘等特征。④ 贺雪峰提出了"半熟人社会"的概念,他认为"在一些特别小的村,村民相互熟悉,村庄事实上是一个熟人社会。而在行政村一级,村民之间不很熟悉,是一个半熟人社会"⑤。他还提出了人际关系理性化的观念,他认为理性已经全面进入农民生活,表现在诸多方面:如家族解体,姻亲关系日渐重要,有选择地走亲访友,兄弟关系的疏远,生育子女理性考虑,传统习俗和仪式迅速衰落,等等。陆益龙教授提出"后乡土中国"概念,他认为在乡土结构依然保存的情况下,乡

---

① 黄杰、李晓东、谢霞:《少数民族传统村落活化与旅游开发的互动性研究》,《广西民族研究》2018年第5期。
② 李培林:《村落的终结:羊城村的故事》,商务印书馆2004年版,第41—42页。
③ 文军、吴越菲:《流失"村民"的村落:传统村落的转型及其乡村性反思——基于15个典型村落的经验研究》,《社会学研究》2017年第4期。
④ 费孝通:《乡土中国》,上海人民出版社2007年版,第23—29页。
⑤ 贺雪峰:《新乡土中国:转型期乡村社会调查笔记》,广西师范大学出版社2003年版,第2页。

村社会经济与文化的特征和行为都已经受到了现代化的渗透，或多或少地具有现代性特征。乡下人已经不再"土气"，而是更"摩登"。① 胡彬彬和吴灿认为传统村落文化具有活态性、血缘性、地域性和封闭性的特点，他们全面系统地研究了传统村落的建筑文化、生产与商贸文化、生活习俗、精神信仰和文化教育问题，认为村落文化具有两种功能：一种可以维护社会稳定，化解社会矛盾，另一种可以维系人与自然的和谐关系。②

传统村落既有特色民居、庙宇、祠堂、戏台、作坊、古墓等物质文化遗产，又有传统手工艺、民间艺术、民俗等非物质文化遗产，这些文化遗产也引起学者们的关注。汪欣探讨了徽州传统村落非物质遗产保护的问题。③ 王璐以安徽西递古村落为研究对象，分析了徽派古村落的建筑特色和艺术价值。④ 鲁可荣、程川以浙江三个传统村落为调查样本，研究发现随着村落公共空间从祠堂到会堂再到礼堂的变迁，乡村文化也经历了从乡村宗族文化向乡村政治文化再到乡村公共文化的演变。⑤

很多学者从人文地理学、文化生态学、建筑学、历史学等不同学科视角对传统村落进行了一些地方性研究，所著成果如《甘肃传统村落》《青海传统古村落》《贵州传统村落》《中国传统村落记忆：安徽卷》《中原地区传统村落空间形态研究》《粤北传统村落形态和建筑文化特色》《江西传统村落》《山东传统民居村落》《厦门传统村落》《皖南传统村落的遗产价值及其保护机制》等都以图文并茂的形式展示了当地传统村落的民风民俗和社会文化，对于传统村落图像资料保护、宣传推广具有重要意义。

---

① 陆益龙：《农民中国——后乡土社会与新农村建设研究》，中国人民大学出版社2010年版，第97—100页。
② 胡彬彬、吴灿：《中国传统村落文化概论》，中国社会科学出版社2018年版，第44—53页。
③ 汪欣：《传统村落与非物质文化遗产保护研究——以徽州传统村落为个案》，知识产权出版社2014年版。
④ 王璐：《略论徽派古村的建筑特色及其艺术价值——以安徽西递古村落为研究点》，《农业考古》2014年第3期。
⑤ 鲁可荣、程川：《传统村落公共空间变迁与乡村文化传承》，《广西民族大学学报》（哲学社会科学版）2016年第6期。

湘鄂西地区部分传统村落也引起了部分学者的关注，如孙华、王红光主编的《湖南侗族村寨调查报告》详细介绍了湖南部分侗族村落的基本情况，如村落历史和传说、村落结构、生产方式、传统风俗、宗教信仰等。①《湖南传统村落》里详细记录了列入前三批"中国传统村落名录"的91个村落的地理位置、村落布局与空间特点、建筑特征、人文景观和非物质文化遗产。②阳明明重点描述了湘西州16个古村落的历史与文化。③谭庆虎、田发刚主编的《恩施州古村落保护与开发研究》汇编了恩施州彭家寨、利川支罗船头寨、宣恩晓关野椒园等部分村落保护与开发的调研报告。④武吉海用镜头记载了湘西州60多个传统村落的百年老宅影像和近代社会变迁。⑤中南民族大学段超教授组织部分师生展开了少数民族特色村寨的调查，重点探讨了发展较好的村落保护与发展的经验。此外还有众多学者以村落个案的形式展开了研究。这些成果给予笔者很多启发，但是因为研究目的和研究对象的差异，他们对村落的过疏化及可持续发展问题关注还不是很多。

（三）关于乡村过疏化问题的研究

乡村过疏化问题引起了人文地理学、经济学、政治学、社会学等学科的关注，其研究内容主要侧重于以下几个方面。

1. 过疏化及其相关概念

早在20世纪60年代，日本学者伊藤善市和今井幸彦就提出了过疏化这一概念，主要指随着城镇化进程的加快，农村劳动力大量外流而出现的乡村人口减少，分布越来越稀疏，从而导致村落经济发展凋敝、土地资源浪费等一系列问题的现象。中国真正面临此问题则是在20世纪90年代中后期。田毅鹏认为走向过疏化的村庄面临乡村组织的衰败，村落不仅失去了大量青壮年劳动力，也丧失了社会再生产和自我调节的能力，所以无力应对来自中心城市的挑战，必然会走向崩解。⑥

---

① 孙华、王红光:《湖南侗族村寨调查报告》，巴蜀书社2016年版。
② 湖南省住房与城乡建设厅:《湖南传统村落》（第一卷），中国建筑工业出版社2017年版。
③ 阳明明:《湘西最后的古村落》，花城出版社2013年版。
④ 谭庆虎、田发刚:《恩施州古村落保护与开发研究》，武汉出版社2016年版。
⑤ 武吉海:《探访湘西传统村落》，湖南美术出版社2015年版。
⑥ 田毅鹏:《"村落终结"与农民的再组织化》，《人文杂志》2012年第1期。

过疏化在学界有时也称为"空心化",空间地理学将村落"空心化"称为"空心村""农村聚落空心化""空洞村"等。刘彦随等人认为"农村空心化"实质上是指在城乡转型进程中,由于农村人口外流引起的"人走屋空",宅基地"建新不拆旧",新建住房不断向外围扩展的"外扩内空"的不良演化过程"。① 林孟清认为农村空心化现象不仅指农业人才大量流失,而且包括农村生产生活中工、商、科、教、文、卫各个部门的人才空缺现象。② 解彩霞认为"空心村"和"空壳村"的含义不同,"空心村"是村民的居住空间布局向外不断扩展的结果,而"空壳村"则是人口外流的结果。"空壳村"是指村庄有外壳(房屋),但无填充物或者没有内容(人口),当一个村庄的人口大量流出,不能保证村庄人口生产的继替,那么附着于村庄的地方性知识和文化传统就会随着村庄人口的外迁而不断消亡,这样的村庄就可以称为"空壳村"。③

2. 村落过疏化的形成原因

关于过疏化的成因研究,学术界大部分学者都认为这是多重因素共同作用的结果。刘彦随等认为我国城乡分割的二元结构是空心村产生和加剧发展的制度根源,不完善的农村宅基地使用制度、村庄规划与管理缺位等因素也是导致农村空心化不断演进的重要原因。④ 彭智勇认为导致村落空心化的原因很多,有些村落"空心"主要是因为地理位置不好、缺乏发展潜力导致的;有些村落是由于当地的生态急剧恶化、资源耗竭带来的;有些村落是因为社区崩溃、基层政府权威瓦解引发的;有些村落是由于人才过度流失、缺乏发展后劲造成的;有些村落的衰败是正常城镇化引起的。⑤ 易远宏从农村资金大量外流的角度解释了农村空心化的原因,他认为资金外流抑制了农村经济的增长,弱化了农业增收能力,

---

① 刘彦随、刘玉:《中国农村空心化问题研究的进展与展望》,《地理研究》2010年第1期。

② 林孟清:《推动乡村建设运动治理农村空心化的正确选择》,《中国特色社会主义研究》2010年第5期。

③ 解彩霞:《现代性、个体性、空壳化——一个当代中国西北村庄的社会变迁》,中国社会科学出版社2017年版,第29页。

④ 刘彦随等:《中国乡村发展研究报告——农村空心化及其整治策略》,科学出版社2011年版,第17页。

⑤ 彭智勇:《空壳村:特征、成因及治理》,《理论探索》2007年第5期。

促使农村劳动力外流、土地资源利用低下,加剧了空心化的状况。① 解彩霞以中国西北一个典型的空壳村为个案,发现村落过疏化是国家快速现代化的发展策略以及对"社会个体化"的"制度性"保证,也是农民为了追寻更美好生活而持续不断地离开农村的"理性选择",两种力量共同发力,促进了村庄人口持续、大量、结构性的向外流动。②

3. 村落过疏化的社会影响

乡村过疏化的发展对当地农村社会、经济、资源与环境产生了多方面的影响,一些学者认为过疏化既有利也有弊,具有明显的两面性,如钟勇认为积极效应在于人口外流可以缓解人地矛盾,优化耕地资源配置,为农业规模经营创造了条件,农民外出可以更新观念,积累资金,熟悉市场,有利于农村经济的发展。负面效应体现在农业高素质劳动力资源的缺乏,在一定程度上会阻碍农业产业化和农业科技的推广,农业的生产性投入减少,基层组织建设受到影响,留守农民素质偏低,公益性活动力不从心,等等。③ 袁海涛认为农村人口大量外出的正效应在于农村资源占有量会增加,给农业的规模化经营提供了有利条件,为农村发展带来鲜活的"外来血液"。负效应在于造成了农村土地资源的浪费,农村人力资源匮乏,农村经济发展受到影响,社会问题更加突出。④

大部分学者都关注到过疏化所带来的负面效应,如宅基地闲置、耕地资源浪费、人口老龄化等问题。田毅鹏认为乡村过疏化会导致村落经济凋敝、就业机会缺乏、村落组织崩坏、村落世代维系困难等问题。⑤ 朱道才认为乡村过疏化会导致村落留守人口规模扩大,从事农业的人口素质下降;农业粗放经营,耕地抛荒,农村宅基地空置,土地资源浪费;农村治理水平下降,组织发展落后,农村人口参与社区公共事务治理的

---

① 易远宏:《农村空心化趋势的资金外流综合测度与分析》,《统计与决策》2013 年第 19 期。
② 解彩霞:《现代化,个体化,空壳化——一个当代中国西北村庄的社会变迁》,中国社会科学出版社 2017 年版,第 244—246 页。
③ 钟勇:《新农村建设中"空心村"问题探讨》,《桂海论丛》2006 年第 7 期。
④ 袁海涛:《当前农村的"空心化"现象及其应对之策》,《农业考古》2013 年第 3 期。
⑤ 田毅鹏:《乡村过疏化背景下村落社会原子化及其对策——以日本为例》,《新视野》2016 年第 6 期。

水平不高。① 李周和任常青指出，村落过疏化导致村庄建设用地浪费严重，乡土文化被边缘化，现代生产要素被过度使用，从而影响农业的永续发展。② 李君、李小建认为农村空心化打破了原有村庄相对集中、同族临近的居住格局，"四世同堂"、亲缘邻近、邻里和睦的关系不断弱化，并影响到各种社会经济。③

4. 村路过疏化的应对策略

农村过疏化问题越来越突出，这引起学界和政界的极大关注。现实中空心村治理实践在地方政府主导下轰轰烈烈地进行，典型的做法是撤村并居、项目进村、农民被上楼等，也借鉴过有类似发展经历的其他国家的经验，但实践效果不大理想。在学术界，关于过疏化的治理对策主要包括以下几个方面。

一是主张立足农村，从农村内部发展出发找到解决问题的可行性对策。宋凡金、谷继建、王东强认为要学习华西村的经验，"通过实体化建设，以产业主导与资源回流方式坐实农村经济基础，实现自发式资源配置，形成人、财、物的聚集，从而扭转农村的空心化问题"。④ 田毅鹏提出的过疏对策包括经济对策、人口对策、文化对策、组织对策四个方面，主张从单一的经济开发到内在的开发策略，重视地域资源的开发，要设法留住年轻人，重建地域自信心，激活过疏化村落的自治传统，加强村落组织建设，实行村落合并，等等。

二是主张从村落外部找对策。中山大学吴重庆教授认为农村空心化导致乡土社会从"熟人社会"到"无主体熟人社会"转变，他主张儒学应该重新进驻乡村，要推动乡村宗族文化的复兴、重大节庆及家户婚丧嫁娶、祭祖认宗等礼仪文化建设，通过仪式的铺陈和参与唤起乡民对儒学所宣导的基本价值理念的敬重。⑤ 刘彦随等从地理学视角提出了"三整

---

① 朱道才：《中国农村"空心化"问题研究进展与启示》，《兰州商学院学报》2012 年第 5 期。
② 李周、任常青：《农村空心化的影响、原因与对策》，《人民日报》2013 年 2 月 3 日。
③ 李君、李小建：《河南中收入丘陵区村庄空心化微观分析》，《中国人口·资源与环境》2008 年第 1 期。
④ 宋凡金、谷继建、王东强：《破与立的变奏：农村空心化治理模式研究》，《社会科学家》2017 年第 4 期。
⑤ 吴重庆：《农村空心化背景下的儒学"下乡"》，《文化纵横》2012 年第 2 期。

合"调控理论,即空间重构、组织重建、产业重组"三整合",主张强有力的政府管制和土地制度改革。①

三是主张按照村落发展演进的不同阶段采取不同策略。如薛力以江苏省为例,提出处于发展初期的苏北地区"空心村"整治策略为处理好村间关系,推行迁村并点;处于发展中期阶段的苏中地区着重要处理好村内关系,进行内部改造,如规范农宅流通机制、提高闲置土地利用效率等;处于发展晚期的苏南地区空心村要着重处理好城乡关系,推进乡村人口的居住城镇化策略。②

综上所述,学术界目前对村落过疏化问题已经有了一定的研究,但仍然存在一些不足:一是研究成果多是关注汉族地区的一般村落,对少数民族地区关注不够,关于传统村落的研究不多;二是研究者大多是人文地理学领域的学者,他们主要是从宏观视角出发得出的过疏化解决对策,微观个案研究不多,每个地方的村落情况不同,需要具体问题具体分析,不能以偏概全。

三 研究思路、内容与方法

(一) 研究思路

本书的基本思路是:"围绕一个主旨,抓住一条线索,聚焦两大视域,做到两个结合,关注四种异同。""围绕一个主旨"是指本书最终要探讨传统村落在过疏化背景下如何发展的问题,课题组将这一目标贯穿于整个研究过程之中。"抓住一条线索"是指该研究的技术路线是:"弄清现状→发现问题→分析原因→解决问题",通过全面深入地调查研究,弄清目前湘鄂西地区传统村落保护与发展的基本情况,找出现代化背景下村落所面临的人口过疏化及带来的各种问题,深入剖析其形成原因并提出解决对策。"聚焦两大视域"是指本书一方面注重历时性的传统村落发展变迁研究,注意村落过去过密化与现在过疏化的差异;另一方面注

---

① 刘彦随、刘玉、翟荣新:《中国农村空心化的地理学研究与整治实践》,《地理学报》2009年第5期。

② 薛力:《城市化背景下的"空心村"现象及其对策探讨——以江苏省为例》,《城市规划》2001年第6期。

重共时性的传统村落结构考察，注重村落的整体性发展。"做到两个结合"是指在研究过程中一方面注重理论与实践的结合，注意将乡村社会学的相关理论与村落发展实践相结合；另一方面注重共性与个性问题的考察相结合。湘鄂西地区传统村落众多，各村落情况存在一定差异，因此课题注重"面"上总体考察与"点"的具体分析相结合、共性问题分析与特殊问题考察相结合。"关注四种异同"是指课题研究过程中将注重传统村落发展中不同民族、不同区域、历史与现实及国内与国外的异同，只有在比较异同的基础上才能把握湘鄂西地区传统村落现代发展的特殊性，同时吸取历史教训和域外经验，在此基础上展开对策研究。

（二）研究内容

本书的主要研究对象是湘鄂西地区被国家纳入"中国传统村落"名录的村落，主要探讨三个内容：一是湘鄂西地区传统村落的基本情况；二是传统村落在现代社会所面临的过疏化现状，分析过疏化形成的原因及造成的影响；三是探讨过疏化背景下传统村落保护与可持续发展的路径。

第一章，湘鄂西地区传统村落概貌。全面介绍该地区传统村落的基本情况，如数量、分布、类型及特点，分析传统村落的重要价值，了解目前传统村落保护与发展的现状。

第二章，湘鄂西地区的历史变迁与村落发展。从文献记载、民间文书和村民口述史资料中了解该地区的历史发展变迁过程，全面阐述传统村落在古代、近代和现代发展的不同状况，了解村落过疏化的演变过程。

第三章，湘鄂西地区传统村落过疏化现状。考察传统村落人口流动情况和过疏化的表现。传统村落外流人口包括非农职业者、个体户和农民工劳务输出、婚嫁外流、学生和老人外流。传统村落的过疏化主要体现为房屋空壳化、产业空洞化、人才空心化、文化消解化和情感疏远化五大方面。

第四章，传统村落过疏化形成的原因，如政策环境的变化、外界的拉力效应、山区农村自身的离心力和村民的"理性"。农民外流是政策环境变化和农民"理性选择"二重化的结果，也是城乡"推力—拉力"作用的结果。

第五章，过疏化背景下传统村落发展面临的困境。全面展示过疏化所导致的村落凋敝现象，如传统生产萎缩、民族文化传承面临困境、乡村公共服务事业萎缩、农村治理问题突出、留守人口问题凸显和村落价值认同式微这几个方面。

第六章，过疏化背景下传统村落可持续发展的思考。阐述传统村落可持续发展的目标和原则，从生态良好、经济发展、文化传承、乡愁永续、管理民主这五个维度提出村落整体发展的可行性对策，包括吸引外流人口回乡、加强对外流人员的密切联系和管理、积极探索过疏化村落经济发展新模式、吸取国内外村落建设经验等。

（三）研究方法

本书主要采用应用人类学的文化变迁、社区营造、可持续发展等理论与方法来开展研究，实地调查研究与文献研究相结合，历时性研究与共时性研究相结合，注意湘鄂西地区这一特殊场域。资料的收集与分析将主要采用以下方法。

①文献研究法。本书收集的文献资料大致可以分为四大部分：其一是与村落研究相关的学术专著和期刊论文。笔者在2018—2019年北京大学访学期间查阅了国家图书馆和北京大学图书馆及社会学系图书室的藏书，从中国知网、维普、万方等电子数据库收集了大量相关的期刊论文及硕博论文；其二是湘鄂西地区各地的地方史志，相关政府部门如住建部、民宗局、文体局、统计局的相关数据、年鉴、各类调查报告、年度计划与总结等地方文献资料，同时还包括地方文人的研究成果；其三是民间保存的各种族谱家谱、私家藏书、乡规民约等民间文书；其四是网络信息与资料。恩施、湘西等地的政府网站、土家族文化网、中国山地民族文化网等都是本书重要的资料来源。

②田野调查法。田野调查是课题组收集资料的重要途径。湘鄂西地区传统村落数量众多，村落的经济发展和文化保护状况差异性较大，很难提炼出具有绝对典型意义的村落。"任何个案的社区研究只能代表个别，而不能上升为对整体的认识。"[①] 李培林也曾经指出"村落生活千姿百态，个案调查虽然可以做得非常深入细致，但也容易囿于个案的特殊

---

① 贺雪峰：《村治的逻辑——农民行动单位的视角》，中国社会科学出版社2009年版，第4页。

性而失去普遍的解释力"①。鉴于此，本书采用点面结合的调查方式，既在湘鄂西地区广泛开展调查，摸清传统村落发展的总体概貌，又选取了3个过疏化典型村落进行重点调查，努力使研究"既具有个案的鲜活性，又避免个案的特殊性"，主要调查大致可以分为三个阶段。

第一阶段为全面的预调查阶段。2015—2017年，课题组先后调研了恩施市咸丰县甲马池镇马家沟村王母洞、清坪镇中寨坝村郑家坝，恩施市盛家坝乡二官寨村，利川市凉雾乡海洋村、忠路老屋基村、毛坝镇石板村和山青村，鹤峰县的铁炉细杉村，建始县花坪镇田家坝村，来凤县舍米湖村，湘西州永顺县双凤村，龙山县捞车村，凤凰县山江镇的凉灯村和老家寨，麻冲乡老洞村。除了到这些村落所在的县市政府部门收集文献资料以外，调查组还到村委会及部分村民家里实地了解情况。通过全面的预调查，调查组对湘鄂西地区的传统村落概貌有了一些粗浅的认识，为后期的村落选点和深入调研做了前期准备。

第二阶段为3个村落的深入调查。2018—2019年夏，在前面全面调研的基础上，课题组选取恩施盛家坝乡二官寨村、湘西永顺县双凤村、凤凰山江镇凉灯村3个村落进行了深入的田野调查。调研过程中注意参与观察与深入访谈相结合，通过各种熟人关系实际参与到研究对象的日常生活与村落活动中，与当地村干部、部分村民、政府工作人员进行了深入访谈，尽可能全面了解传统村落发展的实际情况。

第三阶段为后期的补充调查。2019年10—12月，笔者针对论文的不足，对所选取的3个村落展开了后续补充调查，充实了论文所缺的相关资料，并对一些以前收集的材料信息进行了验证。

③比较法。本书一方面注重传统村落历史与现实的纵向比较，把握村落发展变迁的方向和规律；另一方面注意湘鄂西地区和国内外其他地区村落的横向比较，汲取其他地区过疏化村落治理的宝贵经验，努力构建湘鄂西地区传统村落的发展模式。

---

① 李培林：《村落的终结——羊城村的故事》，商务印书馆2004年版，第7页。

四　相关问题说明

（一）研究区域说明

2012年4月，国家住建部、文化部、国家文物局、财政部四部委联合启动了中国传统村落的调查，他们组织成立了由建筑学、民俗学、规划学、艺术学、人类学等专家共同组成的专家委员会来评审"中国传统村落"。截至2022年底，国家一共公布了六批"中国传统村落名录"，共计8171个传统村落上榜。因时间和精力所限，本书所研究的区域"湘鄂西地区"范围仅限于湖南省的湘西州（包括吉首市、古丈县、泸溪县、凤凰县、龙山县、保靖县、花垣县和永顺县）和湖北省恩施州（包括恩施市、利川市、建始县、宣恩县、来凤县、咸丰县、鹤峰县、巴东县），主要研究这些地区被国家纳入"中国传统村落"名录的村落。这些村落主要是土家族和苗族的原始聚居地，但也有侗族、白族、汉族等多民族杂居共处，蕴藏着丰富的历史文化信息和自然生态景观资源，彰显出和谐的诗画意境。

（二）主要田野调查点

本书在湘鄂西地区广泛调查的基础上，选取了3个"过疏化"典型村落进行了重点调查，这3个村落分别是湖南省湘西州永顺县双凤村、凤凰县山江镇凉灯村和湖北省恩施市盛家坝乡二官寨村。永顺双凤村是一个典型的土家族村落，山江凉灯村是一个苗族村落，而二官寨村是一个以土家族为主的多民族杂居的村落。就经济发展水平来说，凉灯村经济发展比较落后，双凤村居中，二官寨村相对较好。这3个村落民族文化浓郁，都出现人口大量外流的情况，外出务工人员很多，在湘鄂西地区具有一定的典型性。

1. 湘西州永顺县双凤村

双凤村是湘西州永顺县灵溪镇的一个行政村，位于永顺县的西北部，距县城15千米。该村起初被称为"双且"或"双栖"，后来也有叫"双丰"、"双峰"或"双凤栖"。"且"在土家语中为山坡的意思，"双且"的意思就是"坐落在山坡上"。该村地处海拔680米左右的大山中，境内山峦起伏，主体山为九龙山，进村出寨仅依靠一条只容一车通过的盘山公路。双凤村位于亚热带季风气候区，气候温和，光照充足，湿度大，年平均气温为18℃，无霜期266—277天，年均降水量为1357毫米。全村土地面积为5.6平方千米，耕地面积为243亩，水田217亩，旱地26亩，桐林300亩。村落里的植物资源丰富，有各种保护树木和花卉药用菌类植物，森林覆盖率达95%以上，以松树、柏树为主，也有楠木、红豆杉、榉木等珍惜保护树木，主要分布在村寨西北侧松柏古道两侧、摆手堂北侧原始森林等处（见图0-1）。

图0-1 双凤村鸟瞰图

图片来源：双凤村委会提供。

双凤村被誉为"中国土家第一村"，是目前仍在使用土家语的少数村寨之一，村里的中老年人都会说土家语。每年正月，村民都会聚集到摆手堂前跳摆手舞和茅古斯，已逝村民田仁信和彭英威曾被确立为国家级土家族摆手舞和茅古斯舞代表性传承人。双凤村留有很多文化遗迹，如八字门、九蓉庵、土地庙、官亭、土家祠堂、接龙桥、转角楼群等一应俱全，另外还有保存完好的古炮台。该村现存的摆手堂是2000年在政府的资助下修建起来的，极具民族特色（见图0-2、图0-3）。

目前，双凤村的人口为92户278人，主要以彭、田两姓为主，这两姓世居在此，其他姓氏的人家都是后来搬迁而来的。在村民的记忆里，迁入该村的外地人很少，但迁出去的人很多。由于双凤村有限的土地和水源不能满足越来越多的子孙后代的生活需要，在不同的时期，不断有后代向外迁徙，在双凤村的周围散布开来，先后形成7个自然村——叭科、羊品沟、召且、反坡、沙湖、八吉、新寨，现在这8个村子合起来就叫做"七寨半"。20世纪90年代以后，出门做生意或外出打工的人不

图 0-2　村牌
图片来源：笔者摄于双凤村。

图 0-3　摆手堂
图片来源：笔者摄于双凤村。

断增加，现在该村中青年人基本上都是常年在外，全国各地都有，由于受教育程度不高，大多数村民在外一般只能找到条件较差、工资较低的工作。

双凤村村民过去主要以种植水稻、玉米、红薯等传统农作物为生，除此之外还种植茶树、桐子树等经济作物。由于土地贫瘠、耕种面积少，很多村民常去山下开垦荒地。现在全村主要经济来源是茶叶种植和外出务工，还成立了两家茶叶合作社，但规模不大。最近几年，双凤村靠民俗展演发展旅游，吸引了不少游客，但由于年轻人外出务工的太多，所以表演人员以中老年人居多，这些活动为村民增添了一些额外收入。

双凤村曾引起学术界的高度关注。20 世纪 50 年代，我国著名民族学家潘光旦先生曾经在该村做过包括民族语言在内的民族学调查，他当时就是依据此村完成了土家族的民族识别。2003 年 7 月到 8 月，云南大学"中国民族村寨调查组"也对该村进行了田野调查。现在笔者对该村进行跟踪研究，一方面可以便捷地参考前人的研究资料，另一方面可以做历史性的比较分析，更深入地了解现代社会存在的一些问题。

2. 凤凰县山江镇凉灯村

凉灯村位于湖南省湘西土家族苗族自治州凤凰县山江镇境内西南边，距凤凰县城 28 千米，离山江镇 8 千米，它地处山江苗族文化保护区境内，是一个苗族明清古村落。"凉灯"，苗语为"夯滚"，即"老鹰住的地方"。该村总面积为 4.11 平方千米，耕地面积 846.3 亩，其中稻田 710.7 亩，旱土 135.6 亩。全村最高海拔 995.3 米，最低海拔 444.1 米，海拔落差大，地势陡峭，整个村寨处于深山幽谷之中，山间沟壑纵横，山路蜿蜒盘旋。凉灯村属于两头羊自然保护区的试验区范畴，保护区内生物多样性丰富，共有维管束植物181科631属1182种，脊椎动物5纲30目84科224种，有国家重点保护野生动物黄红腹金鸡、竹鸡、白面、娃娃鱼、石蛙、野山羊、野猪等，国家Ⅱ级保护树种和乡土名贵树种红桦、川黔紫薇、香果树、篦子三尖杉等。凉灯村过去交通闭塞，是凤凰县最后一个通公路的行政村，因此也成为苗族原始生态文化及历史建筑群保护最完好的村寨之一。

凉灯村由5个自然寨组成，即5个村民小组，一组为下凉村，二组为上凉村，三组为小水楼，四组为雀儿前寨，五组为雀儿后寨。这5个自然寨非常分散，一条盘山路将5个组依次串联起来。全村共有182户1082人，由于自然条件的限制，该村人均田土不足一亩，人均年收入1000元左右，贫困家庭较多，调研期间建档立卡的贫困户有71户320人。村民以龙姓为主，另外还有吴、王姓氏。民国时期，凉灯村曾因土匪侵袭，大部分村民举家背井离乡，1949年之后人们才回迁重建，繁衍生息至今（见图0-4、图0-5）。

图0-4 凉灯村一角
图片来源：笔者摄于凉灯村。

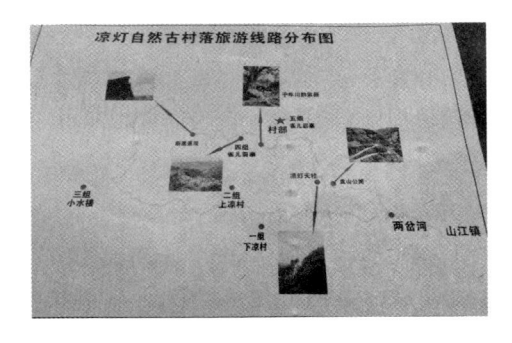

图0-5 凉灯村居民分布图
图片来源：凉灯村委会提供。

过去凉灯村曾是一个繁荣的古村落，因此留下很多文物遗迹，村落里较完整地保留了历史建筑群和传统格局。村民的住房建造在半山腰上，用黄土筑墙，青瓦盖顶，院中的石板路、石板墙、石板坪、石板古井都是历史的印证。山上的梯土和梯田，山脚的农舍和农具，农舍的蓑衣与犁耙传递的都是地地道道的农耕文化。村民房屋内没有隔间，客厅、卧室、厨房都在一间房内，柴灶、火塘和床铺都挨在一起。村民平时都用蚊帐，老人用黑色蚊帐，年轻人用白色蚊帐。村民交流大多采用苗语，男人着汉服，年纪稍长的妇女都是穿苗服，黑色长巾盘头，蓝衣缀银饰。该村的苗医药与苗家武术远近闻名，村民龙正云的祖父龙长青曾做过湘西王陈渠珍的保镖与黑旗大队的分区教官，祖传一套好苗拳（见图0-6、图0-7）。

图0-6　苗族服饰
图片来源：笔者摄于凉灯村。

图0-7　村民展示祖传苗拳
图片来源：笔者摄于凉灯村。

目前凉灯村村民主要种植水稻和玉米，因为产量少主要以自食为主，个别家庭以栽种烤烟作为主要经济来源。村中青壮年劳动力长期在外打工，只有春节和红白喜事等特殊日子才会回来，平时只有少数老年人留守在村。因为外出人员多，劳动力严重不足，村落里一半的土地都荒芜了，特别是远处的土地因为野猪太多都没有再种植。外出务工的村民大多在浙江一带从事挖树苗的工作，每天收入情况并不固定，多的时候一天可以挣600—800元，少的时候一天只能挣100—200元。挖树苗的工作也不是天天有，此工作季节性很强，夏季有3个月的空闲期，这个时候村民都会到其他厂里临时上班挣钱。

稻田养鱼是该村长期延续的一种传统。村落里水源好的稻田一般都会喂养鲤鱼，一亩田可以放400条小鱼苗，这些鱼苗主要吃虫子和稻花长大，稻田里不会放化肥和农药。八九月份村民把稻田里的水放干后就可以捉鱼了，5个月的时间可以长半斤左右，这种稻花鱼市场上卖25元/斤，口感很好。但村民一般很少出售，他们会把鱼加工后储存起来，作为日常食物或待客的佳肴（见图0-8、图0-9）。

图0-8 稻田养鱼
图片来源：笔者摄于凉灯村。

图0-9 苗家稻花鱼
图片来源：笔者摄于凉灯村。

凉灯村现有两个企业，一个是竹笋加工厂，另一个是酒厂，都是外地老板投资开办的。竹笋厂每年给村里分红5万元，春季竹笋加工时节会招纳村民过来做工，每天有80元的工钱。凉灯村大山里野竹子非常多，很多村民会采集之后送到竹笋厂，收购价是每斤1.8元。如今，该村还计划发展1000亩雷竹，现已种植了300多亩，5年后会产生效益。酒厂和村民签有协议，酒厂提供糯米种子和肥料，农民提供土地和劳动力，糯米收获后酒厂会以每斤3元的保底价收购。现在该村村民一共种植了糯米约200多亩，有8个本村人常年在酒厂工作。

3. 恩施市盛家坝二官寨村

二官寨村位于恩施市西南部盛家坝乡，距恩施州城42千米，距盛家坝乡集镇17千米，它东临石拦罗家塘遮西东，南至安乐屯大枞树，西毗麻茶沟方家坪，北与白果乡金龙坝、两河口接壤。村域面积37.6平方千米，有耕地面积5410亩，林地面积32390亩，森林覆盖率达95%以上。村落地形起伏连绵，呈两溪分割，四坡三梁，周边山岳对峙，平坝、峡谷、溪沟分布其中，高山、二高山、低山层次分明，平均海拔863米，最高圣孔坪海拔1400米，最低小溪和旧铺海拔750米。土壤以黄壤、黄棕壤、棕壤、紫色土为主。该村夏无酷暑，冬少严寒，降雨适度，气候垂直差异大，年平均气温14.8℃，年降雨量1423毫米，无霜期233天。二官寨村被专家誉为"原始古村落，现代桃花源"，享有"中国传统村落""中国十大最美乡村"（提名奖）"湖北省少数民族特色村寨""湖北省旅游魅力名村""湖北省生态村""恩施州最美乡村"等美誉。

全村辖二官寨（既是行政村名也是自然村名）、小溪、洞湾、旧铺、圣孔坪五个村民小组13个居民点，共有家庭815户3277人[①]，土家族、侗族、汉族合族而居，土家族人口最多，占总人口的58.3%左右，主要姓氏有康、胡、田、刘、吴、周等。域内居民多系清雍正十三年（1735年）改土归流后从湖南、贵州、江西、湖北荆州等地迁徙而来，一部分是因为当地发洪灾无法居住，一部分是因奉朝廷之命或躲避战乱而迁徙此地。据村内大姓族谱载，小溪胡氏迁居最早，胡氏始祖是湖南芷江人，洪武二年（公元1369年）为避苗乱移居恩施屯堡鸭松溪，后又移居小溪，现已在此繁衍十四代子孙。清朝雍正年间，康姓族人由湖南新化县迁徙恩施芭蕉塘、曹家沟等地，后迁至二官寨旧埔，祖公康兴守勤俭持家，开疆拓土，家境十分兴旺，次子康光祥家住旧铺，勤劳耕种，建起了"旧铺五进堂"，膝下四子饱读诗书，其中二子、三子考中秀才。周家湾周姓人家因避水灾迁徙于此，现已繁衍十三代人（见图0-10）。

二官寨是巴蜀盐道古村落，两条入川盐道经过小溪和旧铺两个自然村。巴蜀盐道被史学家誉为"中国内陆最重要的文化沉积带"，是土家人的经济命脉和文化传播路线。村内保存完好的原始民居木质楼房一共有438栋，尤以小溪胡家大院、旧铺康家大院、洞湾田家大院、覃家大院和文家大院等古民居保存最为完好。小溪胡家大院是恩施州最具规模的民居古建筑群落，分布于上中下三坝，尤以中坝吊脚楼群最为著名。它始建于清乾隆年间，依河而建，坐西朝东，有双吊、单吊、一字朝门前石级阶梯、石门砍，朝门建筑的风格呈"八字形"，建筑格调古朴。康家大院五进堂占地面积2000余平方米，四合天井八开门，建于乾隆年间，距今已有300年历史。这些吊脚楼古民居一般都是楼上住人、楼下养牲畜或

[①] 据2017年调查统计数据。

图 0 - 10　旧铺五进堂

图片来源：笔者摄于二官寨村。

堆放肥料柴草，是恩施少数民族地区古代农耕文明的重要历史见证。二官寨村保存着大量文物遗址遗迹和非物质文化遗产，文物遗址遗迹如始迁祖墓、官碑、古桥、古道、落脚朝门、五进堂、指路碑、风车、水渠遗址、店房遗址；非物质文化遗产如南戏、三棒鼓、莲香、油茶汤、吊脚楼制造工艺、蔑扎技艺、陪十弟兄、陪十姊妹、打夜锣鼓、板凳拳等。村民从古至今主食稻米、苞谷，辅以红薯、马铃薯，洋芋是半当主粮半当菜，最受人青睐的食品。菜肴有酸、辣、干三大特点，每家都有一个或几个酸坛子，红鲜辣椒、葱头、萝卜、白菜、青菜都浸于坛内，可以吃数月。农谚有"辣椒当盐，合渣过年"的说法，村民无一家不种辣椒，无一人不吃辣椒。备干菜过冬成为传统习俗，如豇豆、四季豆、洋芋用开水除去生味后晒干，南瓜、青菜、黄瓜、苦瓜都直接晒干储存起来慢慢食用。

近年来，二官寨村不断加强基础设施建设，村容村貌和村民居住环境不断改善（见图 0 - 11、图 0 - 12）。20 世纪末开始，政府组织"五改三建"（改水、改路、改厨、改厕、改圈，建池、建家、建园），大大改变了村落的面貌。2007—2017 年通过新农村建设和节能减排完成小溪胡家大院、旧铺古寨民居民宿改造工程。2016 年底前完善了景区循环公路、圣孔坪公路、洞湾公路建设。2017 年完成旧铺古寨、小溪游步道、停车

图 0-11 康家大院
图片来源：笔者摄于二官寨村。

图 0-12 胡家大院
图片来源：笔者摄于二官寨村。

场和旧铺古寨民俗文化广场建设。2017年将老办公楼（木楼）进行维修，建成与古寨特色格调一致的办公楼，新建了村综合服务平台，重点抓好硬件设施建设，配套建立了完善的制度体系和服务体系，设置党群活动室、党建工作室、村务议事室、调解工作室、档案室、村务监督室、村民活动广场、便民服务大厅（室），满足村民"一站式"服务要求。2005年改善了村级教育条件，修建了教学楼、学生食堂、操场和围墙，现在该校一共有6个年级3个复式班，学生42人，教师4人，员工2人。2013年创建了留守儿童托管中心，解决了部分外出务工人员的后顾之忧。村卫生室是2006年修建的，共两层，占地面积130平方米。内设有诊断室、治疗室、观察室、中西医药房、健康教育宣传室各一间，有床铺4个，改善了医疗条件。到2017年全村有专业合作社7家，其中，生态农业专业合作社2户，养殖专业合作社4户，种植专业合作社1户，注册资本合计550万元。

二官寨自古以粮食作物种植为主，兼有烟叶、油料、药材、蔬菜等经济作物。1984年起大力调整产业结构，发展烤烟和茶叶，至1996年全村总收入达720.59万元，人均首次超过千元大关实现2356元。2013年起实现农业向乡村旅游转型，发展旅游业，农民家庭收入快速增长，2017年总收入5072万元，人均16884元。20世纪90年代起，外出打工潮盛行，二官寨许多人也加入外出务工者的队伍，他们的务工地域包括两部分，一部分就地进入企业工作，为离土不离乡的农村劳动力；另一部分离土离乡进入城市或跨省，从事二、三产业，主要分布于广东、浙江、江苏、福建、湖南、北京、武汉等地（见表0-1）。据2017年调查数据显示，该村劳动力资源1688人，其中外出务工劳动力818人，占全村劳动力总数的48.46%，男性659人，举家外出务工178户。外出人员中15—20岁85人，21—49岁498人，50岁及以上235人。他们的务工收入1001—2000元的59人，2001—3000元的153人，3000元及以上的606人。①

表0-1　　　　　　　2003—2017年二官寨村外出务工情况

年度	总人口	总劳力		外出务工		务工地区			
年	人	总数	其中男	总数	其中男	市内乡外	省内市外	省外	境外
2003	3240	1780	771	565	372	50	60	455	
2005	3278	1594	761	556	366	44	65	447	
2007	3036	1598	759	628	395	55	48	525	
2008	3011	1591	779	662	337	40	64	558	
2011	3020	1628	830	891	454	152	251	488	1
2013	3015	1853	945	640	345	120	150	370	
2015	3005	1730	882	640	486	120	150	370	
2017	3004	1688	871	818	659	96	261	461	

数据来源：二官寨村委会。

① 《二官寨村志》编制委员会编：《二官寨村志》（内部资料），2018年11月，第132—134页。

第 一 章

湘鄂西地区传统村落概貌

湘鄂西地区是土家族、苗族、侗族等多民族的世居之地,传统村落数量众多,这些村落建村较早且有较长的历史沿革,蕴藏着丰富的历史信息和民族文化,凝聚着先祖们的智慧和汗水,是湘鄂西人民共有的精神家园。

第一节　湘鄂西地区传统村落的分布与类型

一　传统村落的分布

自2012年以来,按照国家四部委《关于开展传统村落调查的通知》的要求,恩施州地方政府积极开展传统村落申报工作,截至2022年底已成功列入六批"中国传统村落"保护名录的一共有92个,其中恩施市14个,利川市19个,建始县2个,宣恩县16个,来凤县19个,咸丰县11个,鹤峰县9个,巴东县2个(详见表1-1)。

表1-1　　　　　　恩施州"中国传统村落"名录

	县市	传统村落名称
恩施州	恩施市（14）	崔家坝镇滚龙坝村、盛家坝乡二官寨村、盛家坝乡大集场村、盛家坝乡车蓼坝村、盛家坝乡麻茶沟村、盛家坝乡安乐屯村、红土乡天落水村马弓坝、白果乡金龙坝村、白果乡见天坝村水田坝组、板桥镇新田村鹿院坪组、沙地乡落都村、屯堡乡双龙村雾树吼组、芭蕉侗族乡戽口村彩虹山组、太阳河镇头茶园村

续表

	县市	传统村落名称
恩施州	利川市（19）	谋道鱼木寨、凉雾乡海洋村、凉雾乡纳水村、柏杨坝镇水井村、毛坝镇山青村、毛坝镇石板村、毛坝镇向阳村、毛坝镇人头山村、沙溪乡张高寨、谋道镇太平村、谋道镇龙水村、柏杨坝镇高仰台村、建南镇黎明村、忠路镇长干村张爷庙、忠路老屋基老街、忠路镇合心村、忠路镇双庙村、忠路镇钟灵村、文斗乡金龙村
	建始县（2）	花坪镇田家坝、官店镇陈子山村
	宣恩县（16）	椒园镇庆阳坝、椒园镇水田坝村、沙道沟镇两河口村、沙道沟镇药铺村、沙道沟镇大白溪村、长潭河乡两溪河村、长潭河乡白果坪黄家寨、李家河镇中大湾村、高罗镇腊树园村、高罗镇清水塘村、高罗镇大茅坡营村、高罗镇熊洞村、万寨乡金龙坪村、晓关侗族乡中村坝村、晓关侗族乡骡马洞村、晓关侗族乡野椒园村
	来凤县（19）	百福司镇新安村、百福司镇舍米湖村、百福司镇冉家村、百福司镇观音坪村、大河镇冷水溪村、大河镇车洞湖村、大河镇张家界村、大河镇五道水村徐家寨、大河镇独石塘村、漫水乡兴隆坳村落衣湾、漫水乡渔塘村上渔塘、三胡乡黄柏村下黄柏园、三胡石桥村、革勒车乡鼓架山村铁匠沟、绿水镇田家寨村、旧司镇梅子垭村、旧司镇板沙界村、旧司镇黑洞塘村、革勒车镇桐麻村
	咸丰县（11）	大路坝区蛇盘溪村、甲马池镇马家沟村王母洞、清坪镇中寨坝村郑家坝、清坪镇庄房村、清坪镇大石坝村、坪坝营镇新场村蒋家花园、尖山乡唐崖寺村、高乐山镇官坝村、高乐山镇龙家界村、高乐山镇牛栏界村、黄金洞乡麻柳溪村
	鹤峰县（9）	五里乡五里村、五里乡湄坪村、铁炉乡铁炉村、铁炉乡细杉村、中营乡三家台蒙古族村、走马镇白果村、容美镇屏山村、容美镇大溪村、邬阳乡邬阳村
	巴东县（2）	野三关镇穿心岩村、东瀼口镇牛洞坪村

资料来源：来源于传统村落网：http://www.chuantongcunluo.com。

湘西土家族苗族自治州被列入六批"中国传统村落"名录的村落一共有178个，其中吉首市14个，古丈县27个，泸溪县10个，凤凰县22个，龙山县29个，保靖县26个，花垣县31个，永顺县19个（详见表1-2）

表1-2　　　　　　　　湘西州"中国传统村落"名录

	县市	传统村落名称
湘西州	吉首市（14）	矮寨镇德夯村、矮寨镇中黄村、矮寨镇坪年村、矮寨镇家庭村、矮寨镇联团村、峒河街道小溪村、社塘坡乡齐心村、排绸乡河坪村、寨阳乡坪朗村、寨阳乡补点村、马颈坳镇隘口村林农寨、马颈坳镇杨柳村、丹青镇锦坪村、己略乡红坪村古者寨
	古丈县（27）	高峰镇岩排溪村、高峰镇三坪村、高峰镇陈家村、高峰镇葫芦坪村、红石林镇老司岩村、红石林镇列溪村、红石林镇坐龙峡村、红石林镇白果树村、默戎镇龙鼻村、默戎镇李家村、默戎镇中寨村、默戎镇九龙村、默戎镇毛坪村、默戎镇翁草村、默戎镇夯娄村、默戎镇新窝村、岩头寨镇洞溪村、岩头寨镇沽潭村、岩头寨镇梓木村、岩头寨镇磨刀岩村、岩头寨镇老寨村、双溪乡宋家村、古阳镇丫角村、古阳镇排茹村、坪坝镇曹家村、坪坝镇溪口村窝米寨、坪坝镇对冲村
	泸溪县（10）	达岚镇岩门村、梁家潭乡芭蕉坪村、梁家潭乡椰木溪村、八什坪乡欧溪村、潭溪镇新寨坪村、洗溪镇塘食溪村、洗溪镇三角潭村、洗溪镇布条坪村、洗溪镇李什坪村、洗溪镇张家坪村
	凤凰县（22）	阿拉营镇舒家塘村、都里乡拉毫村、都里乡塘头村芭蕉冲、麻冲乡老洞村、麻冲乡扭光村、麻冲乡竹山村、麻冲乡扭仁村、山江镇老家寨村、山江镇凉灯村、山江镇东就村、山江镇黄毛坪村、山江镇早岗村、茶田镇塘坳村、吉信镇大塘村、吉信镇火炉坪村、三拱桥乡泡水村、千工坪乡香炉山村、木里乡关田山村、木里乡黄沙坪村、米良乡米良村、腊尔山镇苏马河村、禾库镇米坨村
	龙山县（29）	苗儿滩镇六合村、苗儿滩镇惹巴拉村、苗儿滩镇树比村、苗儿滩镇捞车村、苗儿滩镇东风村、靛房镇万龙村、里耶镇长春村、里耶镇兔吐村、里耶镇双树村、里耶镇双坪村、洗车镇老洞村、洗车河镇天井村、洗车河镇耳洞村、贾市乡街上村、贾市乡巴沙村、红岩溪镇头车村大字沟、靛房镇百型村、靛房镇信地村、靛房镇中心村、桂塘镇前丰村、召市镇神州社区马洛沟、洛塔乡泽果村、洛塔乡猛西村、洛塔乡烈坝村、内溪乡五官村喇宗坡寨、农车乡天桥村、农车乡塔泥村、咱果乡脉龙村、茅坪乡长兴村

续表

	县市	传统村落名称
湘西州	保靖县（26）	夯沙乡夯沙村、夯沙乡吕洞村、夯沙乡夯吉村、夯沙乡梯子村、碗米坡镇首八峒村、碗米坡镇白云山村、碗米坡镇磋比村、碗米坡镇沙湾村、水田河镇金落河村、水田河镇丰宏村、水田河镇白合村、水田河镇孔坪村、葫芦镇新民村、葫芦镇木芽村、葫芦镇傍海村、葫芦镇黄金村、葫芦镇新印村、葫芦镇国茶村、清水坪镇魏家寨村、普戎镇波溪村、普戎镇亨章村、迁陵镇陇木村、迁陵镇阿扎河村、迁陵镇陡滩村、毛沟镇巴科村、阳朝乡米溪村
	花垣县（31）	边城镇磨老村、排碧乡板栗村、排碧乡十八洞村、排碧乡张刀村、雅西镇高务村、雅西镇五斗村、雅西镇东卫村、雅西镇排腊村、雅西镇坡脚村、排料乡芷耳村、排料乡金龙村、雅桥乡油麻村、民乐镇土屯村、吉卫镇大夯来村、吉卫镇夜郎坪村、雅西镇扪岱村、花垣镇紫霞村、双龙镇鸡坡岭村、双龙镇龙孔村、双龙镇鼓戎湖村、双龙镇板栗村、石栏镇磨子村、石栏镇雅桥村、石栏镇子腊村、石栏镇懂马村、石栏镇大兴村、石栏镇石栏村、石栏镇岩科村、长乐乡谷坡村、补抽乡桃子村、补抽乡懂哨村
	永顺县（19）	大坝乡双凤村、大坝乡大井村、灵溪镇老司城村、灵溪镇博射坪村、灵溪镇爬出科村、灵溪镇那必村、小溪乡小溪村、泽家镇砂土村、列夕乡芷州村、列夕乡列夕村、万民乡伍伦村、泽家镇西那村、首车镇龙珠村、芙蓉镇兰花洞村、石堤镇大明村、西歧乡西龙村、西歧乡流浪溪村、西歧乡西歧村、车坪乡咱河村

来源于传统村落网：http：//www.chuantongcunluo.com。

二 传统村落的类型

湘鄂西地区的传统村落主要是土家族村落和苗族村落，多民族杂居村落也占有很大比例。按照传统村落的特征，这些传统村落大致可以划分为传统建筑型、民俗文化型、农业景观型、工商贸易型和农特产品型；按照村落形成原因，可以分为交通驿站型村落、红色革命型村落、土司遗址型村落、军事要塞型村落、家族庄园型村落和移民繁衍型村落。

（一）交通驿站型村落

清朝末年，川盐经济带动了整个巴蜀地区的发展，商贩整日川流不息。在盐道上曾经存在许多为过往盐商提供食宿、更换马匹的客店和驿站，这些驿站后面慢慢发展为人口聚居的传统村落。如位于恩施市的二官寨村曾是古盐商从湖南、龙山到利川、四川万县的必经之地，过去因川盐古道的兴盛而繁荣。该村的小溪、旧铺、洞塆以及周边都保留有古道的诸多遗迹，旧铺五进堂曾闻名于巴蜀古盐道，是康家为盐商所开的客栈，客栈头年做好铺位次年招待客人，"今年打铺明年睡"，因名"旧铺"。利川市的纳水溪村过去曾是"川盐济楚"盐道上的重要驿站，由于"行盐"贸易和商品流通，这里逐渐发展成为定期赶场的集市。走马镇白果村、利川老屋基、宣恩椒园镇庆阳坝、宣恩两河口镇彭家寨等村落历史上都因位于盐道而繁荣，保留了大量古建筑而形成今天的传统村落（见图1－1）。

图1－1 利川市老屋基老街

图片来源：笔者摄于利川市老屋基。

（二）红色革命型村落

中华人民共和国成立前，湘鄂西地区先后建立了湘鄂边、湘鄂西和湘鄂川黔革命根据地，当地群众都积极参与到革命战争中，为中国革命的胜利做出了杰出贡献。部分村落因为保存了较多的红色革命遗址和建筑因此被列为传统村落名录。如鹤峰县五里村是当时湘鄂边特委机关所在地，是湘鄂边红四军二次东下与红六军会师、成立红二军团的出发地，也是湘鄂西红色革命根据地开展武装斗争最早、历时最长、土地革命最深入、反围剿最为惨烈的一块革命根据地。凭借着革命老区的优势，

2012年被列入中国传统村落。咸丰县郑家坝也是一个典型的红色革命型村落，1928年的龙潭司起义就发生于此，龙潭司起义揭开了中国共产党在鄂西地区领导武装斗争的序幕，为红四军创造湘鄂边革命根据地打下了基础，施鹤临时特委旧址和黄兴武等烈士的墓就在村中。

（三）土司遗址型村落

从元代到清雍正年间，中央王朝在湘鄂西地区实行土司制度，容美土司、永顺土司、保靖土司、桑植土司都是湘西、鄂西地区的大土司，另外还有唐崖土司、漫水土司等一些小土司，百年土司世袭制期间形成了土司统治的政治中心，其治所保存了一些历史遗迹，而后慢慢形成传统村落。比较典型的有咸丰县唐崖寺村、永顺县灵溪镇老司城村、鹤峰县屏山村等，这些村落现在也发展成旅游景点。灵溪镇老司城村是永顺彭氏土司的政治和军事中心，过去有纵横交错的八街十巷，史书有"城内三千户，城外八百家""五溪之巨镇，万里之边城"的记载。老司城2001年被公布为第五批全国重点文物保护单位。唐崖寺村位于咸丰县尖山乡，因境内唐崖土司城而闻名。覃氏土司在此生活了400余年，土司城遗址保存较好，现存传统建筑面积66.6万平方米，2006年列入国家重点文物保护单位，2013年列入中国传统村落名录。2015年，永顺老司城遗址与唐崖土司城遗址、贵州遵义海龙屯土司遗址联合代表的"中国土司遗产"被列入世界文化遗产名录（见图1-2）。

图1-2 咸丰县尖山乡唐崖寺村

图片来源：恩施州咸丰县政府。

（四）军事要塞型村落

湘鄂西地处华中与西南地区的接合部，地理位置十分重要，历来为中原统治者经营西南地区的重要军事要塞，后来发展成为颇具特色的传统村落。利川鱼木寨地势险要，易守难攻，是历代兵家必争之地，明代时就一直处在石柱土司、龙潭土司以及支罗百户所的相互争夺之中。清代嘉庆年间，白莲教的义军曾攻打此寨。民国初年，川东军阀强占鱼木寨，在这里驻扎军队，安置家眷，长期生活在这里。鱼木寨内的兵洞、卡门、寨楼、寨墙及相关道路与村落陡峭的地形完美结合，构成一个完整的防卫系统。湘西花垣县边城镇磨老村过去属于保靖土司管辖，嘉庆八年建集镇城墙，历史上一直是军事防御要地，也是湘西四大古镇之一的古村落。凤凰县都里乡拉豪村原是"苗疆边墙"的一个汛堡，清嘉庆年间扩建边墙和东门，增设衙门、火药局和驻军，建兵房无数。1926年，为避匪患，临近居民迁入寨内，清代时驻军于此，为苗疆边墙线上的重要军事要塞。[①]

（五）家族庄园型村落

历史上湘鄂西传统村落中曾经出现一些豪强地主，他们曾经富甲一方，建造了大规模的庄园，具有重要的历史文化价值。如利川大水井村就是李氏地主庄园所在地，曾被列为国家重点文物保护单位。据史料记载，乾隆年间，李廷龙是当地的富豪，子孙后代也有人在朝廷做官，因此李氏家族在社会上具有一定声望。至1949年中华人民共和国成立，李氏庄园建筑总面积达到了2万多平方米，由高仰台李盖武庄园、李氏宗祠和李亮清庄园三个部分组成，有24个天井、174间房屋，高低错落，规模气派，其中祠堂及李亮清庄园至今保存较好。清朝末年，凤凰县老洞村麻江富坐拥万顷良田和大笔财富，曾发生被银圆压断楼板而死的事件，轰动湘西。麻江富曾大兴土木，老洞的聚落形态在那时就已基本定型，后来又历经600年沧桑，形成了一座明清风格的苗乡古寨。

（六）移民繁衍型村落

过去因为朝代更替、战乱或生计而迁移至湘鄂西地区的移民很多，

---

① 湖南省住房和城乡建设厅编：《湖南传统村落》，中国建筑工业出版社2017年版，第212页。

明清时期的"湖广填四川"和"改土归流"带来大量的人口迁移，民国抗战时期的移民亦具相当规模，其影响也大。这些移民迁入后长期在湘鄂西地区生活，开荒垦地，子孙不断繁衍壮大，后形成独具特色的聚落。如鹤峰县细杉村在800多年前还没有人烟，长满了粗大的喜杉树。明清和民国时期，云南、贵州等地的百姓为了躲避战乱迁入此地，后来慢慢形成一个具有白族特色的村落。宣恩高罗乡小茅坡营村过去也是荒无人烟，清嘉庆三年（1798）湖南龙姓祖先因水灾迁往，后来冯氏、石氏打听到小茅坡营有苗族居住也迁于此，子孙世代繁衍，形成一个苗族特色聚落，是湖北唯一保留完整苗语的地区。

这些传统村落在历史上形成以后，之所以能够长期保存传统风貌，有的是因为偏离现代交通线，有的是因为土木建筑坚固，有的是因为村落发展缓慢，原因是多方面的。20世纪90年代以后，由于大量村民外出务工，大多都在外买房或租房居住，只是过年时才返回，他们觉得没有必要去兴建或改建住宅，因此保留了传统村落的整体格局和历史风貌。

第二节　湘鄂西地区传统村落的特点与价值

湘鄂西地区的传统村落具有传统的农耕文化和民族特色风情，是当地少数民族人文精神、劳动智慧和审美情趣的集中体现，这些村落在现代社会仍然具有重要价值。

一　传统村落的特点

湘鄂西地区位于祖国中南部的武陵山区，这里的传统村落不同于汉族地区的传统村落，也不同于西部或北方少数民族的传统村落，呈现出浓郁的地方特色和民族特色，主要表现在以下几个方面。

（一）民族性

湘鄂西地区少数民族众多，土家族、苗族、侗族等多民族长期繁衍生息在这里，湘西地区少数民族人口占总人口的60%，恩施州少数民族人口占总人口的54.67%，各民族的历史源远流长，民族风情浓郁。该地区传统村落的"民族性"具体体现在以下两个方面：一是传统村落的人口主要是少数民族。有的村落是单一民族聚居，如来凤县舍米湖村、永顺县双凤村、宣恩县彭家寨村是土家族聚居村落，宣恩高罗镇大茅坡营村、凤凰县山江镇老家寨村是苗族聚居村落，宣恩县长潭河乡两溪河村是侗族聚居村落等；有的村落是多民族杂居，如建始县花坪镇田家坝、利川市老屋基等。

二是传统村落文化具有鲜明的民族特色，如歌舞、建筑、戏曲、节日、民间文学等特色浓郁。在歌舞艺术方面，有哭嫁歌、茅古斯、摆手舞、跳丧舞等；在建筑艺术方面，有独特风貌的土家族摆手堂和吊脚楼、侗族鼓楼和风雨桥、苗族保寨楼等民族建筑；在戏曲艺术方面，有傩愿戏、柳子戏、南戏等地方戏曲；民族节日有土家族的赶年、女儿会、苗族的"三月三"和"四月八"……此外，土家族的西兰卡普、苗族的银饰、剪纸和蜡染也都具有鲜明的民族特色（见图1-3）。

图1-3　惹巴拉风雨桥

图片来源：笔者摄于龙山县捞车村。

（二）封闭性

湘鄂西地区有"八山一水一分田"之说，山地多平地少，东汉时即为"五溪蛮"地，地处偏远，远离省会城市，边缘化特征突出。传统村落大多位于交通不便的大山之中，过去都没有公路，与外界联系极不容易。如鹤峰县屏山铁索桥是1970年修建起来的（横架于两山之间），在这之前，村民要想走出屏山村，必须进入到海拔1000米以下的谷底，再从谷底慢慢爬到海拔1000多米的另一座山上。此时如果谷底河流水位高，要想通过那就更不可能了。屏山村里的公路是 1985 年修建起来的，直到这时人们出行才可以借助交通工具。在封闭的村落里，人们的生活大多自给自足，他们在土地上播种，依靠土地谋生活，所需基本上由自己生产，衣服自己织，吃菜自己种，吃肉自己喂养，不需要与外部社会进行物质交换，因此导致村落变成一个比较独立的半封闭型的小社会。

费孝通曾经指出："乡土社会是安土重迁的，是生于斯、长于斯、死于斯的社会。"[1] 在传统乡村社会，人口流动非常少，村民如果不能通过读书入仕走出乡野，或者不到外面经商、打仗，其生活基本上就会局限于这个村落，流动性很小。由于与外界联系少，交通不便，村民过去的通婚圈很小，村内婚现象非常普遍。在相对封闭的传统村落体系中，村民们延续着数千年的村落传统生活习俗和生活方式，这些传统习俗和生活方式既是传统文化的载体，又是地域文化的象征，体现出一个地区长期形成的民族共同心理特征。

（三）血缘性

马克思曾经指出："血缘关系是相互扶持的强有力的因素。"血缘关系首先是以"家"的形式体现的，扩大一点就形成了"族"。在农耕文明的早期，自然环境恶劣，人类的生产力水平非常低，"个体只有依靠群体力量才能生存下去，最初维系群体关系的力量就是血缘"[2]。一个家族长期居住在同一个地方，只要不发生天灾人祸，他们可以延续数十代而不迁徙。于是，在长期的生产生活的过程中，就慢慢地形成"聚族而居"的以家族宗法制为中心的社会结构，有的村落就是一个大家族，有的村落由同姓或异姓的几个家族构成，外迁进来的住户极少，凸显了村落人口的血缘性。血缘关系在传统村落里发挥着不可替代的作用，并且由此形成了以父系血缘为基础的亲属关系和家族宗法制。如永顺县双凤村村民以彭、田两姓为主，其中彭姓居多。由于双凤村有限的土地和水源不能满足越来越多的子孙后代的生活需要，在不同的时期，不断有后代向外迁徙，在双凤村的周围散布开来，先后形成 7 个自然村，这些村落的村民都是由彭氏先祖繁衍而来，村民彼此之间都具有一些亲属关系。

---

[1] 费孝通：《乡土中国 生育制度 乡土重建》，商务印书馆 2011 年版，第 54 页。
[2] 胡彬彬、吴灿：《中国传统村落文化概论》，中国社会科学出版社 2018 年版，第 47 页。

马克思曾说:"血缘关系是相互扶持的强有力的因素。"历史上,由于山区人类生产能力低下,野兽经常出没,个体需要依赖家族、宗族群体力量才能存活下来。他们集体劳作,形成了换工互助、协作生产的习俗,劳作时还有专人打薅草锣鼓。据《龙山县志》记载:"闻歌欢跃,劳而忘疲,其功效倍。"他们打薅草锣鼓,可以调节劳逸,提高劳动效率。随着家庭联产承包责任制的实施,集体劳作的时间少了,但互帮互助的习俗依然存在,血缘亲情一直是联系村民的重要纽带。

(四) 生态性

湘鄂西地区的传统村落大多依山而建、傍水而居,先民们很早就建立了与自然和谐相处的思想,村落从选址到空间整体布局都体现出一种朴素的生态意识。人们在建新房时一般都要先请风水先生架罗盘测山势,选"风水宝地",他们依据自身位处大山、深沟、大江小河、小溪、山区坪坝、斜坡山麓的自然特征,再根据气流走向、山脉坪坝的阴阳、出行的方便与否、吃用水的难易程度等来确定建筑基址。[①] 由于当地崇山峻岭,湿气较重,很多村落都采用干栏式木楼或石楼建筑式样,这种房屋"依山而建,分台而筑",其构架以吊脚之高低适应地形变化,可以最大限度地减少土方开挖,不须破坏地貌,保证了地表的原生态性。吊脚楼的下层一般多空敞而不做隔墙,里面用来饲养牲畜或堆放杂物。上层住人,既可以通风防潮湿,又可防止野兽的侵袭。建房时大多就地、就近取材,充分利用当地的自然资源,如木、土、石和竹等,这些材料都是大山中最不缺少的东西,经济耐用,体现了村民利用自然并融合于自然的生态智慧。

由于村民常年生活在大山之中,他们认识到要"靠山""吃山"必须"养山""保山",他们注重植树造林,注重"保护山的地力,使水土与养分不致流失;保护山的植被,使之不被破坏;保护山上的物种,使之不致消亡"[②]。他们在采伐森林、捕鱼、狩猎和采集等方面都注意"用"

[①] 张清平:《三峡乡土建筑——土家吊脚楼》,《三峡大学学报》(人文社会科学版)2010年第3期。

[②] 彭林绪:《武陵人应对气候变化的传统方式》,载尹绍亭、窪田顺平《中国文化与环境》,云南人民出版社2006年版,第176—182页。

"养"结合，保证各种资源的永续利用，农业生产中因地因时实行差异种植。他们适应自然，保护自然，维持自然界的生态平衡，追求人与自然的和谐，符合今天所倡导的科学发展观的思想。

（五）多样性

俗话说"十里不同风，百里不同俗"，"一方水土养一方人"，不同地域的村落具有不同的特点，差异较大。湘鄂西地区以山地为主体，兼有河谷、高原、盆地和坪坝等多种地貌类型，其中山地又有高山、二高山、低山之分，高山海拔在 1500 米以上，低山海拔在 800 米以下，低山之间分布有许多大小不一的盆地和台地。"山高一丈，大不一样"，不同地域有不同的海拔、地形、土质、水流、气候等影响因素，而作物的生长发育与土壤、水质、气温、植被等都有密切的关系。人们常常因地制宜选择种植不同的经济作物，低山区发展茶叶，高山区发展烟叶和药材。

地域不仅影响村落的形成，而且会形成不同的村落文化，不同村落呈现出鲜明的地方特色。不同民族的传统村落具有较大差异，即使是同一民族的村落因为处于不同地带也会存在一定差异，如酉水流域土家族村落流行摆手舞，而清江流域却不流行；清江流域村落流行跳丧，酉水流域则不流行。有些村落更是与众不同，如利川市鱼木寨婚丧嫁娶习俗与利川其他地方相同，但"坐活夜"、将祖母埋于祠堂神龛之内，以及祭祀生殖器等就极为罕见。[1]

二 传统村落的价值

传统村落里蕴藏着丰富的历史文化信息和自然生态景观资源，是历代先祖留给后人的珍贵遗产和共同财富。湘鄂西地区传统村落承载着浓郁的民族文化和地域文化，彰显着和谐的人居环境，其价值弥足珍贵，主要表现为历史文化价值、艺术价值、经济价值、科学价值和社会价值五个方面。

（一）历史文化价值

传统村落是农耕文明传承至今的重要文化财富，村落中的传统建筑、民风习俗、宗教信仰和历史遗存都反映和记录着这一地区社会发展的历

---

[1] 谭宗派：《鱼木寨研究》，国际文化出版公司 2001 年版，第 22 页。

史进程，许多重要的历史人物和历史事件都跟传统村落具有密切关系。传统村落作为物质文化遗产和非物质文化遗产的聚集地和展示区，拥有极其丰富的文化内涵。湘鄂西地区最具特色的文化主要体现在饮食、歌舞、节日集会、民间工艺和民间信仰等方面，既有物质形态的，也有非物质形态的，展示了该地深厚的文化底蕴。历史上，少数民族为了反抗民族歧视和民族压迫，与历代封建王朝、帝国主义进行了长期的、艰苦卓绝的斗争，目前村落中还依旧保存着许多战斗遗址和战时营地。如恩施市盛家坝二官寨村的胡家大院和康家大院都修建于清雍正乾隆年间，村落里保存大量文物遗址，如始迁祖幕、官碑、古桥、古道、落脚朝门、五进堂、指路碑等，还有使用了60年以上的风车，水渠遗址和店房遗址，保存有南戏、莲香、板凳拳、打夜锣鼓等文化遗产。凤凰县麻冲乡老洞村历经600年沧桑，在明朝时期是土司田兴爵的"王城"，清朝末年，苗寨大富豪麻江富在此大兴土木，寨内风貌完整、文物众多，主要有湘西苗王故居（见图1-4）、麻江富故居、麻树智故居、万担晒谷坪、解放军代表与陈渠珍秘密会谈遗址，以及土地庙、碾坊、青石板街、苗家古吊井等等。这些都是少数民族社会历史的见证，具有较高的历史文化价值。

图1-4 湘西苗王故居

图片来源：笔者摄于凤凰县老洞村。

传统村落许多民俗也具有深厚的历史底蕴。如苗族的椎牛祭是一种大型的祭祖活动，它历史悠久、内容丰富，是苗族古代文化的一部"百科全书"。茅谷斯被誉为武陵地区土家族"原始戏剧的活化石"，在湖南永顺、龙山、保靖、古丈等地区非常流行。表演者全身裹着稻草或茅草，表演土家先民的打猎、钓鱼、烧山挖山、过年等习俗，展示了土家先民从野蛮到文明的发展历程。

(二) 艺术价值

湘鄂西地区传统村落有许多木结构的民族传统建筑，如吊脚楼、风雨桥、侗族鼓楼、保寨楼等。工匠们通过艺术手段在木质建筑上采用雕刻、绘画、叠砌等多种手法，构成了不同的花纹图案，造型生动，具有强烈的装饰效果和艺术感染力。湘西龙山县捞车村共有土家民居287栋，民居古朴，全是青瓦木屋，其中有明代建筑5栋，清代建筑58栋，民国建筑34栋。土家转角楼、冲天楼为古村寨典型的传统民居代表，建筑装饰质朴简洁，花窗精雕细刻、工艺精湛，该村所有民居保存完好，是一个活的、动态的土家民族民间文化标本，故捞车村被专家称为"土家原生态民居博物馆"。湖南通道高步村的"鼓楼"有九栋，河上鼓楼、龙姓鼓楼、高升鼓楼、上寨鼓楼、女性鼓楼、新旧秧田鼓楼等，这些鼓楼有的是塔形的，有的是为人字坡悬山屋顶，造型美观，极具工艺价值。

传统村落许多非物质文化遗产也具有较高的艺术价值，如民族服饰、戏剧、舞蹈、音乐等。湘西龙山县捞车河村是著名的"土家织锦之乡"，据史载明代时就出现了"家家有织女，户户闻机声"的繁荣景象。土家织锦又名"西兰卡普"，汉语意为"土花铺盖"，是土家族具有广泛实用价值的民族文化工艺品，居于中国少数民族四大织锦之列。它是在古式的腰机上，以棉、毛、丝等为主要原料，反面挑织而成，绚丽多彩，图案丰富，技艺精湛。来凤县舍米湖是武陵山区众所周知的"摆手之乡"，摆手舞长期流传，从年逾古稀的老人到刚刚学步的孩童基本上都会跳摆手舞，村中还保存有清顺治八年的古老的摆手堂。摆手舞内容丰富多彩，既有表现插秧、种苞谷等为内容的"农事舞"，也有表现古代战争的"马前舞"；既有反映过去朝拜土王的"饮宴舞"，也有表现狩猎场面的"打猎舞"等，极具艺术价值。凤凰县很多苗族村落里的妇女穿戴讲究，她们的银冠、银项圈、银披肩、银钗特别精美，剪纸、挑纱、蜡染和扎染都具有鲜明的民族特色，历史悠久、图式美观。

（三）经济价值

湘鄂西地区很多传统村落都有优美的自然生态环境和丰富的文化遗产资源，是发展乡村旅游的重要条件。在工业文明使人们越来越多地感到压力和焦虑的今天，农耕时代田园牧歌式的生活环境是人们获得健康和休息的最佳选择。外地游客进入传统村落以后既可以体验少数民族的生产生活，也可以欣赏先人的建筑技艺和智慧。因地制宜地对传统村落进行合理规划，深入挖掘村落传统文化打造村落特色，使之成为当地特色的旅游景点，可以吸引游客来参观，给相对封闭和落后的传统村落带来生机，同时也可以给村民带来就业机会，提高家庭收入。

传统村落的经济价值还体现在可以通过对民间手工艺等非物质文化遗产进行可持续的再开发，使其重新焕发出生机与活力。湘鄂西地区传统村落里的土家织锦、苗族银饰、刺绣、蜡染等手工技艺都可以创造经济利益，这种"生产性保护"也是对传统村落历史文化遗产的一种发扬。如湘西州德夯苗寨旅游开发后，村民们开发了银器、背篓、蜡染、扎染、剪纸、锉花等多种旅游商品，色调和外形精美，经济利益的刺激使得一些濒临失传的苗族民间技艺重新焕发活力。凤凰县黄茅坪村的苗族绣品远销美国、日本等地。据村主任介绍，现在村里做银饰的有7家，做苗衣的有6家，规模越来越大，效益越来越好，已经成为苗族文化产业链中最牢固的一环。

（四）科学价值

湘鄂西地区位于山区，当地乡民几千年来与山打交道，他们依靠大山生存繁衍。一代又一代，在生产生活中积累了不少宝贵的经验，很多经验都具有科学价值。人们过去在山地刀耕火种，广种薄收，"种三年，荒三年""多挖生地多开荒，不怕天旱和虫荒"，其实就是最原始的"轮作"。由于耕种时间不长，树根很容易复生，植被很容易恢复，这样就可以保证地力常新，与自然形成良性循环。为了减少病虫害，村民在稻田里养鱼养鸭，实行"冬耕冬泡""冬天烧去地边草""年年挖稻桩"。为了减少自然灾害，当地村民一直非常重视植树造林工作，他们在不同海拔地带选择不同树种，提倡多树种混交，深根系树种与浅根系树种混交、针叶树种与阔叶树种混交、乔木与灌木混交，这样既有利于防止病虫害的发生和蔓延，又可以充分利用生态资源，利用树木生长，增加生物量，充满了民间智慧。

传统村落里流传着很多民谚,这些民谚是当地乡民通过长期观察、实践、总结出来的经验,千百年来一直指导着人们的农事活动和生活,具有明显的地方性特征和一定的科学依据。例如关于预测天气的"日出东南红,无雨必有风""块块云,有雨淋;丝丝云,天必晴;瓦块云,热死人;楼梯云,干破盆""蜘蛛结网忙,大雨来得慌"等;关于植树造林的"人留子孙草留根,山无树木水害人""家有千棵松,子孙不受穷""榆要密,槐要稀";关于农事活动的"芒种不种棉,夏至不插田","深栽茄子浅栽烟","若要苞谷结,不要叶搭叶","看了龙船关田水,过了鬼节把水放"……这些民谚形象而凝练,又易于理解和接受,满载着科学道理。

(五)社会价值

传统村落承载着人们的乡土情结,村落空间形态诠释着乡情、宗亲等人际关系,社会秩序井然有序。受封建社会宗法制度的深刻影响,湘鄂西地区的传统村落大多以血缘关系为纽带聚族而居,村落中积淀延续了尊老爱幼、勤俭节约的优良家风和守望相助、和睦邻里的乡风民俗,这些传统道德观念可以净化人们的心灵、感化人们的行为。湘西苗族村落倡导"家乡水甜,家乡话亲""一家有难,全寨同当;一家有喜,全寨同欢",历史上的苗家婚礼,要唱三天三夜的歌,宾客通宵听歌,新郎新娘都不能离开宾客去洞房花烛,这不能说不是珍贵的乡情。

湘鄂西地区传统村落里延续着很多族规家训和乡规民约,这些习惯法具有重要的道德教化功能。恩施市二官寨村康氏家训云:"孝字当先,孝敬父母;老父老母,需要陪伴;挤得时间,促膝交谈;兄弟姐妹,互相照顾;长哥当父,长嫂为母;妯娌之间,相互帮助;邻居重要,和睦相处……"胡氏家训云:"处事谦和,息事宁人,常思己过,严己恕人……"鹤峰县铁炉乡细杉村村规民约云:"在全村范围内禁止燃放烟花爆竹","禁止婚丧嫁娶以外的一切违规整酒行为","房屋周围、公路及河道两旁的树木不得随意砍伐损坏"。这些内容与社会主义核心价值观一脉相承,有利于文明乡风的形成(见图1-5、图1-6)。

图 1-5 村规民约　　　　　　　　图 1-6 家训

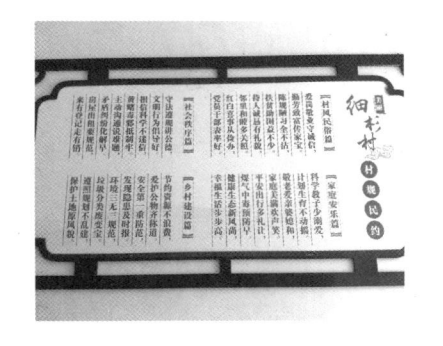

图片来源：笔者摄于恩施鹤峰县铁炉细杉村。　　图片来源：笔者摄于恩施盛家坝二官寨村。

恩施州利川鱼木寨老房子保留至今的《南阳柴夫子训子格言》，是1920年庚申岁小阳月吉旦向光远建修的，内容如下：

"六吉堂"《南阳柴夫子训子格言》

费尽了殷殷教子心，激不起好学勤修志。恨不得头顶你步云梯，恨不得手扶你攀桂枝！你怎么不寻思？试看那读书的千人景仰，不读书的一世无知；读书的如金如玉，不读书的如土如泥；读书的光宗耀祖，不读书的颠连子妻。纵学不得程夫子道学齐鸣，也要学宋状元联科及第；再不能匀，也要学苏学士文章并美，天下听知。倘再不然，转眼四十、五十，那时节，即使你进个学，补个廪，也是日落西山还有什么长济？又不需你凿壁囊萤，现放着明窗净几。只见你白日里浪淘，淘闲游戏；到晚来昏沉沉，睡迷迷。待轻你，你全然不理；待重你，犹恐伤了父子恩和义。勤学也由你，懒学也由你，只恐你他日面墙悔之晚矣！那时节，只令我忍气吞声恨到底。①

这篇格言的主要目的是教育后代勤耕苦读，具有一定的社会价值。传统村落里的乡土文化包含民族的情感和独特的价值观，当今社会可以通过这些优秀的族规家训、格言、村规民约唤起在外游子们内心记忆深处的"乡愁"，重建家庭的天伦之乐、邻里的守望相助和村落共同体的归

---

① 谭宗派：《鱼木寨研究》，国际文化出版公司2001年版，第24页。

属感，重新追求和塑造真、善、美的村民"精神家园"①。

第三节　湘鄂西地区传统村落保护与发展状况

湘鄂西地区的传统村落在当地政府的重视和村民的共同努力下，基础设施建设不断完善，特色产业发展迅速，村民的幸福指数不断提升。但村落在发展中也面临一系列问题，村落传统风貌被破坏，乡村空心化严重，民族文化挖掘和传承非常不够。

一　取得的成绩

近年来，在社会各界的高度关注下，传统村落的保护与发展取得了一定的成效，主要表现在以下几个方面。

（一）建立了传统村落档案，制定了村落发展规划

2012年以来，按照住建部、文化部、国家文物局、财政部《关于开展传统村落调查的通知》的要求，湘鄂西地区的地方政府组织专门人员对分布在各地的传统村落进行了调查摸底工作，建立了村落档案并录入了传统村落信息系统。很多村落都制定了村落保护发展规划，注重从实际出发，发挥区位优势、资源优势和民族文化优势，传统村落建设有序开展，有效避免了村落建设工作中的盲目性和随意性。如湘西德夯苗寨于1988年制定保护规划，1991年经过省政府批准为省级风景名胜区，1999年编制村落总体规划，2002年编制详细规划，在旅游发展之初便得到了合理的定位和指导，后面少走了很多弯路，避免村寨的民族特色在开发中遭遇破坏。恩施州鹤峰县走马镇白果村聘请恩施州城市规划设计院编制了详细规划，坚持前瞻性、特色性、科学性和适用性的"四性"原则，注重文化底蕴，突出地方特色，坚持用超前的意识、长远的眼光、发展的思路来规划村庄，努力做到村庄建设目标与经济社会发展目标同步，与自然、人文景观有机结合，把村庄规划成为布局合理、设施配套、功能齐全、环境优美、人居舒适的新农村农民聚居地。

---

① 鲁可荣、胡凤娇：《传统村落的综合多元性价值解析及其活态传承》，《福建论坛》（人文社会科学版）2016年第6期。

（二）人居环境不断优化，基础设施建设日趋完善

基础设施建设与生态环境整治是传统村落建设的重要内容之一。湘鄂西地区的大部分传统村落能够合理规划和利用国家扶持性资金，不断加强村落基础设施建设。一是加大乡村公路建设力度，实现道路硬化；二是实施安全饮水工程，解决村民用水难题；三是修缮古建筑和古民居，对一些历史文物和古建筑统一设置了保护标志；四是建立了一些公共服务设施，如卫生室、健身广场、文化活动室、图书室等。

在加强基础设施建设的同时，村寨发展中还特别注重自然生态的保护，实施生态家园工程，改厕、改厨、建沼气池，人、畜生活区分离，村寨的环境卫生状况大大改善。很多村落添置了垃圾桶和垃圾运输车，安排了清洁工，建起了垃圾处理场，广大农民群众从多年来"脏、乱、差"的生产生活环境中解脱出来。恩施州鹤峰县铁路细杉村以"环境绿化、家园净化、村庄美化"为目标，获得了"湖北省卫生村"、"湖北省宜居村庄"、恩施州"最美乡村试点村"等称号。湘西龙山县捞车村以"清洁田园、清洁水源、清洁能源、清洁家园"为重点，以"天更蓝、树更绿、水更清、人更美"作为目标，大力开展文明生态村的创建活动，曾授予"省级生态村"的荣誉称号。

（三）经济状况不断改善，村民收入不断提高

经济是基础，传统村落的保护与发展需要建立在一定的经济实力之上。湘鄂西地区的地方政府根据不同村落的自然生态条件和资源优势，努力寻找适合该村发展的特色产业，开辟了一些富村富民的新路。恩施市盛家坝乡二官寨大力推广以"住农家屋、吃农家饭、干农家活、享农家乐"为内容的民俗旅游，他们经常举办插秧节、收获节、刨汤节、摸鱼节等形式多样的民俗节庆活动，让体验游与旅游市场有效融合。全村现有民宿182家，床位300多席，有四星级农家乐2家，三星级农家乐8家，常年接待游客十余万人次，旅游综合收入1000余万元。他们有专业合作社8家，茶叶2000亩，油菜1200亩，药材1000亩，定制农业300亩，户均实现了6亩的"致富园"。鹤峰县铁炉细杉村2003年决定走"茶林兴村"的产业发展之路，先后发展无性系良种茶园3100亩，如今他们还实现了传统茶向"全域有机茶"的转型，茶叶品质更加优良，茶叶价格更高。细杉村还充分利用山地资源优势和退耕还林政策，大力发

展以杉木、楠竹、油茶和青钱柳为主的林业产业和畜牧业。产业结构的大调整使农民的收入逐年增加。截至2014年，全村农民人均纯收入已达8000元，很多高档家电都进了农家，28户家庭购买了小轿车。

（四）民族特色更浓郁，文化活动更丰富

湘鄂西地区的传统村落保存有丰富的民族特色建筑和文化习俗，由于受到现代化的冲击，这些"特色"都发生了不同程度的消解。在传统村落的民居改造过程中，当地政府"整旧如旧"式的修复和包装，村寨民族特色得以彰显。宣恩县彭家寨、龙山县捞车河、利川市老屋基、凤凰山江老家寨等村落中农户的民居和传统建筑都得到修复，全面恢复了传统杆子楼、石栏杆、窗户和干栏式建筑外观。很多传统村落成立了民族文化表演队，建立了活动广场，式微的民族传统文化又勃兴起来。如鹤峰县白果村组建了狮灯班、花灯班、腰鼓队等群众艺术团体，铁炉细杉村组建了"新天地"文艺宣传队、杖鼓舞演出队和"民家人"围鼓表演队，他们将村庄整治、农村精神文明建设等内容融入文化艺术表演，变成群众喜闻乐见的形式，为宜居村庄建设营造了浓厚的氛围。由于政府和学者对民族文化的宣传，由于乡村旅游的发展，少数民族的文化自觉意识大大增强，保护文化和传承文化的观念得以提升，很多村民自愿穿上了民族服装，开始学习民族歌舞，村落民族文化特色更加浓郁。

（五）村民素质提升，和谐乡风不断形成

近年来，湘鄂西传统村落在各方力量的推动下，村民的综合素质得到了较大提升，和谐文明氛围不断增强，主要表现在以下几个方面。第一，村民的文化素质不断提高。随着九年义务教育的实施，村民的文盲、半文盲率大大降低。很多家庭都非常重视孩子的教育，从村落里走出去的大学生越来越多。第二，村民的环境卫生意识大大提高。在生态家园建设项目建设实施以后，村民体验到村庄净化、家园美化的甜头，保护生态环境的自觉性进一步加强，许多村落都将"讲卫生，保护生态"列入他们的乡规民约里。在一些发展乡村旅游的传统村落，村民们意识到"环境就是形象，卫生带来收益"的重要性，他们常常植树种花，时刻注意环境卫生状况。第三，村民文明和谐意识得以提升。许多村落都积极开展"和谐平安村""五好文明家庭""好媳妇""好公婆""致富能手"等文明创建活动，突出思想教育内涵，广泛吸引群众参与，村落呈现出良好的精神风貌，和谐文明氛围不断增强。恩施州利川市传统村落大力开展民族团结"一家亲""一帮一"活动，即：一个明白人帮助一个弱智人，一个富裕户帮助一个穷困户，村落呈现出团结友爱、安居乐业的新农村气象，对周边村寨也发挥了示范作用。

二　面临的问题

湘鄂西地区传统村落近年来在保护与建设中虽然取得了一定的成绩，但面临的问题也不少，主要体现在以下几个方面。

（一）传统风貌被破坏

几千年来，湘鄂西地区的传统村落风貌一直呈现和谐的诗画意境，保留了历史沿革下来的村落选址格局、建筑环境和历史风貌。但随着城镇化和现代文明的推进，各种"拆旧建新"使村落的历史风貌被破坏。传统村落的古建筑因年代久远而出现自然老化，由于风雨侵蚀，有的老宅墙体开裂，梁木腐朽，室内光线黑暗，残破不堪，有的民居因为长期无人居住而面临倒塌的危险。一些政府工作人员对传统村落的稀缺性和不可再生性认识不足，对新农村建设和精准扶贫政策误读，认为拆掉老屋修建楼房就是扶贫，忽视了传统古建筑对于传统村落的特殊意义，拆了老屋以后又花钱仿造的建筑更是缺少了文化内涵。很多在外打工的村民富裕起来了，他们认为原有的木房采光差，卫生状况不好，希望改善居住条件。但是由于"一户一宅"的宅基地政策，他们不能另起炉灶，就自行把自己的百年老宅改建成了砖墙结构的现代楼房，破坏了传统村落的古风古貌。鹤峰县白果村和细杉村在2015年以前都还保存有大量的古民居，但是近两年拆除了近百套，破坏极大，令人惋惜。恩施州利川市在传统村落民居改造中只做了"仿古式"外包装，而没有注重房屋里面设施的修缮，里屋漏雨的现象比较普遍。有的地方基层政府对传统村落认识不足，重形式轻内涵，不同程度地存在仿古修缮、千村一面等问题，忽略了村落特色和传统文化内涵。

（二）交通状况亟待改善

自2008年以来，国家非常重视农村山区交通建设，"村村通"政策的推行在很大程度上改善了湘鄂西地区传统村落的交通现状，解决了很多村民的出行问题。但是偏远山区农村离乡镇的主要交通线较远，公交车没有覆盖，村民出行主要是靠骑摩托车或乘坐村民自发运营的私人面包车或农用车，超载、违规载客情况普遍存在。由于山区农村公路技术等级低，道路狭窄，坡陡路弯，还有很多为土路，一些危险的路段没有设置警示牌，交通安全隐患突出。凤凰县山江镇凉灯村2016年刚刚通公路，由于坡陡弯急，没有加护栏，2018年就发生了四起交通事故，该村村支书和一位驻村干部都留下残疾，让人遗憾。利川市毛坝镇向阳村和山青村都位于半山腰，通向村民民居的道路是没有整修过的泥路，崎岖不平，下雨天更是寸步难行，村落交通条件急需改善。

（三）产业发展乏力

湘鄂西地区很多传统村落都以种植水稻、玉米、土豆等传统作物为主，生产方式落后，产业结构单一，科技含量不高，村落发展缓慢。凤凰县凉灯村村民主要种植水稻和玉米，产量极低，主要以自食为主。由于当地自然灾害频发，野猪多，村民往往在丰年还要储存一些粮食。个别家庭栽种了一点烤烟，但不成规模，收入不稳定。恩施建始县田家坝村虽然盖起了很多"小洋房"，但收入主要源自外地务工，村落产业没有发展起来。有些村落虽然发展了乡村旅游，但是由于交通偏远、旅游产品同质化等问题，没有带来很好的收益。有的贫困户脱贫以后，一旦遭遇自然灾害、生病等情况，往往会重返贫困。如何因地制宜地找到合适的发展道路是湘鄂西地区很多传统村落目前面临的重要问题，政府需要着眼长远规划实施一批造血式扶贫项目，培育和壮大农村集体经济的自我发展能力。

（四）易地搬迁困难多

传统村落是一种活的遗产，村民是村落的主体，更是传统农业文化和民俗的载体。如果把村民迁出他们的故居，那就意味着失去了村落的灵魂。鄂西咸丰县唐崖村、凤凰县麻冲乡老洞村、山江镇老家寨为了开发乡村旅游，都把当地村民迁到另一个地方集中安置，割裂了村民和村落的联系，改变了传统村落的原真面貌。游客到传统村落旅游更多的是为了体验村落文化，这种文化不能沦为纯表演性质，它应该是村民生活的一部分。很多村落为地处偏远的家庭、贫困家庭和地质灾害区的居民集中修建了安置区，但村民生活仍然存在很多不适应。如建始县花坪镇田家坝、宣恩野椒园村都在村委会附近新建了安置小区，由于田土不能迁移，他们平时去田间劳作都需要来回走两个多小时，非常不方便。由于安置房不大，子女成家后居住就存在困难。

此外，随着国家工业化和城镇化进程的推进，越来越多的青年劳动力选择外出务工或到条件更好的地方生活，"人去房空"，农村"空心化"严重，许多田地里长满了杂草。外面城市文化的耳濡目染不断消解着村民对家乡的情感认同，他们不愿意再返回乡村，传统文化不断消解，传统村落的可持续发展堪忧。这也是本书所要探讨的重要内容。

本章小结

湘鄂西地区传统村落数量众多，这些村落建村较早且有较长的历史沿革，是历代先祖留给后人的珍贵遗产。这一地区的传统村落里蕴藏着丰富的历史文化信息和自然景观资源，具有鲜明的民族性、封闭性、血缘性、生态性和多样性，彰显着和谐的人居聚落空间，具有丰富的历史文化价值、艺术价值、经济价值、科学价值和社会价值。近年来，在政府各级部门的重视和村民的共同努力下，传统村落的基础设施建设不断完善，特色产业发展迅速，村民的幸福指数不断提升。但发展中也面临一系列问题，传统建筑风貌受损严重，一些古民居被"建设性"破坏，乡村交通状况亟待改善，经济发展滞后。

第二章

湘鄂西地区的历史变迁与村落发展

村落是农耕社会人类聚居的地方,西汉之前的历史文献中没有"村"字,"村落"一词直至三国时期才出现,但村落形态可以追溯到上古时期原始人类"聚族而居"的聚落形态。中南大学胡彬彬教授认为村落需要具备两个基本要素,"其一,在一定的区域内,有能够进行自给自足生产的自然环境,包括土壤、雨水、光照等;其二,在此区域内有以农耕生产为主的原住民,他们能够在此长期定居和繁衍"[①]。在历史发展中,随着人口的增长与流动,许多聚落不断生成且呈现出多种多样的形态。

湘鄂西地区很多村落都是从氏族部落慢慢发展到后来的宗族聚落,体现着中国古代强烈的血缘和地缘关系。由于历史上战乱频繁、灾荒不断,人们颠沛流离、逃难避乱,很多村落的形成都和民族间的征战与家族迁徙相关。在魏晋南北朝、隋唐末、元明清的王朝后期、改土归流等不同历史阶段,都形成过大规模的移民,这些移民或因为战乱,或因为自然灾害进入湘鄂西地区生活,世代繁衍,于是建立起具有一定血缘关系的同姓村落,他们依山、依溪而居,留下许多古建筑和遗址遗迹,形成一个个传统村落。这些传统村落中的村民具有相同姓氏,或血缘成分相近,或拥有所谓共同祖先,他们和睦相处,生生不息。

第一节 古代湘鄂西地区的发展

湘鄂西地区早在2万年前的旧石器时代就有古人类的活动。有了人

---

① 胡彬彬、吴灿:《中国传统村落文化概论》,中国社会科学出版社2018年版,第35页。

类的活动，便有人类对自然的改造和利用。到了新石器时代，他们的活动已经能见于史载，尽管是"鸿蒙未僻，狂狂榛榛"的原始社会，但是这些土著先民已有了利用自然资源的原始经济行为，他们"渔猎山伐为业，果蔬蠃蛤，食物常足"。历史传承下来的古歌和传说从不同的侧面，生动形象地描述了远古时代这些先民的生产和生活情况，热情讴歌了原始人类在同自然抗争中所表现的智慧和力量，他们从狩猎采集经济慢慢转向原始农耕生活，由被动利用自然发展到主动开发自然。

一 先秦时期

先秦时期，湘鄂西地区曾出现一些少数民族政权，如巴人曾在清江流域和乌江流域建立巴国。据《华阳国志·巴志》载："其地东至鱼腹，西至僰道，北接汉中，南极黔、涪。土植五谷，牲具六畜。桑、蚕、麻、纻、鱼、盐、铜、铁、丹、漆、茶、蜜、灵色、巨犀、山鸡、白雉、黄润、鲜粉，皆纳贡之。其果实之珍者；树有荔枝，蔓有辛蒟，园有芳蒻，香茗，给客橙、葵。其药物之异者有戟、天椒、竹支之珍贯者有桃支、灵寿。"从上述记载来看，自战国之世开始，此区域就已有丰富的农副产品，这些物产中既有农业种植类产品，也有渔猎类产品，还有山林采集类产品。这说明当时人们的生产内容已经比较丰富，狩猎、采集、捕捞是当时人们赖以生存的手段和经济活动的主要形式，但早期农业种植活动已经开始。由于当时到处是广袤的原始森林，人们可以"指手为界，挽草为记"，不会为了山界地皮、一草一木而发生严重争执。他们四处游猎，凭借山洞避风躲雨，由于大山中可供采集的野生植物和可猎获的野生动物较多，他们大多能解决温饱问题。

夏商时期，湘鄂西地区人们从事农业的生产工具主要以石器为主，另有骨器及其他工具。据清江香炉石遗址的发掘材料看，石器有石斧、石铲、石凿、石锛、石矛头等。[①] 而生活用具大多为陶器。清江流域里发现的这一阶段的陶器总体上是以圜底器皿为主，如1998年发掘的巴东鄢家坪遗址里主要的炊器如"釜""罐"，另有碗、豆或晚些时的陶鬲等。酉水流域里的陶器有夹炭、夹泥质陶器三种，颜色可分为红、白、褐、

---

① 邓辉：《土家族区域经济发展史》，中央民族大学出版社2002年版，第85页。

灰、黑色等多种，以褐色居多。西周以后，石器逐渐退出了历史舞台，随之而兴起的是大量铜器。如长阳香炉石遗址中就有铜锥、铜凿、箭族、削刀、铜环、鱼钩、铜锥、铜笄、箭镞等。进入春秋战国时期，巴人或是说当时居于此地的民众，在青铜器的铸造上已经具备一定水平，他们铸造的生活器具有釜、甗、鍪、釜甗、勺、缶、盆、盒等，在青铜乐器方面已能铸造编钟、铜钲、虎钮錞于。

春秋开始，铁器则更普遍地成为各个民族的生产工具，这从很多考古遗址或墓葬中可以得到证明。在湘西，发现的战国或早于战国的铁器主要有铁斧、环首铁刀、铁锸等，这在不少地方都有发现。如古丈的白鹤湾的战国墓葬里发现有铁斧、铁剑、刮刀、削刀等。保靖四方城有铁剑、铁锸等。桑植朱家台战国时期的文化遗址中，经考古发掘了铁器作坊一处，铁器作坊由一个熔炉和两个浇铸台构成，熔炉膛内以四件筒瓦作成，发掘时膛内还保留有木炭、柴薪、砠锅、铁片等。发现的遗物中，有供当时农业生产使用的一字形锸，凹字形锸、镢、锄和兵器铁矛、箭镞、铁剑等 20 余件，另外还获得了铁鼎一件。[①] 这些铁器的发现，使我们了解到当时湘鄂西地区的农业耕作技术已经有了很大的进步。

二　羁縻时期

从秦汉开始一直到五代末，湘鄂西地区被纳入版籍，统治者对该地实行比较松弛的"以夷制夷"的羁縻政策，天高皇帝远，各部落首领成为各辖区当然的土皇帝。各土著大姓的割据统治，在一定程度上避免了中央王朝的频繁征讨和内部混战，农业和乡村都得到了明显发展。但是整个羁縻州郡时期，该地区一直以山地农业兼事采集渔猎和林副业为主。

刀耕火种又称烧火畲或游耕，是南方少数民族历史上普遍存在过的生产方式，湘鄂西地区也不例外。《黔中记》载隋唐时施州等地的农业是"山岗砂石，不通牛犁，惟伐木烧畲以种五谷"[②]。在辰、沅、靖等州的边远山区，当地村民实行刀耕火种，粮食不够则去狩猎作补充。但各地发展很不均衡，现在龙山一带的村落在宋代普遍使用耕牛耕田，种植水稻，

[①] 邓辉：《土家族区域经济发展史》，中央民族大学出版社 2002 年版，第 111 页。

[②] 傅一中：《建始县志》校注，建始县档案馆 2000 年印刷。

在河旁溪畔筑坝开沟，可以使用筒车、龙骨车提水灌田，显见农业生产已具有一定水平。

长时间以来，湘鄂西地区各族人民多"喜渔猎，不事商贾"，但随着羁縻州的设置，统治阶级之间的贸易往来不断增加，官府常深入此地"收买溪货""采伐土产"，与朝廷间的"纳贡"和"回赐"不断，"贲布""溪布""点蜡幔"（蜡染）都是贡品。由于粮食产量不断提升，酿酒工艺也逐渐成熟，官方的往来促进了民间的贸易，当地少数民族常以土特产换回布、食盐、铁制工具等，据范成大的《桂海虞衡志》载，"猺人常以山货、沙板、骨石以属，窃与省民博易盐米"。生产的发展和商业的繁荣，使农村的圩场不断增加，这些圩场后来逐渐发展变为集镇①，如永顺县王村、保靖县要坝村等早在汉代就已经成为重要商业集镇。

宋代在五溪蛮地实行民屯制，民屯者只要按期交税，二年之内不欠租税的，其田即可传给子孙，世代享用。为解决军队的粮食供应，朝廷将余田"募人耕作"以供军储。湘西地区在宋代就有募民开垦的情况，辰、澧、归、峡等州内"凡民，水田赋杭米一斗，陆田豆麦春夏各五升，满二年无欠，给为永业"，这些外来人口的进入不仅带来了先进生产工具，还促进了该地区的开发，扩大了农业耕种面积，如施州"州界群僚，不习服牛之利，为辟田数千亩，选谪戍知田者，市牛使耕，军食赖以足"②等。

三　土司时期

元明两朝及清初，湘鄂西地区普遍施行土司制度，且规定"汉不入峒，蛮不出境"，导致人口增长十分缓慢，人们沿袭刀耕火种的耕作方式，龙山县"居民赖山土为常产"，冬天"薙草斩木，纵火燎之，谓之烧畲。久荒则地力足，经火则土性松，迄春加以锄堡，种蒔杂粮"。③湖南怀化地区"种植芝麻、粟米、麦豆、包谷、高粱、荞麦、薏苡等杂粮，

---

① 游俊、李汉林：《湖南少数民族史》，民族出版社2001年版，第129—133页。
② （元）脱脱等：《宋史》，卷三四四，《李周传》，中华书局1985年版，第10934页。
③ 同治《龙山县志》卷一一《风俗志·农事》。

耕种三四年后，土壤变瘠，便荒弃之，直到地力恢复，再行刀耕火种"[1]。湘南江华县"半系瑶人"，"山多田少，火种刀耕"[2]，宁远县也是"猺之所居皆深山重阻，人迹罕到……刀耕斧种，黍粟豆芋杂以为粮，伐竹木以易谷，猎山兽以续食"[3]。

  土司时期的战争相对减少，"兵农合一"的政策为农业的发展提供了有利条件。许多土司意识到农业生产的重要性，积极倡导垦殖。如来凤卯洞土司向那吾曾在司内发布"广垦殖告示"云："为开财源以足衣食。照得：治道首重农桑，必土地尽辟，始有饱衣之庆，树植广，乃无号寒之悲。……今特示：凡有世之家，务相其有水处，概成开垦成田；即属旱地，亦须遍勤耕种。且桑麻之畜，贵取不尽而田不竭……"[4] 由于人们的辛勤耕耘，当时境内已能生产水稻、大麦、苦荞、大豆以及瓜果蔬菜，且"稻米甚香，与江淮无异"，其产量以粟为大宗。[5] 据《鄂西少数民族资料辑录》载："土司时，田地多系荒山，招佃开垦，先出银钱若干，一切修筑皆佃之费，田主但收其禄，以完粮赋，如此，田不种，则令其另招彼佃，谓之顶拨。"这种耕者有其田的租佃制，无疑给农民带来了实惠。但土民平时必须用大量的时间为土司主及其官吏耕种田地，很少有时间耕种自己的土地，平时农事主要靠妻子、未成年的子女和老人来做，收获甚少还要承担各种苛捐杂税，生活十分艰苦。

  为了获得更多的劳动力开垦土地并扩大耕地面积，土司常常招纳外地汉民入境垦地，他们把入境垦地之民称为客民。据史籍记载，容美田氏、永顺及保靖彭氏土司等，均不同规模地"诱客户举室迁入"垦荒。南宋时，由于汉区豪强地主大肆兼并土地，部分汉民全部丧失土地，湘鄂民族地区虽然地势险峻，但山大人稀，物产丰富，因此不少汉民"举亲迁来"。恩施利川沙溪镇《何氏族谱》载："宋时，草木丛茂，居民鲜少，手指即为界，挽草可为业，旷土遍地，任选垦殖，无官束，无赋徭，闻者莫不趋向焉。"长期的人口迁入，使得本地区人口有了很大增长。这

---

[1] 乾隆《辰州府志》卷一四《风俗考》。
[2] 同治《江华县志》卷一〇《风土志》。
[3] 嘉庆《宁远县志》卷一〇《杂志》。
[4] 同治：《来凤县志》卷三十。
[5] 汤明田、潘顺福：《利川市民族志》，湖北人民出版社2010年版，第84页。

些移民为该地带来了先进的农业生产技术、技艺和经营方式,农业耕地面积增加、粮食增多。据《永顺县志》载,当时曾出现"仓廒禀庚,储侍丰盈,含哺鼓腹,乐享升平"[①] 的局面。

土司时期,湘鄂西地区的畜牧业比较发达,尤以养马、养牛、养羊为甚,史书上关于"土兵善骑射"的记载颇多。由于境内交通不便,骡马成为当时最主要的交通运输工具,《明实录·太宗实录》就有施南土司向朝廷贡马的记载。这一时期的商贸活动也有了固定的交易场所,有了约定俗成的场期,每月逢一四七,或二五八,或三六九的日子叫"场",每场间隔三天或四天。外来客商用食盐、布匹等物换取当地的桐油、茶叶、生漆、格子、中药材等特产。交易地点一般在土司城的街道进行,每个土司治地一般有几百米长的街道。[②]

这一时期,苗族地区的社会经济已经有了较大发展,许多苗家已能根据土质的差异栽种不同作物,山坡杂粮也有实行套种复种的。合款是湘西苗族地区一种带有军事联盟性质,以地缘为纽带的民间自卫和自治的社会组织。款会组织具有很强的民主性,款首一般由村民选举村寨中德高望重、能说会道的老者担任,款规内容丰富,他们承担起苗族社会的多种职能。它的规模大小不定,有几寨、几十寨,甚至由上百寨组成的款会。直到改土归流后,合款制度才为封建制度所取代。但在边远苗地,封建统治力不从心,流官无法过问,款会组织则继续存在。

四 改土归流与苗防屯政时期

清朝雍正四年,朝廷接受云贵总督鄂尔泰的建议,对西南各省的土司制度进行改革,取消过去"蛮不入境,汉不入峒"的禁例。湘西苗族地区的改土归流始于康熙四十二年(1703),终于雍正八年(1730年)。改土归流给湘鄂民族地区带来历史性的阵痛,但结束了土司长达800多年的控制、封锁和盘剥,有利于村落经济的发展和民族经济文化的交流。改土归流以后,土司占有的土地大部分被朝廷没收,定为官田,小部分

[①] 湖南省永顺县民族事务委员会主编,彭剑秋编著:《溪州土司八百年》,民族出版社2001年版,第48页。

[②] 覃章义:《施南土司概观》,恩施州巴文化研究会2019年版,第34—37页。

留给土司下属的土官，这些土官便演化为地主。

改土归流初期，为了推动改流区经济的发展，清统治者委派流官一面实行薄赋轻徭政策，一面鼓励人们开垦荒地。如鹤峰州规定"如有未垦，外地招农进来，不论有主无主，概作官土赏栽，并即发给印照，永远管业不改"。龙山县规定"土司之官山，任民垦种"。这些措施调动了乡民开垦荒地的积极性，也吸引了大批汉族地区的流民涌入湘鄂西地区。如同治《恩施县志》载："各处流民挈妻负子"，"接踵而至"。① 在笔者所调查的传统村落，很多村民的始祖都是这个时候从不同地方迁入到村里的，他们选择在一个地方定居下来，经过几代繁衍，人口不断增多，一个大家庭分裂出若干个小家庭，而后慢慢发展成为该区域内的大宗族。

随着流民的大量迁入，湘鄂西地区人口迅速激增，土地资源与生产结构的矛盾日益突出，人们不断改造自然生态以提高农业产出，致使这些地区"零星散地、田边地角、篱边沟侧、悬崖隙土，亦必广种荞、麦、苞谷、草烟、栗、菽、蔬菜、瓜果之类，寸土不使闲，惜土如金也"②。在人口数量不断增多、耕地面积不断下降的双重压力下，该地区的森林被大批砍伐，坡地被大量开垦，生态环境遭到严重破坏。道光《建始县志·户口》云，"乾隆初城外尚多高林大木，虎狼窟藏其中……十余年来，居人日众，土尽辟，荒尽开，昔患林深，今苦薪贵"。《山羊隘沿革纪略》详细记述了外来移民迁入所带来的重要影响：

> 山羊隘，古夷地也……是时，人烟稀散，上下一带，居民不过一二十户，草木畅茂，荒郊旷野，道路俱系羊肠小径，崎岖多险。兽蹄鸟迹，交错于道。山则有熊、豕、鹿、麂、豺狼、虎、豹诸兽，成群作队，或若其性。水则有双鳞、石鲫、重䑜诸色之鱼，举网即得，其味鲜美。时而持枪入山，则兽物在所必获；时而持钓入河，则水族终致盈筥。食品之佳，虽山珍海错，龙脑凤髓，未有能出其右者。其间小鸟，若竹鸡、白雉鸡、野鸡、凤凰、锦鸡、上宿鸡、

---

① 《恩施县志》卷七，《风俗志》，同治本。
② （清）嘉庆《龙山县志》，引自彭英明《土家族文化通志新编》，民族出版社 2001 年版，第 3 页。

土香鸡，真有取之不尽，用之不竭之概。风气淳朴，道不拾遗，不事奢华，俭约是尚。……春来采茶，夏则砍畬，秋时取岩蜂黄蜡，冬则入山寻黄连、剥棕。常时，以采蕨挖葛为食，饲蜂为业，取其蜜蜡为赋税、购盐之资。……至乾隆年间，始种包谷。於是开铁厂者来矣，烧石灰者至焉。群来斯土，叠叠青山，斧斤伐之，为之一扫光矣。禽兽逃匿，鱼鳖罄焉。追忆昔日，入山射猎之日，临渊捕鱼之时，取之不尽，用之不竭，不可复得矣。而外来各处人民，携妻负子，佃地种田，植包谷者接踵而来。山之巅，水之涯，昔日禽兽窠巢，今皆为膏腴之所。①

从以上叙述来看，外来移民对湘鄂西地区生态环境的影响非常大，他们种苞谷、烧炭、烧石灰、开铁厂，所以砍伐了大面积的森林，导致森林木材蓄积量下降。在人口稀少的时候，刀耕火种的生产方式带来的森林破坏与森林更新尚能基本保持平衡，但随着人口的大量增加，森林的破坏就要远远高于森林的更新，从而导致严重的水土流失和土壤瘠化。施南府"自改土以来，流人糜至，穷崖邃谷，尽行耕垦，砂石之区，土薄水浅，数十年后，山水冲塌，半类石田"②。乾隆五十三年长阳县山洪瀑发，受灾人口15000余名，倒塌房屋达8200余间。③

在1704—1795年的流官统治期间，政府还不能将国家权力渗透到乡村社区，因此乡村一直实行长老政治的原始民主制。汉族和土家族村落普遍实行里甲制（或保甲制）以及乡约制，里甲长或乡约正主要都是由各村落自己选举产生。这些乡村干部的主要任务就是负责催粮，他们没有来自朝廷发放的任何津贴，必须义务办公。很多村落里每户立一牌头，十牌立一甲头，十甲立一保长，人人登记入册，一人犯法，人人连坐，寨寨株连，保保不宁。部分苗寨设百户寨长以统治苗人，归流官管辖，但百户长非尽为苗人，亦有用汉人充当者。寨老"不是自封自霸，不是

---

① 湖北省鹤峰县：《甄氏族谱·山羊隘沿革纪略》，引自《容美土司史料汇编》，1984年中共鹤峰县委统战部等编印，第489页。
② 《施南府志》，卷一《物产》，同治本。
③ 龚胜生：《清代两湖农业地理》，华中师范大学出版社1996年版，第245页。

世袭，无须选举，也不以财产的多寡为条件，不以有无权势为后盾"①，他们是村寨中的自然领袖，年龄一般均在40岁以上，既有生产经验，又明事理，通晓古规古法，办事公道，执法严明，热心公众事业。

改土归流60多年后，湘西苗区推行"屯田养勇，设卡防苗"的苗防屯政制度。屯田虽为封建政府公田，但其残酷剥削比地主私田更甚。清人高登云记载："佃户所佃之田，每票四亩五分，秋田收谷不过十五、六石，除牛力、种子和人工费谷六、七石外，仅余八、九石。除上官租五、六担，只余三、四石。又加官租浮收谷石二斗有余，又复堆尖踢斗，外收谷斗余，一年秋收之谷，所余无几。"② 屯租既归官府所占有，无论天灾人祸，丰年歉年，照收不误，名曰"荒田不荒粮"。若逾期不交，屯丁就上门催收。有的佃户实在交不出，屯丁就翻箱倒柜，明拿暗偷，甚至将欠租户主绳捆索绑，关入监牢。为防苗民反抗，有屯7厅县广设汛堡、屯卡、碉楼，碉楼多择高处险要山势，驻有总兵、副将、游击、都司、守备、千总、把总、外委军官吏以及数千兵勇，苗民稍反抗，立即遭到镇压，苗民在此重压下苦不堪言（见图2-1）。

图2-1 保家楼

图片来源：笔者摄于山江凤凰县老洞村。

---

① 石建华、伍贤佑：《湘西苗族百年实录》，法制出版社2008年版，第77—78页。
② 湘西土家族苗族自治州编纂委员会编：《湘西州志》，湖南人民出版社1999年版，第468页。

第二节　近代湘鄂西地区的村落发展

1840年以后，中国进入了半殖民地半封建社会，偏远的湘鄂西地区也被无奈拖入了这一历史进程，封建经济受到严重冲击，自给自足的自然经济开始瓦解。

一　晚清时期

湘鄂西地区粮食作物种类很多，栽培历史久远的有水稻、麦类、豆类、高粱及小杂粮，清代中期先后传入玉米、红薯、马铃薯，很快发展成为主要粮食作物。他们的粮食生产分为夏秋两季，夏粮以小麦、马铃薯为大宗；秋粮以水稻和玉米为主，红薯也有一定面积。晚清时由于人口增加，府县倡导农民开荒造田，修渠引水，扩种水稻以足所食，种植面积增加。咸丰年间（1851—1861年），鸦片开始进入，当地政府把鸦片税作为财政收入的主要来源，公开鼓励甚至强迫村民种植罂粟。光绪年间（1875—1908），"当地的好田好土种植鸦片的面积占到田土总面积的50%—70%左右"[1]，因为大量的土地和主要劳动力都用于罂粟种植，许多农户不得不放弃粮食生产，经济受到重大影响。湘西苗族地区也是"山陬僻壤，遍地皆种，烟民日益增加，积习成风"[2]。随着鸦片种植面积的扩大，吸食鸦片的人越来越多。起初人们认为吸鸦片是高尚的娱乐，能"消除百病""延年益寿"。《鄂西文史资料》详细介绍了恩施利川市乡村教师熊遐龄上瘾和全家倾家荡产的情形：

> 我家当时是太平地方的大户，父亲是首先吸烟者之一，他吸烟，我常躺在他的烟床上玩，叫做棚灯。他吸时，我闻到烟味很香，也很想吸，起初父亲不准。一次，我的肚子痛，他才准我吸一口，吸后肚子不痛了，真如灵丹妙药。以后我常给父亲打烟泡，有时他也

---

[1] 龙先琼：《近代湘西开发史研究——以区域史为视角》，民族出版社2014年版，第77页。
[2] 石启贵：《湘西苗族实地调查报告》，湖南人民出版社1986年版，第106页。

准我吸一口，我妈有时也吸一口，久而久之，我和妈都上瘾了。此后，一家三口，天天吸，瘾越吸越大，开支也越来越大。没有粮食卖了，就去借，借多了，人家不肯再借，只好当田，田当完了就卖田，卖房屋，不几年我们就倾家荡产了。所以最后我只得靠教私塾来维持生活。①

种鸦片的多，吸鸦片的也多，供人吸食以之赚钱谋生的鸦片烟馆也应时而生。当时城镇乡村烟馆林立，烟雾弥漫，烟味扑鼻，不只是有钱人吸，许多农民、妇女、小商小贩也都吸上瘾了。青年壮汉不多久就枯瘦如柴，许多人家倾家荡产，鸦片给人们带来深重的灾难。利川当时流传《劝君莫吸洋烟》歌，歌词云"西洋国传进鸦片，真可算害人不浅；……能使人倾家荡产，能使人田土卖完；烟盘子不长不短，端走你家财万贯；……烟瘾发脚趴手软，淌眼泪呵欠连天；……到冬来身披片片，穿一件破烂衣衫；锅子里没米煮饭，炒野菜又无油盐；……到头来倾家荡产，弄得我妻离子散；只好去讨米要饭，住破庙栖宿阶檐……"②歌词内容深刻说明鸦片毒害人民之深。民国时期，湘鄂西地区多次开展禁烟行动，但部分村落仍在种植鸦片，一直到1949年后才彻底禁绝。

从19世纪后半叶到辛亥革命时期，湘西的桐油和木材发展较快。永顺、来凤、龙山一带遍植油桐树，以产桐油为大宗，桐油大量出口。光绪二年（1876年）永顺县桐油产量已达二万担以上。古丈也植油桐，至今遗留的《蓄禁桐茶碑》云："吾乡之中，土地皆瘠，山广田少……惟桐茶此地方之一大利也……"③永绥厅桐树漫山遍野，到光绪末年止，全厅"岁出桐油数百万斤"④，为湘西赢得"金色桐油之乡"的美称。茶叶也是当地大宗土特产之一，相当一部分人依靠茶叶的生产和销售为生。晚清时，恩施地区的茶叶发展很快，制茶的技术也日益精细，创制出"鹤峰容美""来凤仙洞"等名茶。特别是红茶制作技术传入本地区以后，经

---

① 《鄂西文史资料》第五辑，1987年版，第188页。
② 《鄂西文史资料》第五辑，1987年版，第189页。
③ 此碑道光三年立于古丈县。
④ 宣统《永绥厅志》卷十五，《食货·物产》。

茶农改进工艺，创制出"鄂西宜红"品牌远销欧美。①

乾隆年间，湘鄂西地区竞相筹建书院和义学，一些富裕村镇都设立私学。到了同治、光绪时期，除了少数贫瘠、居住分散的高山农村外，大部分人口比较密集的低山、二高山村落都设立了私学。有学生家长分担学费的"朋学"，有富豪之家独办的"家学"，有利用祠堂产业收入办的"族学"，还有利用寺庙产业收入或地方出资开办的"义学"等类型。② 学校层次则有"蒙馆""专馆"之分，蒙馆以识字教学为主，专馆是为应童子试的学生而设的高层次私学，县学生员大多来自这类私学。

二　民国时期

民国初期，许多地主利用自己手中的权势——特别是枪杆子，恶霸一方，强占田地，成为大恶霸地主。这一时期，占农村总户数不到10%的地主、富农，占有土地高达60%—70%。广大劳动农民只能靠种地主的土地过活，租率颇高。1933年，湘西各名目的捐税就有32种之多。从1914年到1919年，湘鄂西各地连年遭灾，天灾致收成大减，而各级官府课税不减，百姓生活苦不堪言，被迫反抗。1939年5月29日，石瑛给张难先的信中说："……目前建始各乡村，饿死人之事屡有所闻。农民素无盖藏，而粮价飞涨，终日劳动不得一饱，甚至有三四日不得一饱者，见之令人痛心。"③ 许多人借贷无门，离乡背井，乞讨为生。

清末至民国初年，湘西只有盗贼和个别拦路抢劫的强徒，社会相对比较安定。但在连续发生水旱灾害之后，一些散兵游勇便三五为伙，公开为匪，他们自封为"司令""大爷""队长"，各自划地为王，在自己的地盘内摊捐派款，霸占田产，在地盘以外放肆掳掠，杀人放火，人民深受其害。每逢赶集之日，他们于险要之处设卡抢劫来往客商，不但钱财被劫去，而且性命也难保，人们出门赶集都事先祈祷于神，担心不能生还。即使在家耕种，也必须放哨瞭望，怕土匪抢猪抢牛。据统计，凤凰县腊尔山地区在民国时期被土匪杀害的有1290人，被烧毁的房屋有

---

① 恩施州志编纂委员会编：《恩施州志》，湖北人民出版社1998年版，第131页。
② 恩施州志编纂委员会编：《恩施州志》，湖北人民出版社1998年版，第861—862页。
③ 恩施州志编纂委员会编：《恩施州志》，湖北人民出版社1998年版，第128—129页。

400多栋，抢走耕牛590多头，其他钱财难以数计。直到1950年后，才彻底根除匪患。①

1931年，鄂西神兵大兴，很快结成一股强大的民众武力。在名目繁杂的鄂西神兵中，起事最早、活动能力最强、影响最大的是黑洞神兵。神兵的口号是要"消灭军匪团阀，打倒贪官污吏、土豪劣绅，解除人民痛苦"，他们有自己的纪律："不许贪财，不许奸淫，不许擅自烧杀，不许和敌人勾通"等。②当地百姓起初对神兵是拥护的，但后期他们的活动多半不是为了人民，而是为着争地、杀人、报私仇，人们就不大愿意参加了。后面由于国民党政权苛虐横暴甚于军阀，人们不敢再参加神兵的活动。1939年前后，神兵活动始告结束。

民国以来，政府仍承袭屯田制度，残酷剥削苗族人民，广大苗民深受屯租之苦。辛亥革命以后，苗乡屯田养勇防苗的原义虽不存在，但屯田旧制未改，催收屯租如故，屯租剥削变本加厉。1934—1935年，该地区连续遭灾，粮食歉收，但官府照常收租，颗粒不减，逼得苗民家破人亡、流离失所。凤凰县龙云飞聚集旧部发动"革屯"起义，提出"屯田归民"的主张，促进了屯田制度的瓦解。张治中接任湖南省主席后，他采纳湘西有屯七县苗民代表的意见，实行"废屯升科"，屯田由政府官田变为地主私田。

1930年，湘鄂西地区土家、苗、汉各族人民积极参加贺龙领导的工农武装，桑植、永顺、龙山、大庸、鹤峰等县很快建立了湘鄂西红色革命根据地。1934年11月26日成立了中共湘鄂川黔省委和中华苏维埃共和国湘鄂川黔省革命委员会，以及省军区等组织。省红色工农政权建立后，派出大批军政干部，深入到土乡苗寨，开展土地革命，建立县区乡各级苏维埃政府和农民协会，打土豪，烧田契，丈量土地，内定成份，搞得热火朝天。土改以后，政府实行统一的税收政策，税率只有总产量的百分之十，而且粮食不满一石，茶、桐油不满十斤的免予征税，取消

---

① 凤凰县志编纂委员会编：《凤凰县志》，湖南人民出版社1988年版，第330—331页。
② 中国人民政治协商会议利川市委员会文史资料委员会编：《利川文史资料》第三辑，1988年版，第3—6页。

一切杂税。① 土地还家，各族人民革命热情更加高涨，根据地日益巩固和扩大。1935年8月，红军奔赴抗日前线去了，国民党地主豪绅还乡团来了，黑暗又笼罩了湘西。②

抗日战争时期，大片国土沦陷，许多外埠商号和居民迁来湘鄂西地区避难，国民政府在湘西组建农业合作社、发放农业贷款、保护耕牛、推动开垦、改进农业生产技术、推进改良品种等一系列措施，使当地农业得到较快发展，粮食产量出现较大增长，但该地区经济和文化仍然十分落后，乡民常常吃不饱穿不暖，他们挖葛打蕨，住房条件也很差。民国时期到湘西苗乡作调查的盛襄子在《湘西苗疆之设治及其现状》一文中载：保靖苗族"贫者结草为庐，富人居大厦崇垣，耸以碉楼，不开窗。翁姑子妇，群处不避，牛马猪羊，丛集一室，污秽不堪"。由于鸦片泛滥，严重毒害人民的身心健康，许多农民都不再种粮食，因为吸食鸦片而倾家荡产者不计其数。

民国时期，由于社会动荡，乡村学校的"新学"推行不力，义学停办，"间有较大村落中之富裕者创办私塾，又为政府严令取缔。因此，各乡私塾俱无也"③。虽有少数富裕家庭创办了家庭教育，但入学者人数非常少。到20世纪40年代后期，学校大多停办，凋敝荒芜。晚清时期民间医巫并行，到民国时期，"风气渐开，道教式微，业巫者日见减少。医之为道，遂为士大夫家所普遍讲求"④。民国初年，各城乡中医、中药人员增多，他们的行医方式有坐堂行医、串行乡里、赶场摆摊行医等。湘鄂西地区山大林密，药源丰富，他们一边行医，一边采药，一边售药，相沿至今。

土家族村落大多是聚族而居，苗族村落里多是小家庭，分家制对其社会结构的影响非常深刻。严如煜在其《苗防备览·村寨考》中有一段记述："按苗民父子兄弟无共处一室者，子长分爨，架数椽为屋即另一户矣"，他们不能聚族而处，所以往往旧时一寨，数十年就会分成数寨。凌

---

① 中共湖北省鹤峰县委革命斗争史调查组：《鹤峰苏区简史》（1928—1933），第74页。
② 《湘西土家族苗族自治州概况》编写组：《湘西土家族苗族自治州概况》，湖南人民出版社1985年版，第45—47页。
③ 石启贵：《湘西苗族实地调查报告》，湖南人民出版社1986年版，第225—226页。
④ 恩施州志编纂委员会编：《恩施州志》，湖北人民出版社1998年版，第956页。

纯声与芮逸夫的实地调查，得出与严如煜相同的结论，他们认为苗族人的家庭组织是小家庭制，都是夫妇和未成年的子女组成的。子女长大后，男子十七八岁就开始娶妻，"分与财产若干，为之盖屋另立门户"①。女儿十五六岁出嫁，所以苗族的小家庭制可以长期保持，不致扩大。黄宗智认为分家制是中国农村传统社会中一个很重要的现象，"这种现象周而复始地影响着中国农业生产的规模"②。苗族缺乏宗族制的约束，分家制导致新家庭不断建立，对财富会产生一定的损耗，因此也带来苗家人周期性的贫困。2019年10月笔者在湘西凉灯村调查时，村民介绍他们村长期保留这样一种小家庭制，儿子长大成家后就会从大家庭里分离出去，父母和最小的儿子居住在一起，小儿子可以继承父母遗产，但需承担赡养义务。

第三节　中华人民共和国成立以后湘鄂西地区的村落发展

1949年中华人民共和国成立以后，湘鄂西地区的乡村经历了土地改革、合作化运动、人民公社化和"文化大革命"，乡村不断发生着变迁，这30年是乡村社会结构发生翻天覆地变化的时期。

一　土地改革时期

20世纪50年代初的土地改革运动，是共产党执政后发动的、与镇压反革命交织在一起的第一场全国性的"群众政治运动"。土地改革实质上是国家发动的一场针对地主、富农等农村阶级敌人的"人民战争"。永顺县城是"1949年农历8月19日解放的，解放军于12月进入双凤村剿匪，1950年12月开始土改，村里当时成立了土改队、民兵组织和儿童团，南下干部陕西人张贵是土改队队长"③。当时双凤村土地改革的主要任务是

---

① 凌纯声、芮逸夫：《湘西苗族调查报告》，商务印书馆1947年版，第93页。
② ［美］黄宗智：《华北的小农经济与社会变迁》，中华书局2000年版，第97页。
③ 马翀炜、陆群：《土家族——湖南永顺县双凤村调查》，云南大学出版社2004年版，第69页。

划分村民成分，并将地主和富农的土地及其他生产资料进行重新分配。根据当时全村各村民的土地占有情况，经过评估后将村民划分为地主、富农、小土地出租、中农（又分上中农和下中农）、贫农五个成分。同时将地主、富农的土地和生产资料进行了分配，人均分得水田1亩多，大大地提高了贫雇农的生产热情。

按照当时全国《土地改革法》的规定，政府没收的地主财产仅限于土地、耕畜、农具、多余的粮食和房屋这五大财产，对地主其他的财产不予没收。而实际上，在湘鄂西地区，"土改几乎没收了地主的所有财产，同时还没收了富农的财产，一些属于中农的也被划为地主家庭财产而被没收"。[1] 土改后农村各阶级人均占有土地几乎接近绝对平均水平，改革摧毁了几千年来的封建剥削制度，广大农民分得了土地与各种农具，成了土地的主人，部分农民还分得没收的地主房屋，生产积极性大大提高，从而带来农业生产的大丰收。1953年湘西州的粮食产量比1952年提高了15%，各族农民的收入也增加了，生活质量得到改善。

1953年，恩施市二官寨村成立了合作社，在乡驻地设立供销点，由区供销社派一名员工到点上卖货，布、烟、盐、煤油、煤油灯、农具等生活生产用品，收购农副产品。二官寨学校也是1953年设立的，学生读书的教室和办公场所系土地改革的产物，位于二官寨村驻地旁。后学生逐渐增多，教室不够就借用二官寨生产队保管室仓库和相邻民房做教室。

中华人民共和国成立前，苗乡医病多请巫师施用巫术，药物与巫术相结合。湘西苗族长期流传巫蛊之说，村落里如果某人染病久不愈，就怀疑是某妇女放"蛊"所致，被诬者受人歧视非难，精神上造成莫大痛苦，甚至含冤而死。石启贵在湘西实地调查中就发现这样的事例，并对此谬说进行了深刻批驳。

> 某汉人曾任军官，生鼓胀之怪病，一鼓即胀，肠动转环，似有生物活跃其间，曾请劣医多人罔效，均归咎于蛊病者。请巫占，说亦同。走向仙姑亦无异。迭经短除毫未痊。该汉官忿极，用蛮法将该邻居苗妇捆吊之，除辱骂外，施以非刑，几欲毙命。虽云有夫在

---

[1] 张英洪：《农民、公民权与国家》，中央编译出版社2013年版，第90页。

旁，但畏该官势威，不敢启齿，束手观望，含冤莫白。经年余，有人介绍某医生治此病很高明，遂请之。临室诊断，某医生看后，谓是某种之鼓胀病，非蛊毒，冤诬某妇，实属已甚。后下药，果一剂而病愈也。可怜该妇，无故含冤，似无面目见邻人，而邻众，亦深嫉恶之。经此医生之证实，该妇恢复名誉矣。[1]

中华人民共和国成立以后，随着文化教育的发展，新医在苗乡逐步推广，吃药、打针已很普遍，过去带有迷信色彩的东西多已消灭和废除，但具有民族特色的苗医苗药依然保存下来，村民可以防病治病，苗药一直以效果快、效果好而著称。

二 合作化与人民公社时期

土地改革后，湘鄂西地区农民的生产积极性高涨，生活水平提高，但也有部分农民劳动力弱，或因天灾人祸，生活仍很困难，出卖土地现象时有发生。为了防止两极分化，毛泽东主席发出"组织起来"的号召，广大农民热烈响应。1955年6月，恩施地区初级社已经发展到1038个，入社农户19349户。1956年春，农业合作化运动掀起高潮，到2月中旬，全区建立高级社2200多个。1957年，一批初级社转为高级社，高级社达2972个，入社农户43.55万户，占总农户数的93.43%，实现高级形式的农业合作化，农村绝大多数土地转变为集体所有制。[2]

在中共中央发出"关于在农村建立人民公社的决议"之后，波澜壮阔的人民公社化在湘鄂西地区迅速开展起来。人民公社的体制是"政社合一"，既是经济组织，又是政权机关，公社突出的特点就是"一大二公"，一切财产（私人住房除外）归公社所有，内部实行"行动军事化""劳动战斗化"和"生活集体化"。在实行农业合作化的过程中，恩施州从实际出发，制定了一些特殊的规定：他们根据山大人稀的特点，允许居住偏远分散的农户单干，对入社农户和单干户一视同仁、不歧视，村

---

[1] 石启贵：《湘西苗族实地调查报告》，湖南人民出版社2008年版，第198页。
[2] 恩施州志编纂委员会编：《恩施州志》，湖北人民出版社1998年版，第135页。

民的风水树、"神树"、摆手堂、坟宅地等也不作为入社的集体财产。①

在国家大炼钢铁的号召下，公社组织统一筹划生产，一方面调动近百万劳力为钢铁而战，另一方面安排劳动大军投入抢收抢种。恩施州抽调了几十万人大办钢铁，建起小高炉 126472 座，② 大炼钢铁对湘鄂西民族地区生态破坏严重。据记载，在 1958 年大办钢铁中，来凤县"数万亩森林因烧炭遭到毁灭性的砍伐，古、大、稀、珍的树木遭到毁灭性的破坏"，"一堆堆熊熊的烈火把一座座山林变成了'和尚头'，当地老百姓见了十分痛惜"。③ 由于农业较长时期吊死在"粮食"一棵树上，甚至在山区毁林开荒种粮，从而造成水土流失严重、水旱灾害频繁。人民公社化也促进了全民皆兵运动，广大社员积极参加民兵组织，结合生产进行训练。1959—1961 年，二官寨村公社及其生产大队相继开办托幼所、"伙食堂"（万年食堂）、油炸房、综合厂等。民兵连实行亦兵亦农，学生实行半耕半读，组织军事化，行动战斗化，生活集体化。在人民公社化运动中，又将铁匠、木工、裁缝等"九老十八匠"集中起来管理，由社、队安排生产任务，统一核算分配。社员自留地、家禽家畜、家族副业收归社（队）有。

人民公社普遍兴办了公共食堂、托儿所、敬老院等集体福利事业，无依无靠的老人、贫困户和五保户可以得到适当照顾。但人民公社剥夺了农民生产生活的自主权，超越了当时的生产力发展水平，造成严重的平均主义，严重挫伤了农民的生产积极性，他们常常出工不出力。由于当时农村主要劳动力都集中大办钢铁去了，农村只剩下老弱小种田，农村经济遭到严重破坏，许多地方稻谷无人收割，红苕无人挖收，只能烂于田中，造成丰年不丰收。1959—1961 年严重的自然灾害导致粮食大幅度减产，不少田土失收，很多公共食堂无米下锅，农民靠吃瓜菜和野菜充饥，许多人由于缺乏营养而水肿，数以万计的农民死于饥饿和疾病。④

---

① 《鄂西土家族苗族自治州概况》编写组：《恩施土家族苗族自治州概况》，民族出版社 2007 年版，第 59 页。
② 恩施州志编纂委员会编：《恩施州志》，湖北人民出版社 1998 年版，第 136 页。
③ 湖北省恩施自治州政协文史资料委员会主办：《鄂西文史资料》2005 年第 1 期。
④ 湘西土家族苗族自治州编纂委员会编：《湘西州志》，湖南人民出版社 1999 年版，第 467 页。

据调查，永顺双凤村当时有很多人都得了营养不良的水肿病，渐渐地出现了饿死人的现象，到 1960 年年底全村共饿死 30 多人。恩施市二官寨村组织群众上山下水、打猎捕鱼、打柴割草、采集野生淀粉植物、野生油料植物、野生纤维植物、野生药材等，解决群众暂时困难问题。1962 年 3 月加强生产自救，对无法挽救的农作物及时补种、改种、套种、间种，组织开荒，扩大农田面积。组织农民大搞"十边"运动，即在屋边、田边、山边、路边、沟边、坎边等地种植玉米、黄豆、豌豆、饭豆等，帮助群众解决饱肚。有的国家干部、职工因家庭人口多，个人收入不敷家庭生活开支，辞工回家开荒种地。如二官寨村丁维善，生于 1935 年 10 月 23 日，当时为盛家坝邮局乡邮员，家庭人口 7 人，辞去公职，回家开荒种地。时任乡支委书记罗炳见亦以相同理由辞去工作，回家种"十边"，以解决全家人生计。[1]

1966 年"文化大革命"发生后，湘鄂西地区传统村落的生产又遭到了一定程度的破坏。在当时大形势的影响下，斗争地主、富农的事情都有。20 世纪 70 年代中后期，政府全面推行农业学大寨，号召学大寨、树雄心、立壮志、苦干三年，大打农业翻身仗。各生产大队开展比学赶帮超热潮，坚持农田基本建设。双凤村这段时间一方面积极毁林开荒，共开梯田 40 亩；另一方面大力发展养殖业，设了 3 个养殖场，还派出大量的劳动力去参加修公路、修水库等劳动。

三 改革开放以后

1978 年中共十一届三中全会以后，我国农村的土地制度发生了重大变化，家庭联产承包责任制的积极意义是人所共知的。徐勇教授认为"中国具有悠久的家户制传统，一家一户是基本的生产和生活单位"，"家户农业可以说是一种有效率的农业，家户农民可说是勤劳而有效率的农民"[2]。从集体化时代的普遍饥饿到家庭联产承包责任制实施后的基本温饱，农民的生存状况发生了根本变化。湘鄂西地区以前生产队里的集体财产，如耕牛、农机、仓库、晒谷坪等都平均分给农户，农户从集体社

---

[1] 《二官寨村志》编制委员会编：《二官寨村志》（内部资料）2018 年 11 月，第 128 页。
[2] 徐勇：《乡村治理的中国根基与变迁》，中国社会科学出版社 2018 年版，第 35 页。

员回归到享有空前人身自由的个体农民。他们按责任田划分的多少承担公余粮和农特税,即"交够国家的,留足集体的,剩下的全是自己的",人们的生产积极性被极大地调动起来,农村生产力获得了解放。

由于当地自然条件的限制,人口多,可耕地有限,因此存在劳动力过剩的情况。从当时各家庭的情况看,每天天刚亮全家老小都起床了,一直忙到很晚才睡觉,一年到头都不见有人闲着,但收益不高,只能勉强维持基本生活。诺贝尔经济学奖得主刘易斯曾经指出:"封闭而低效的传统农业部门拥有大量的隐性失业,只要提供维持最低生活水平的工资,就有无限的劳动力供给。"① 家庭联产承包责任制推行后,农民"离土不离乡"的乡镇企业受到官学双方的"赞誉",湘鄂西地区很多地方干部到广东、福建、天津、浙江、山东等沿海地区考察学习乡镇企业的经验,之后,全地区乡镇企业大力发展起来。各级政府都将发展乡镇企业指标纳入政绩考核的体系以示"高度重视"。

20世纪80年代以来,农民开始进城打工,但在相当长的时期里,农民工生活在一种制度性的歧视之中,外出务工人员不多。湘西州有个别人下山去县城或州府找活干,但大多待不长,一二十天即返回,在他们看来,在外担惊受怕,吃不好、睡不好,活路又难找,实在不划算。最终还是守着几亩田土过日子,虽苦一点,倒也自在。② 恩施州也只有少量零星农村剩余劳动力自发到省内一些城市打工。湘鄂西地区成规模劳动力的流动一直到20世纪90年代初才出现。1992年10月,恩施州劳务输出工作会议提出,把劳务输出作为经济发展的支柱产业来抓,当年输出2.3万人,其中有组织输出1437人。1994年,劳务输出成为农村经济新增长点,当年输出的18.56万人中,农村剩余劳动力18.43万人,占输出总数的99%,劳务收入3.37亿元。1999年,劳务输出达到29万多人。③

2005年国家提出的新农村建设是中国农民面临的一次新的发展机遇,农民对中央一系列惠农政策倍感惊喜。2006年税费改革后,开始实施农

---

① 威廉、阿瑟、刘易斯:《二元经济论》,北京经济学院出版社1989年版,第3页。
② 龙世谱:《湘西自治州农业文献选编》,中国农业出版社2002年版,第201页。
③ 湖北省恩施土家族苗族自治州地方志编纂委员会编著:《恩施州志》(1983—2003),湖北人民出版社2013年版,第934页。

业综合补贴、直补、粮种补贴，2016年又改为耕地地力补贴，农民得到了实实在在的实惠。恩施州大力推行"五改三建"生态家园文明新村建设，内容包括"改路、改水、改厨、改厕、改圈、建池、建房、建园"，乡村发生了历史性的变化。如恩施市二官寨村村民的生活蒸蒸日上，基础设施建设突飞猛进，水、电、路、气（沼气）、住（房）、厕全面得到改善，全村组组通公路，互联网信号覆盖全村。但由于工业化引发的城镇化和现代化进程的不断推进，传统村落的社会结构、生活方式、民族文化和信仰体系等也发生了结构性变化。由于劳动力大量外流，村落发展又面临一些新的问题，这也是本章所要研究的主要内容。

本章小结

湘鄂西地区大部分村落是从远古的氏族部落发展到后来的宗族聚落，体现了强烈的血缘和地缘关系。由于历史上战乱频繁、灾荒不断，人们颠沛流离、逃难避乱，很多村落的形成都和民族间的征战与家族迁徙相关。在改土归流以前，该地区人口增长十分缓慢，人们沿袭刀耕火种的耕作方式，经济发展滞后，农民生活非常艰难。改土归流以后，随着流民的大量迁入和不断繁衍，人口迅速激增，土地资源与生产结构的矛盾日益突出，村落慢慢呈现出"过密化"状态，村民辛苦劳作，惜土如金，不断改造自然生态以提高农业产出。但由于自然灾害和统治者的剥削，乡民的生活苦不堪言，他们常常吃不饱穿不暖，文化教育落后。改革开放以后，我国农村的土地制度发生了重大变化，许多青壮年在城镇化、工业化的冲击下"离土又离乡"，传统村落"过疏化"趋势日益加剧，村落的社会结构、生活方式、民族文化和信仰体系等也发生了结构性变化。

第三章

湘鄂西地区传统村落过疏化现状

从20世纪80年代开始，随着社会、经济的快速发展，中国大量农村人口涌向城市或东部经济发达地区，人口外流规模不断扩大，增速逐步加快。1998年湘西州农村富余劳动力转移就业总数为16.94万人，2003年全州农村外出务工人员已达30万人。① 由于劳动力的大量外出，传统村落呈现房屋空、产业空、人才空、文化空的凋敝状况。

第一节 传统村落的人口外流

造成湘鄂西地区传统村落过疏化的主要原因是大量人口的流出，这些外流人员既包括通过考学、参军、做生意、打工等方式走出去的村民，也包括通过婚嫁方式流出去的女子，还包括到外面读书的孩子和陪伴的老人。虽然每个家庭情况不同，但几乎都有外出人员，他们没有改变常住户口，但是大部分时间都不居住在村落里。

一 非农职业人口外流

湘鄂西地区的村民实现向上流动主要通过考大学、参军、考工这几种途径，这几种人口流动方式一直存在。2000年以来，因为高考扩招政策和大学生就业政策的影响，考上大中专院校的人数大量增加，他们毕业后大多在外面的公职部门、企事业单位任职。这些人后来因为成家大都在外地购买了住房，和配偶、子女一起长住在城里，只是在逢年过节

---

① 曾震亚主编：《新农村建设"湘西模式"退人还山》，民族出版社2006年版，第71页。

才会偶尔回乡，离家乡越来越远，成为事实上的城市人口。据调查，1973—2017年从恩施市盛家坝乡二官寨村走出去的专科以上的大学生一共有87人，其中研究生有15人，博士1人。1950—2017年应征入伍人员一共有62人。本地在外公职人员一共有96人，恩施州本地工作的居多，也有省外工作者。如康ZX于1998—2003年在昆明理工大学建筑学就读，毕业后到云南省工程建设标准设计研究院工作，2007—2017年任云南省城乡规划设计研究院总建筑师。龚Y于1999年毕业于湖北农学院，后来到新疆生产建设兵团第二师三十团任农业科副科长。

双凤村和凉灯村过去由于交通不便、经济落后，村民对学校教育不是特别重视，中老年人的文化素质不是很高，不过还是有一些人通过考大学、参军等方式离开家乡的，如中南民族大学彭英明教授就是双凤村人，他20世纪60年代被湖北省招干后就考上了大学，后面在村落里居住的时间就很少了。

20世纪90年代以前通过考学走出去的大学生一般都是自己一个人单独到外面生活，而整个家庭还是在农村。因为那时非农职业收入还不是很高，农业收入是家庭重要的口粮保障和收入来源。二官寨村田CR在调查中谈道：

> 我1977年中专毕业之后被分配在盛家坝集镇民族中学教书，后来通过别人介绍认识了我媳妇。我媳妇没有正式工作，结婚以后她一直在老家种地，我周末和放假时一般都会回去，后来有了小孩也是一直住在村里，父母可以帮忙带。那时我工资很低，平时吃的米和菜都是家里自产的。慢慢地孩子长大了要读书，我想镇里的教学质量好一点，就把他们接到我身边来了，那时学校有职工房。媳妇来了以后，我在镇上给她弄了个小卖部，赚点小钱补贴家用。父母没有来我们这里，他们一直在农村种地，农忙时节我们也会回去帮忙，还可以带点米和腊肉过来。以前我们的工资经常拖欠发不出来，不种地没有办法维持生活。后面国家政策好了，我们的工资都提高了，每月准时发放，家里的地就不愿意回去种了，种地还是太辛苦。
>
> 现在我们家两个孩子都大学毕业参加工作了，大女儿在武汉，已成家，小儿子在浙江，还没有结婚，孩子们工作的还不错，我们

到他们那边去玩过。老家父母现在都过世了，老房空着，田地有的送给别人在种，别人不愿意种的就荒着了。

田 CR 的经历反映了他们那个年代通过考学而逐渐走出村落的典型流动过程。最初，因为非农收入不高且不稳定，他们还是要依赖农业生产满足基本的生活需求，而到了后来，非农收入有保障了，他们就会全家搬迁出来，慢慢脱离村落生活。

2000 年以后考出来的大学生大多没有这样的经历，因为随着经济的发展和国家政策的完善，他们参加工作后有稳定的工资收入，可以按时发放，远远高于农业收入，因此他们无须再依赖于农业生产满足口粮问题。

> 个案 1：田家坝朱 SG，家里有三个孩子，老大是儿子，上大学时学的是软件开发专业，毕业后在上海发展，现在未婚。老二是女儿，现在也在上海，大学毕业后从事手机软件开发工作，女儿的男朋友是她的同事，一位新疆小伙子。小儿子高中毕业后，选择了入伍参军，在部队当兵两年，退伍后在浙江汽车厂配件部工作，未婚。几个年轻人都打算自己挣钱在外买房定居，虽然上海、浙江房价偏高，压力大，但他们都不会选择回家乡发展，因为觉得自己所学的专业，只有在大城市才能找到适合的工作，回到家乡不知道能做些什么工作。

在调研中，朱 SG 夫妇二人提到，家里虽然新建了楼房，但是孩子们都不会回家乡发展，地里的农活他们现在都不会做了，过年才会回家住上四五天，平日里极少回来，完全转化为城市市民，脱离了村落。

这种类型的人口有稳定的职业和收入，因此外流速度很快，他们中的大多数人后来很快买房，有的把父母也接到了城市，村里的房屋大多废弃，田土也流转或送给别人耕种了，成为离开村庄最为彻底的人群。

二 村民劳务输出

改革开放以后，随着全国工业化和城镇化的快速发展，国家政策不断放开，农民外出找工作越来越容易，因此湘鄂西地区外流人员不断增加。他们的流迁大体上有两种类型：

一是"离乡不离土"型，指村民不离开本村本乡，但是不再以经营农业为主，他们转移到乡镇企业或个体私营企业、工商贸服务业中去，这是我国农村改革开放初期农村社会流动的主要途径。他们本人到附近乡镇经商或做工，但家仍住乡村，自己的家人耕种承包田。有些村民在乡镇做小生意，赚的钱不多，他们不愿意把自己的田土送给别人，农忙的时候会选择回到老家耕种承包田以解决家庭口粮。有条件的家庭也会栽种药材、果树、茶叶等经济作物，这样可以保证村庄的土地收益和商业收益两头都能兼顾。如双凤村彭YY和彭ZK都在县城开小卖部，卖的东西品种很少，都是日用品，赚的钱也不多，平时不忙的时候他们会回来种种菜，采茶的季节有时也会回来。此外，那些农闲外出、农忙回家的自由职业者，如木工、泥瓦工、司机等都属此类。如双凤村里有好几个手艺好的木匠，如彭ZH、彭JH、彭JH、彭WJ、彭ZJ、彭ZY等人，他们农忙时回家，农闲时在外面做木工。20世纪90年代，一般是每天20元左右的工钱，现在是每天100—300元不等。

二是"离土离乡"型，指村民到本乡以外的其他地区从事打工、经商、服务、种植等工作。有些家庭已移居城镇，承包田已转包给其他村民。他们最初都是自己一个人先去城镇里闯荡，如果发展较好或生意成功，就会把全家迁移出去。双凤村彭YD一家人现在常年在永顺县城做服装生意，他们在县城购买了住房，但没有迁移户口。家中近处的土地留给父母在耕种，远处的土地都实行退耕还林或送给其他亲戚在种，他们已不再依靠土地获取收入。

"离土离乡"型还包括农民工外流，这是湘鄂西地区最大规模的人口外流。由于本地企业少，就业机会不多，所以很多人都选择到省外务工，他们主要分布在广东、浙江、江苏、福建等地。这些外出人员有的进入沿海地区的企业或乡镇企业，从事工商业生产活动；有的进入外地城市郊区从事个体加工或其他第二、第三产业的活动，这类农民一般都有一技之长；还有人进入发达地区的城市郊区从事农业活动。山江凉灯村很多村民都在浙江舟山城郊从事挖苗类工作，挖苗工资高但季节性强，所以他们有时也会进入当地的乡镇企业做工。恩施州农民外出务工人员中，省外务工的人数最多，他们大多从事第二、第三产业（2017年外出务工状况详见表3-1）。恩施市二官寨村的外出务工人员不仅包括15—40岁的年轻人，还包括很多41—65岁的中老年人。虽然近几年因为发展乡村旅游，为村民提供了一些就业机会，因此吸引了部分村民回乡发展，但外出务工人数仍占全村劳动力总数的48.6%（据2017年调查显示）。

表3-1　恩施州8县市2017年农村劳动力转移地点及从事行业

（单位：万人）

地区	外出地点				外出人员从事行业		
	县内乡外	省内县外	省外	境外	第一产业	第二产业	第三产业
恩施市	2.71	2.86	6.74		0.85	6.71	4.75
利川市	1.63	2.87	15.06		1.34	12.28	5.94
建始县	1.3	2.73	6.96	0.05	0.41	7.22	3.41
巴东县	0.94	1.93	5.71		0.58	4.03	3.97
宣恩县	0.78	1.87	7.16		0.62	6.55	2.64
咸丰县	0.7	1.37	6.08		0.26	6.08	1.81
来凤县	1.08	1.68	7.08		0.63	5.71	3.5
鹤峰县	0.67	1.34	2.71		0.22	2.88	1.62

数据来源：2017年湖北省农村统计年鉴。

三　婚嫁外流

中华人民共和国成立前，湘鄂西地区传统乡土社会中的通婚圈很小，婚姻大多是父母包办或亲戚说媒的。中华人民共和国成立以后，随着交通的改善和村民生活水平的提高，村民的通婚圈不断扩大。20世纪90年代以后，由于男女青年纷纷到外地打工，男婚女嫁都不限于本地，因此婚嫁外流人员比较多。婚嫁外流人员中，女子出嫁外流最多，不过也有不少男子到外地村落上门的情况。

美国社会学家巴纳德认为，在现代社会我国婚姻中普遍存在着"男高女低"的择偶模式。由于我国男女性别比失衡，男性未婚人数远远多于女性，因此婚姻市场中的女性拥有选择权。湘鄂民族地区传统村落大多位于交通不便、经济落后的地方，因此女孩外嫁现象比较普遍。有的家庭是两个女儿，女儿外嫁后，父母年老后无人照顾，有时也会跟随女儿一起居住。笔者在双凤村调查时，就发现他们有三例因女儿外嫁而流出村落的现象。

个案2：彭ZL，家里有两个女儿，大女儿在富平镇，小女儿在吉首。现在老人已搬迁到富平镇，房空，常年不回来。

个案3：彭CY，家里有三个女儿，都出嫁在外地，父亲过世，母亲跟着三个姐妹轮流居住，常年不回来，房空。

个案4：唐RL，家里有两个女儿都已出嫁，现在随大女儿一起住在县城，村里有红白喜事的时候才回来，清明节有时回来。

传统村落里的很多女子通过外出务工开阔了眼界，扩大了交友范围，她们在婚姻市场上比同样流动到城市的农村男性更有优势，获得了更多的结婚机会，因此也提高了对未来结婚对象的期望值和要求。过去很多父母都希望女儿不要嫁的太远，因为过去交通不便，住得远了来往不便利。不过现在时代不同了，父母的观念也发生了变化，他们不会干涉儿女的婚姻，他们希望女儿可以嫁得好，可以嫁到更好的地方。山江凉灯村龙YC（48岁，小学文化）在调研中谈到女儿的择偶问题：

我女儿今年22岁了，现在凤凰古城卖小纪念品，不知道她在外面有没有交男朋友，现在结婚主要看她自己了，她觉得好就好，我们也干涉不了。以前希望她不要嫁的太远，现在无所谓了，我们这个村条件不好，还是嫁到别的地方更好。

受到梯度择偶观的影响，女子一般要求配偶的家庭条件、个人素质、受教育程度和收入等于自己或者高于自己，即"男高女低"的向上流动模式。由于女性外嫁骤增，加剧了当地适婚男女比例失衡问题，因此在现实生活中很多男性难以找到合适的婚姻伴侣，这种"挤压"现象在传统村落表现得尤为明显。在这种情形下，有些男子也会选择到外地女子家上门的方式。笔者田家坝村调研时遇到一户扶贫搬迁户，其母亲在调研中谈道：

> 我们以前住在那个高山上，非常偏僻，政府修路很难，所以一直没有公路，出行很不方便，今年刚刚搬迁到这里。我有两个儿子，他们都到别人家上门去了，都是他们自己谈的，儿媳妇那边条件很好，没有儿子，所以就选择那边了。我开始本来也希望留一个儿子在家，可是谈了几个女朋友都不成功，我们那地方环境太差，没有女子愿意嫁过去，没有办法就只能让他去上门了。只要他能成家就好，我们也无所谓了，他在哪里不都是我儿子吗？现在我和他们的爸爸身体还好，可以相互照顾，以后老了他们还是要管的。

很多村民过去都有"养儿防老"的传统观念，儿子到外面上门的现象极少，但现在婚姻挤压的现实状况下他们表示无可奈何，为了孩子可以成家，他们只能放儿子远走他乡。

四 学生与老年人外流

湘鄂西地区的外流人员不仅包括中青年劳动力，还包括学生和老年人，他们实现流动的方式不是主动自愿的，而是被动的。学生外流主要的原因是因为读书，初高中及以上层次的学生很早就开始了学校住宿制生活，他们只有在周末或节假日才会回到村里。小学和幼儿园最初都在村里，后面由于学生人数的减少和教育资源的调整，他们也大都被转移到乡镇，由父母或爷爷奶奶租房照顾他们。笔者在凤凰县山江镇调研时，当地人反馈说山江镇早些年不像现在这么繁华，近些年为什么会有这么多房子这么多人，主要的原因就是各村的村民在这里带孩子读书所造成的。

在永顺双凤村，非节假日村里几乎看不到一个适龄青少年，小孩都没有。很多家庭都是儿子在外打工，儿媳带着孩子在县城里读书，或者儿子儿媳都在外打工，爷爷或奶奶带孩子在县城里读书。租房对贫困家庭来说是一笔额外的开支，增加了村民的负担，但是没有办法。家庭经济情况好点的，大多在县城购置了房屋。由于平时要送孩子上下学，她们很少有时间回来。农忙时节，为了增加家庭的收入，只得早出晚归地两边跑。46岁的米MY在访谈中谈道：

> 我在县城里购置房屋已有六七年了，我们家两个孩子要读书，买个房子还是方便一些。买房当时也是纠结了很久，虽然买的房不是很大，但那时也还是欠了一些账的，好几年才还完。现在女儿在县里读高三，儿子才读小学三年级。我丈夫前几年因意外去世了，所以我负担还是很重的。我平时在县城里打零工，还要照顾两个孩子读书，给他们做饭。平时几乎都不回来，清明节前夕家里的茶叶可以采了，我就每天骑摩托回村采茶，晚上再赶回去给孩子们做饭。自从在城里买房后我们就很少在村里居住了，因为离县城反正不远。

从访谈资料我们可以看到，很多村民之所以选择到县城买房，起初最主要的原因就是子女读书。这不仅导致适龄儿童大量外流，对村落越来越陌生，而且带来整个家庭成员的外流，他们慢慢从村落脱离出去（见表3-2）。

表3-2　　　　　　　　双凤村因学生读书外流情况

户主	人口数	人口外出状况
肖DY	4	全家在外，过年过节回来，村里有婚丧嫁娶大事时户主回来。儿子儿媳在城里上班，她在城里带孙子读小学
彭ZH	4	彭振虎在广西打工，一年回来一次。老婆在城里带孩子
彭YF	2	自己平时在附近打零工，老婆常年在城带孙子读书

续表

户主	人口数	人口外出状况
彭 ZB	4	两口子在外打工，母亲在城里带孩子上学
彭 ZH	4	母亲在城里带孩子上学
严 CH	5	媳妇在县城超市上班，两个孙子在城里读书
彭 JC	5	母亲常年在家，自己到处打工，妻子带两个小孩在县城读书，假期回来
彭 ZG	5	妻子今年在外打工，自己做零工带孩子们在县城读书
米 MY	3	儿子小学，女儿高中，在县城购房，村里有婚丧嫁娶事宜回来，祭祖回来
田 ML	4	妻子在县城陪孩子读书，在县城购房，每年清明前后回来采茶，村里有婚丧嫁娶事宜回来
彭 ZF	5	自己平时在附近打零工，妻子常年在城里带孙子读书
彭 JK	6	母亲带着2个孙女在县城租房读书，寒暑假回来
彭 SH	4	孩子在县城读小学，全家住城里
彭 JH	6	儿子一家在县城，老两口在家，节假日孙子回来
张 CE	5	儿子在温州打工，儿媳带孩子在县城读书，孙子读大学

资料来源：2019年的田野调查。

对于60岁以上的老年人来说，他们的外流主要是子女的需求推动的。很多儿女在外地买房安家后，由于工作忙、孩子小，他们希望父母过去帮助做家务、带孙辈。他们的这种需要，成为老年人迁出农村，进入城市的重要原因。恩施市二官寨村小溪组刘DF夫妇是这么进城的：

我们家儿子和媳妇都是中学老师，他们平时工作很忙。媳妇生了小孩后，他们就让我过去帮忙带孙子。我开始其实不大想去，但是孙子没有人照顾也不行啊！最后我还是去了，每天在那里除了要带孙子外，还要做饭、洗衣服、打扫卫生，也不轻松。我老伴也不愿意过来，他一个人在家种地。后来儿媳妇生了二胎，两个孙子我实在是忙不过来了，因为大孙子每天要接送幼儿园，所以就把老伴也接来了。现在家里的房子都只能空着，田土也送给别人种了。

湘鄂西地区很多老年人都认为带孙辈是"天经地义"的，即使他们不愿意去城里，但是看着儿女有困难时，他们还是希望能帮助儿女减轻负担，"趁着我还能动，好好帮帮他们"。以前老年人只帮儿子带孙子，近些年也出现帮女儿带孩子的现象，他们认为现在女儿、儿子都一样。二官寨村旧铺组谢 QX 谈道：

> 我有一个儿子，一个女儿，儿子还没有结婚，女儿的孩子 3 岁了。这三年我都在县城女儿家帮他们带孩子，他们平时要做生意，孩子小忙不过来。我女儿的公公婆婆身体都不是很好，指望不上，我不帮她们谁帮呢？等过几年，孩子大些上幼儿园后，他们自己能照顾了，我还是要回老家的。儿子以后也不知道在哪里结婚呢，如果他们需要肯定也会帮儿子他们带孙子的。

从田野调查情况来看，有固定职业和较高收入的外流人员最终都会把父母接到身边长期居住。当然也有特殊情况的，有的老人觉得在城市生活受拘束，他们在自己身体还健康的情况下情愿待在农村，不愿意和子女住在一起。而没有固定职业的一般打工者，在短期内需要父母帮助照顾孩子的阶段，他们会离开家乡几年，待孩子长大不需要她们的陪同后，父母就会回到农村继续居住。

第二节　传统村落过疏化的表现

在城镇化浪潮的冲击下，湘鄂西地区人口大量外流，传统村落发展主体缺失，很多房屋出现"有房无人"的状况，乡村社会的原子化严重，家庭、家族、邻里、村民间的联系不断减少，村落呈现出房屋空壳化、产业空洞化、人才空心化、文化过疏化、情感疏远化的景象。

一　房屋空壳化

由于村民大量外流，湘鄂西地区传统村落里很多古民居因为长期无人居住自然老化严重，瓦面破损，梁木腐朽，屋前长满了杂草；有些老房结构松动，壁板脱落，一些过去装饰精美的门板和窗花木雕也丢失不见。传统村落宅基地的闲置可以分为"季节性闲置"和"长久性闲置"两种情况，其中季节性闲置主要是由"离乡不离籍"的农村人口流动所导致的。由于自身能力有限，外出打工的青壮年农民工大部分都不能真正融入城市，因为在城市买不起房，只能"候鸟式迁徙"。他们平时都是在县城或乡镇租房住，或是工厂安排的宿舍里住，农忙时节就回家耕种，过年过节时也会回到农村居住，因此形成了农村住房的季节性闲置（见图3-1）。

图3-1 屋前长满杂草的房屋

图片来源：笔者摄于山江凉灯村。

另一种情况就是"长久性闲置"，主要表现为少数精英家庭。这些家庭中的子女通过读书、服兵役、做生意等方式走出了村落，在外面购买了住房，由"农民"成功地转换为"市民"，平时一般都居住在新房那边极少回村。老房开始是老人居住，当老人过世后旧房就空置下来没有人居住了，只能长期闲置。虽然外面有房，但他们仍然保留了农村的宅基地和田土，因此导致宅基地出现空置的现象。在恩施建始田家坝村中，笔者发现很多有能力的人在外赚钱后回乡改建了房屋，但是令人惋惜的是，这些房屋一般都只有年迈的父母在家，房屋虽多但是利用率极低。

由于大量人口外出务工，很多木质房屋因为长期无人居住毁损非常严重，成了危房。为了保护这些传统民居，很多地方政府不得不实行危房改造。如湘西州凤凰山江镇项目办就对凉灯村实施了危房改造，整村改造了120多户，根据每户的实际情况，投入的资金是0—3.8万元不等。虽然危房全部改造完成，但是仍然处于空闲状态，外出打工回来的村民却很少。笔者在凉灯村几次调研发现很多房屋都是房门紧锁，有些院落杂草丛生，没有人居住。

二 产业空洞化

产业空洞化是指由于农业投入不足、农业从业人员减少所引起的农业生产萧条、产业发展乏力、农业产出减少的现象。湘鄂西地区的传统村落由于人口大量外流，产业发展缺失劳动力，许多田土只能抛荒，种植业、养殖业、林业经济都受到较大影响，农村经济日益衰退。

双凤村种植的传统粮食作物主要有水稻、玉米、小麦、土豆等作物，耕地大多在山下，最远的耕地离村六七里。现在随着人口大量外流，劳动力严重不足，很多远处的田土村民都无力再耕种，所以种植粮食作物的人极少。双凤村具有适宜种茶的天然优势，很久以来村民就种茶喝茶，种茶一直是该村的主要产业之一。20世纪70年代，该村曾先后种茶200多亩。80年代包产到户以后，由于很多农户缺乏管理技术，茶园几近荒芜。2002年，双凤村打出"双凤栖茶"的品牌，大力发展茶叶经济，茶园面积近400亩。但现在种茶采茶只是留守老人及几个留守妇女在做，很多茶园因为疏于管理而长满杂草，有些茶树衰老严重，缺株现象比较普遍，有些茶园甚至被抛弃。凤凰县山江凉灯村由于在家劳动力太少，野猪又多，很多田土都实行了退耕还林，种了一些板栗树，都是本地板栗，太小了，不好捡，从树上掉下来都被野猪捡光了，没有为村民增加收益。

恩施市建始田家坝村在合作化时期曾经营面条厂、粉条厂、酒厂、猪厂和药材厂，后来因为各种原因而倒闭。该村一直以种植玉米、油菜、土豆这些传统粮食作物为主，经济效益很低。虽然部分家庭种植了一些丹皮、贝母和烟叶，但是分布很零散，没有形成支柱产业。近几年来，在上级政府的引导下，村里开始发展核桃，由于人们都在外打工无人管理，所以出现很多核桃树死去的现象，有的树虽然没有死但是不结果，一些村民感觉看不到效益，就直接将核桃树砍掉，农业生产效益低下，发展乏力（见图3-2）。

图 3-2　双凤村的摘茶老人

图片来源：研究生刘 CT 提供。

三　人才空心化

随着人口不断外流，传统村落常住人口越来越少。外迁的人口中，绝大部分是青壮年，留在村子里的人口主要由老人、儿童以及一小部分留守妇女组成，这部分人有时也会因孩子读书而暂住村外，人口的大量外流导致村落发展人才极度缺乏。

一是村落基层管理人才缺失。从笔者调研情况来看，目前湘鄂西地区传统村落基层组织结构整体降低，工作起来勉为其难，基层组织管理弱化。很多年轻人都在外面谋发展，不愿意回来当村干部，造成村委会成员年龄结构偏高，如凉灯村书记现已近 60 岁，但找不到合适的接班人。

二是乡村"带头人"缺失。村落带头人通常是村落政治精英、经济精英和社会精英的结合体，他们有文化、懂技能、会经营，是推动村落发展、带领村民致富的主要依靠力量。但现在村落里有知识有技能的人大多流动到城市，这些"乡村精英"大量流失，导致乡村建设和农业生产的人才极度匮乏，村落发展后续力量严重不足。

三是青壮年劳动力的大量缺失。农业生产大多是体力活，青壮年劳动力非常重要。现在村落里种地的大多是五六十岁的老人，很难见到年轻人的身影，他们普遍都不愿意留在村里。如果在外能找到工作，60 岁以上的老人都不愿意回到村里来。笔者在凉灯村 5 组调研时遇到刚刚从浙江打工回来休息的吴 XX，他 62 岁，他们一家人常年都在浙江，春节有时都不回来，他在调研中谈道：

> 我是48岁开始去浙江打工的，在家具厂和海绵厂都干过。我媳妇今年58岁，她也出去几年了，在塑料厂工作。我有两个儿子，大儿子成家了有3个孙子（老大5岁在浙江上私立幼儿园，老二3岁，老三才1岁半）。大儿子在浙江挖树苗月收入7000—8000元，但挖树苗具有季节性，夏天有3个月挖不了，在此期间会到别的厂里，有时候去汽车配件厂，有时候去钢材厂，工资4000—5000元。大媳妇在浙江照顾3个孙子，明年打算回来在山江镇租房带孩子上学，儿子继续留在这里。小儿子今年20岁，还没有成家，刚到浙江打工不久，他帮别人装空调，还没有赚什么钱。我大儿子初中文化，小儿子高中文化，他们都不愿意回来发展，当村干部也不愿意，村干部一年才两万元，工资低又有太多事情要做，我们觉得在外打工比在家强太多了。我们全家人都在这边，所以过年就感觉没有必要回去了，跑来跑去还浪费车费。我这次是回家有点事，忙完后会再过去的。

湘鄂西地区的外出务工人员一般都是初中学历以上、21—49岁中青年，他们不愿意像父母一样面朝黄土背朝天的在田间劳作。特别是对于那些从小一直读书的80后、90后来说，他们虽然生在农村，但是他们并不懂农业技术，他们认为家乡并没有适合自己的工作，因此外流人员比较多。恩施州8县市外出务工人员状况详见表3-3。

表3-3　　2016年恩施州8县市外出从业人员年龄和文化程度

（单位：万人）

地区	规模		性别		文化程度			年龄		
	乡村从业人数	外出从业人员	男	女	小学及以下	初中	高中及以上	20岁以下	21—49岁	50岁及以上
恩施	32.33	12.31	7.59	4.72	2.12	6.42	3.77	1.82	8.22	2.27
利川	35.54	19.56	11.45	8.11	2.10	12.9	4.56	2.97	14.47	2.12

续表

地区	规模 乡村从业人数	规模 外出从业人员	性别 男	性别 女	文化程度 小学及以下	文化程度 初中	文化程度 高中及以上	年龄 20岁以下	年龄 21—49岁	年龄 50岁及以上
建始	23.12	11.04	6.93	4.11	1.38	6.72	2.94	1.57	8.01	1.46
巴东	24.08	8.58	5.41	3.17	1.36	4.81	2.41	1.36	5.47	1.75
宣恩	19.15	9.81	5.43	4.38	1.62	6.12	2.07	1.31	6.67	1.83
咸丰	17.18	8.15	5.23	2.92	1.05	4.23	2.87	1.03	6.2	0.92
来凤	18.27	9.84	5.57	4.27	2.53	4.49	2.82	1.7	6.92	1.22
鹤峰	11.75	4.72	2.56	2.16	0.54	2.52	1.66	0.49	3.6	0.63

数据来源：2016年湖北省农村统计年鉴。

四 文化消解化

文化消解化指传统村落里的民族文化和农耕文化逐渐流逝，物质文化遗产的数量不断减少，民间工艺、民间器乐和民族歌舞等非物质文化遗产因为缺少继承人不断从农村消失。在恩施来凤县舍米湖土家族村寨，老年人、青年人过去都喜欢聚在一起跳摆手舞、唱山歌、下棋、吹木叶。每年秋冬农闲时，村寨都会集中在摆手堂举行一些传统娱乐活动。很多老人在调查中谈到，现在由于年轻人出门在外，他们必须多劳动才能做完手头的事情，几乎没有什么闲暇时间，有一点空闲就要抓紧上街去买些备用品或者打扫屋子里的卫生。此外，由于电视走进了千家万户，看电视已经成为许多村民平日里惯常的消遣方式，传统的娱乐活动现在都很少开展了。

山江镇凉灯村属于苗族文化的重要保护区，过去村落中唱苗歌的人比较多，有的还擅长武术，现在这些文化活动很少举行。逢年过节，村中没有举办集体性的庆典仪式，一是村中没有可以进行文化娱乐活动的场地，二是村民参与度不高。人们平时忙于外出打工挣钱，逢年过节也是和家人聚一聚，便匆匆忙忙离开，人际关系和社会交往变得淡薄，文化空心化表现突出。

随着大量有知识、有文化的青壮年外流，传统村落里的文化建设缺少必要的群众基础，留守人员大多对于农村文化建设缺乏热情，致使很多村落里的农家书屋、活动室等成了摆设。有些地方虽然组织了电影下乡、送戏下乡，但由于村落里人太少，关注的人不多。

五 情感疏远化

湘鄂西地区的传统村落由于外出务工人员多，很多村民的家庭都处于"离妻别子"的境况，夫妻关系、亲子关系、邻里关系都发生了一些变化，感情越来越疏远。在改革开放以前，该地区夫妻俩一般都能白头偕老，离婚现象极少，他们男主外女主内，父母对子女很疼爱，子女对父母也非常孝顺，虽然经济条件不是特别富裕，但一家人可以和睦幸福地生活在一起。但现在一家人大多都是聚少离多，情感慢慢疏离。

由于年轻人常年在外，父母与子女之间的感情交流弱化，他们平时会寄一些生活费回家，偶尔打打电话，对孩子的管教力不从心，家庭教育功能弱化。留守在家的老人要独自生活，不仅面临着物质上的困难，还面临着精神上的压力。他们年老体弱，本应该在家多休息，由子女来尽赡养义务，但因为种种原因，还只能自己照顾自己，生活凄凉而孤独。有的家庭儿子和媳妇双双外出务工，老人要承担起抚育第三代的重任，既要照顾孙辈的日常生活，还要送他们上学读书，负担沉重。有的家庭老人老伴过世的早，他一个人守着大房子，出门一把锁，回来一盏灯，在家连个说话的人都没有，孤独、寂寞是不用说的，生病了也无人照顾。有的家庭虽然是夫妻双双外出就业，但由于工作地点并不在一起，因此他们平时见面机会不多。有的家庭是丈夫一个人在外打工，妻子选择留守，夫妻长期分居导致夫妻二人感情疏远，共同语言越来越少。相隔两地的男女双方都可能会经受一些诱惑，增加了家庭不稳定因素。

俗话说"远亲不如近邻"，在传统的乡土社会里，村民之间互相帮助，彼此谦让是常有的事，邻里关系一直非常融洽，他们农忙时一起劳动，农闲时一起娱乐，孩子也多在一块玩耍、一起上学。在日常生活中，他们会互通有无，患病时的嘘寒问暖和遭遇困难时的精神宽慰都体现出亲近而温暖的邻里情谊；在生产过程中，农业劳作帮工、盖房互助很常见，多年来他们一直有礼尚往来的传统。过去清江流域如果哪家老人过世，村民得知消息后往往会不约而同地赶到孝家，他们要在灵堂跳撒尔嘀，一跳就是两三个夜晚，"热热闹闹陪亡人，亦歌亦舞祭亡灵"，借此为死者亲属排忧解愁，而不计任何报酬。这些行为主要是基于生活道义和传统美德，一般都遵守互惠互助的原则。通过这些日常来往，邻里之间的默契和情感不断增强。20世纪90年代以来，由于人口大量外流，村庄面貌发生了深刻变化，几乎家家户户都面临人手不够的问题，自己家的农活都干不完，没有余力再去帮助别人，因此过去各种互助活动和交往仪式就不断地缩小规模，情感也不断疏远。

本章小结

随着经济的发展和社会的变迁，湘鄂西地区的传统村落不断有人口流出，首先走出去的就是通过考学、参军走出去的非农职业者，由于他们有稳定的职业和收入，因此成为离开村庄最为彻底的人群。很多青壮年劳动力为了谋生，他们选择到附近乡镇"搞副业"或外出沿海城市做工，是村落中最大规模的人口外流。由于山区自然条件的限制，村落中因婚嫁外流的女子很多，另外还有因为"婚姻挤压"而选择到外地上门去的部分男子。为了读书，学生与家长也不得不流动。随着越来越多的人离开村庄，村庄的稳定性逐步丧失，慢慢变成一个流动的村落。

由于人口的大量外流，传统村落呈现房屋空壳化、产业空洞化、人才空心化、文化消解化、情感疏远化的衰败景象，村落发展主体缺失，产业受到限制，乡村社会的原子化严重，家庭、家族、邻里、村民间的联系不断减少。村民对家庭和村落的依附性不断降低，不断脱离血缘和地域性群体的庇护，村落共同体的凝聚力也逐渐减弱。

第四章

传统村落过疏化形成的原因

20世纪50年代,唐纳德·博格提出了劳动力转移的"推—拉"理论,他认为人们之所以选择向外迁移是源于外部的拉力和内部的推力这两种力量相互作用的结果。中国学者也使用"推拉理论"研究了农民外流的动机,认为"农民向外流动是由村庄的推力和外出就业预期收入的拉力两种力量共同作用下形成的"[1]。文军用理性选择理论来研究农民流动,认为农民流动经历了"从生存理性选择到经济理性再到社会理性"的过程。[2]

湘鄂西地区传统村落里的农民为何不在家耕田种地,而要跑到外面陌生不熟悉的地方去打工呢?这是政策环境变化和农民"理性选择"二重化的结果,也是城乡"推力—拉力"作用的结果。外出务工农民很多不是为了享受外面精彩的世界,因为他们还没有资本去享受,特别是老一代农民工,他们对于土地其实还有深厚感情,驱动他们外出打工的根本原因在于物质利益,可以形成家庭的多元化收入,改善家庭条件。

第一节 政策环境的影响

20世纪50年代,由于"反右运动""大跃进"和"三年自然灾害"的影响,中国国民经济进入萧条阶段,城市经济增长乏力,国家开始控

---

[1] 袁亚愚:《中国农民的社会流动》,四川大学出版社1994年版,第5页。
[2] 文军:《从生存理性到社会理性选择:当代中国农民外出就业动因的社会学分析》,《社会学研究》2001年第6期。

制城乡人口流动,明确规定城市里各单位一律不能私自从农村招工和私自录用盲目流入城市的农民。因此大量农村人口只能待在村落里,不能流动导致人的关系高度紧张。1979年的农村改革打破了人民公社体制,农民通过家庭联产承包责任制成为事实上的经营主体,他们取得了土地经营的自主权,也拥有了身份自由。1984年中央一号文件的规定允许务工、经商和办服务业的农民自理口粮到集镇落户,这标志着城乡隔绝体制首次被正式修正。① 同年,国务院又废除了粮本、粮票制度和城市企业用工制度,大大拓展了劳动力自由流动的范围和政策空间。

一 工业化、城镇化的发展

工业化和城镇化是人类社会从农业社会转向工业社会的重要标志和特征。"工业化是经济发展的主旋律,它主要通过产业结构转型和技术升级实现。城市化是社会发展的主旋律,它主要通过城市人口不断扩张以及公众生活水平持续提高来实现。"② 工业化和城镇化的发展促使大量农业劳动力从农业转移到工业,从农村迁移到城市,对传统村落的影响非常大。

工业化是人类文明史上的一场伟大变迁,它最直接和最重要的影响就是在历史上用机器生产取代了手工操作,使人类从手工作坊时代进入到机械化时代,实现了从传统农业社会到现代工业社会的转型。③ 工业化的发展推动农村人口不断外流,一方面,由于机械生产在农业中的广泛运用,农村的剩余劳动力不断地从农业中被排挤出来;另一方面,工业化的发展也使得工业领域里的就业岗位越来越多,为农村劳动力向城市转移提供了保证。从一定程度上讲,工业化过程就是农业劳动力从农业向工业及其从农村向城市转移的过程。

城镇化系指人口向城镇不断集中或流动的过程,它是工业化过程中的重要现象。在工业化过程中,农业劳动力不断向工业和服务业转移,

---

① 杜鹰、白南生:《走出乡村——中国农村劳动力流动实证研究》,经济科学出版社1997年版,第30—31页。
② 周毅:《中国城市化道路与模式研究》,新华出版社2015年版,第166页。
③ 胡必亮:《工业化与新农村——山西屯瓦村个案研究》,重庆出版社2010年版,第39页。

农村人口也相应地从农村转移到城市。改革开放以后，湘鄂西地区传统村落里的村民不断进入城市，他们虽然没有城市"户口"的身份，但实质上不论是离乡不离土，还是离乡离土都成为中国农民城镇化的独特方式。他们在城市从事非农职业的工作，生活方式会慢慢发生变化，包括价值观、态度和行为等也会慢慢趋近于城里人。他们在城市生活时间长了，有些条件好的家庭就会想办法在城市买房，慢慢转为城市居民，离村落就会越来越远。

二 城乡二元结构体制

长期以来，我国的城乡二元结构体制是导致城乡分离，无法融合发展的重要因素，城乡二元户籍制度和土地制度对城乡发展造成了重要影响。由于城乡经济资源分配不均衡，市场地位悬殊，城市拥有比农村更多发财致富的机会，这是导致农村出现过疏化问题的重要因素。

1953 年国务院公布《中华人民共和国户口登记条例》，该条例确立了国家的户口登记和户籍管理制度，"公民如果由农村迁往城市，必须持有城市劳动部门的录用证明、学校的录取证明，或者城市户口登记机关的准予迁入的证明，向常住地户口登记机关申请办理迁出手续"。该户籍制度将居民分为农业户口和非农业户口，城乡分隔的二元结构体制户籍制度最终确立。它将城乡分割为两个不同的利益群体，把农民群体束缚在土地上，限制了人口流动，农民无法享有与市民同等的国民待遇。工农业产品价格剪刀差挤压农业、索取农业剩余，虽然加快了工业进程，但扩大了工农差距。城乡二元结构体制和城市偏向的城乡发展战略导致城乡关系严重失衡，农村都处于普遍贫困的状态。

改革开放以来，伴随农村分工分业的发展和非农产业的发展，农村劳动力开始向当地小城镇和乡镇企业转移，拉开了中国从一个"不流动的社会"走向"流动社会"的序幕，城乡经济关系开始有了明显改善，但是以户籍制度为核心的城乡分割发展制度依然没有改变。20 世纪 80 年代以后，中国经济始终保持了高速增长的势头，但城乡之间、地区之间的发展差距却不断扩大，农村生产率低，农户的投资收益率远远低于城镇居民的投资收益率，这是引发农村劳动力大规模流动的直接原因。从 90 年代初开始，湘鄂西地区与全国一样开始了大规模的人口流动，农村劳动力不断外流，特别是具备一定技术专长、身强力壮的青壮年劳动力大规模涌入城市寻求发展。迈入21世纪，国家为农民工进城居住和工作创造了良好的政策环境，农村青壮年劳动力像候鸟一般迁徙，村庄过疏化现象加剧。

除了城乡二元户籍制度，城乡二元土地制度也是造成农村过疏化的重要原因。目前，我国城市居民在购置住房后其产权属于个人所有，可以自由买卖。但农村居民修建的房屋只有房子属于个人所有，土地依然归集体所有，不能自由买卖。这种制度差异造成很多农村人虽然在城市里购买了住房，但他们在农村依然可以保留宅基地，导致农村房屋长期没有人居住而出现住宅空心化的现象。此外，"在农业税取消后，国家开始逐步赋予农村户籍更多的社会保障福利，这使得一些有能力在城市生存发展的农民不愿意放弃农村户籍，他们选择在城市乡村两栖"[1]，这样造成了一些资源浪费，也加重了村落的过疏现象。

三　教育资源的调整

2001年，国家将调整农村义务教育的学校布局列为一项重要工作，提出要因地制宜地调整农村学校布局，文件要求："按照小学就近入学、初中相对集中、优化教育资源配置的原则，合理规划和调整学校布局。农村小学和教学点要在方便学生就近入学的前提下适当合并，在交通不便的地区仍需保留必要的教学点。"[2] 因此，各地政府从2001年起开始制定本地区的农村中小学布局调整方案，农村中小学布局调整工作在全国范围内广泛展开。

湘鄂西地区农村小学布点很分散。由于人口外流和计划生育政策的实施，很多村落小学的学生人数很少，有的班级仅有几个学生，小班额班级比例很大。山区农村小学师资力量薄弱，一些学历偏低和老龄教师教学水平有限，严重影响小学教育教学质量的全面提高。同时，由于教育经费短缺，小学的软硬件设施也比较差，无法满足学生的需求。在此

---

[1] 闫吉武：《新型城镇化背景下的农村空心化问题研究》，硕士学位论文，兰州大学，2019年。

[2] 刘岳启：《对我国农村中小学布局调整的反思》，《江苏教育研究》2012年第4期。

情况下,很多村落都实行了"撤点并校",把学生和老师转移到当地集镇或县城。教育资源的调整,是政府在适龄儿童越来越少的情况下的一种主动调适,但是学生大规模地向集镇地集中也给村民带来很多负担。

凤凰县山江凉灯村由于村民居住分散、交通不便,政府过去在当地设立了三所小学,分别设在二组、三组和四组,随着学生人数不断减少后面都取消了,学生读书都要到山江镇。永顺双凤村的小学也是如此。恩施二官寨村虽然保留了小学,但学生只有 20 余人,大部分学生还是在外地入学。由于回家路途遥远,学校不能寄宿等原因,村民不得不到县城租房。有的家庭是爷爷奶奶陪读,有的家庭是妈妈陪读,有的家庭是父母到镇上做点生意顺便陪孩子读书,这些措施都促进了人口向县城的大量集中。

恩施市田家坝村是一个大村,过去村里的小学和幼儿园都办得很好,邻近的村落都把孩子送来读书,但现在也已经停止招生了,空荡荡的小学大门紧锁,村中的适龄学生都在花坪镇小学读书。据村民介绍,前些年村中小学也有将近 200 个学生,后来一些家长认为村小学任课教师队伍年龄偏大、教学条件落后等各种原因,主动把孩子送到花坪镇去读小学,家人在花坪镇租房陪读。时间久了,村中小学的生源越来越少,给日常教学带来了很大的不便,这样就使得更多的家长把孩子送到花坪镇读书,从而造成了一个恶性循环。由于花坪镇小学学生宿舍严重不足,只有 5 年级、6 年级学生才可以住校,1—4 年级的学生只能由各家庭自行解决,村民不得已只能选择在花坪镇租房陪读,有些陪读家长也会在花坪镇找一份工作,这样就使得他们很少再参与村中的事务。

第二节　城市的拉力效应

我国城市与农村之间的差距比较大,城市的发展为农民提供了就业的机会和发展的空间,城市方便快捷的交通和购物,先进的医疗技术和配套的医疗设施,丰富多彩的文化娱乐活动都对农民形成了巨大的"拉力"。在城市打工的农民能够切实感受到城乡之间的差距,很多年轻人出来了就不愿意再回乡务农,他们希望一直保持这种高品质的生活。

一 城市发展机会多

由于城镇化进程加快，人民生活水平日益提高，城市就业渠道日益拓宽，大量的劳动密集型产业和服务业为民族地区的农村人口提供了更多的就业岗位。由于迁入地的经济发展水平明显高于落后民族地区，村民进入城市之后，大都可以找到一份合适的工作，从而满足自身生产生活需要。因此，城市空缺的就业机会和较高的收入是村民进入城市的"引力"，吸引村民大量涌入城市。

湘鄂西地区由于乡镇企业不发达，很多村民在当地都找不到理想的工作岗位。他们长期在田间地头劳作，社会关系网非常狭窄，文化素质较低，资金积累也很少，这些因素导致他们在当地有限的一些非农行业竞争中处于不利地位。城市制造业、建筑业等劳动密集型产业有很多岗位空缺，城市发展所急需的服务领域，如餐饮、修理和家政服务等行业也需要劳动力，因此拉动了大量农村劳动力背井离乡流入城市。

传统村落外出务工的中青年劳动力很多，对于年纪稍长的村民来说，他们外出的主要目的就是赚钱养家，主要是受经济利益的驱使。但对于年青一代来说，他们从小在学校接受了正规的教育，具有了一定的知识文化水平，眼界更为开阔，他们不愿意一辈子当农民，希望从根本上改变生活状态，实现向上流动，因此他们外出务工主要是为了"见世面"、寻找"发展机会"。有些村民外出后经过辛苦打拼，也成就了一番事业，做出了一些成绩。

个案 5：恩施市二官寨村圣孔坪组刘 H，女，生于 1982 年，1992 年毕业于桅杆中学，在家务农 6 年后，外出经商办企业，经过几年的打拼，积累了一定的经验和财富，一跃成为武汉小阿福集团创始人之一。刘 H 虽然身在他乡，个人富了始终不忘初心建设家乡。2013 年修建公路时她出资了 2 万元，2017 年 10 月又慷慨出资 56300 元，为圣孔坪安装路灯 32 盏。

个案 6：恩施州建始县田家坝村蒋 FT，现年 56 岁。大儿子大专毕业，现在恩施经商，小儿子如今在上大学，自己一家人已在恩施城区买房。蒋某现在常年还在外地跑，是一个建筑包工头，手下有

20多个人，年收入较高。他现在很庆幸自己走出来了，说自己年轻的时候待在农村太穷了，条件差，导致大儿子小时候没有接受到良好的教育，很后悔。现在很庆幸有能力可以为小儿子提供一个良好的教育环境，希望小儿子能努力读书，将来在城市里找一份稳定的工作，工作可以轻松一点，生活得更好。

刘H和蒋FT都是传统村落里进入城市并取得了一定成绩的典型人物，他们通过外出务工把握住了机会，使自己拥有了较好的发展前景，从而取得了成功。在调查中，虽然许多村民抱怨说在外务工条件差，工作时间长，有的甚至伤害身体，十分不容易，但他们仍然选择外出，丝毫没有放弃的念头。

二 城市生活方便快捷

城市交通便利、教育质量较高、医疗设施先进、娱乐设施完善等诸多优势决定了城市生活较落后乡村拥有更大的吸引力。当村民涌入城市生活后，他们在潜移默化的过程中会烙下城市的生活印记。因为很多传统村落都存在交通不便、用水难、医疗技术水平落后等问题，停电也很常见，村民平时很少能接触高水平文化产品和高科技成果，生活质量比较低。当他们接触了城市生活的繁华之后，再返回到农村生活的时候，他们往往会非常不适应。

环境闭塞、交通不便是传统村落面临的共同问题，虽然目前在国家的帮助下，很多村落都修通了公路，但是乡村道路狭窄、地面崎岖，村民想到县城或州城还是非常不方便，用水难问题也是普遍存在的。永顺双凤村地处九龙山山脊，井水成为村民日常生活的主要水源，村民主要靠水井灌溉饮用，全村有水井8口，干旱季节出水量很小，不能满足全村人畜用水的需求。为了解决村民日常用水问题，政府投资修建了蓄水池，各家各户都已装上自来水管，但由于地质原因，蓄水仍然很困难，没有固定水源，用水问题还是不能从根本上解决。山江镇凉灯村现在刚刚解决村民日常生活用水问题，但生产用水仍然面临很多问题，农田基本都是靠天收，遇到天旱就大范围减产甚至无收成。笔者2019年10月去该村调研时村里的酒厂因为长时间天旱只能被迫停产。传统村落里的医疗条件也比较落后，很多村落都没有正式的医疗诊所，只有卖药小店，店中药品不全，更别说有优秀的医疗卫生人员了，如果村民生病都只能坐几十分钟的车程到就近的集镇就医，或者坐更远的一个车程到县市就医。

2018年5月笔者在二官寨村调研时遇到了刚从温州打工回乡的杨X，他介绍说：

> 我家中有一个68岁的父亲常年单独在家中，我女儿住在她外婆家，我和爱人平时都在温州鞋厂工作，只有过年才回来。这次我回来主要是我父亲生病，不回来不行，在这几个月里，我硬是觉得不方便，主要是买东西，每次买东西都要坐近两个小时的车到恩施市去买，要不就是到盛家坝乡镇去买，家里没有车真的很不方便。还有就是我父亲身体不好，需要长期买药，但乡里的药店药品不齐全，必须经常到恩施城区去买。真的是太不方便了！

杨X是当前众多进城务工者的典型代表，由于在外时间长，已经习惯了城市生活，再回农村生活时就会感到很多方面不适应。城市里交通便捷、信息畅通、购物娱乐都比较方便，物质资料的选择也占据优势，回乡之后就会感觉诸多不便，因此不会在老家住太长时间。

三　相对较高的经济收入

湘鄂西地区传统村落里的很多村民在外务工的环境其实并不是很好，他们主要做城市市民不愿意做的脏活、累活，工资待遇也一般，但是相比务农收入而言还是强很多，他们在城市打工的收入已经成为近年来农村居民收入增长的主要动因。据调查，2017年二官寨村外出务工人员一共是818人，其中务工收入在3000元及以上的有606人，相对于务农收入来说，他们还是比较满意的。在田野调查中，很多村民都纷纷表示，年轻人留在当地是没有出路的，村里的田土仅能维持基本生活，要赚钱只能外出打工。

个案7：湖南永顺双凤村彭YJ，男，52岁。初中毕业后就一直在外到处打拼。在江苏、温州、广东这些地方都干过活。他干的是有技术含量的工种，精密度要求高，做门阀、气阀这些设备。水阀是轮船上的，液化气上的是气阀，有时还要做飞机上的模型。工资保底一万二，加上高温补贴、夜班费一万四五左右，因为属于高温作业所以收入相对比较高。媳妇在温州阀门厂上班，一个月三四千，过年回来一次。彭YJ现在已回家三年了，因为父亲81岁了，患了老年痴呆，耳朵也背，大小便不能自理。他说："我也不想待在家里啊，可是老爸得有人在跟前照顾，没办法。待在家里什么钱也挣不到，真的很无奈。"

在湘鄂西地区传统村落里，村民都觉得外出挣钱是很正常的，要不然吃什么，孩子上学怎么交学费？大山里没有额外的收入来源，光靠田土根本没有办法改善家庭条件，他们只能通过外出务工到城市里寻找发展机会。彭YJ因为是技术工，所以收入是比较可观的，如果不是因为父亲生病他不可能待在家里。凉灯村村民小卖部龙X在调查中谈道：

> 我今年72岁，老伴66岁，有两个儿子，大儿子和儿媳在萧山打工，具体做什么的不清楚，他们有一个6岁的女儿和3岁的儿子，现在都在山江镇上幼儿园，平时都是奶奶在镇上租房带她们读书，每个孩子一学期的学费是2200多，租房一年也不便宜，这些钱都是他们父母往家里寄的，不出去打工哪里有钱啊？我小儿子今年20岁，他没有出去，平时就是给小卖部进货，这桌子上的微信二维码就是小儿子弄的，别人扫码付钱是直接到他手机上了。平时这店里生意不怎么好，在家的村民太少了，只有过年才回来，回家也待不了几天，所以真的是赚不了什么钱。家里只有三亩地，种的粮食只够自己吃，也没有什么收益。小儿子说明年他和他哥哥一起出去打工，都到了要结婚的年龄了，不出去赚钱怎么娶媳妇哦！

从访谈资料中我们可以看到，龙X虽然在村里开了小商店，除了务农之外还有一笔额外的收入来源，但由于小商店生意一般，他们家仍然有子女到外面务工。打工经济是增加村民家庭收入的重要渠道，为了谋生，为了供子女读书，为了结婚，他们只能选择远走他乡。

第三节　山区农村自身的离心力

　　湘鄂西地区传统村落山崇岭峻、土地贫瘠、交通闭塞，过去人们主要采用传统的粗放式的生产和耕作方式，农产品产量极低，他们"种田为糊口、养猪为过年、养鸡养鸭为油盐"，生活长期处于贫困状态。很多农民都认为"种地是最辛苦的工作"，他们面对的是天气、季节、土地、作物、牲畜等自然力量，不确定因素太多，辛苦一年换到的粮食可能还不容易卖出去，价格波动大。因此很多村民不会"强迫"自己的子女留在家里维持"家业"，相反的是期望他们走出农门，离开农村。

一　山区自然条件的限制

　　湘鄂西地区是典型的大山区，境内群山起伏，山坡多平坝少，土地贫瘠多石，自然生态脆弱，交通不便，人们"终岁勤劳，丰年仅免冻饿；一遇灾年，则不能自给"。历史上"苗疆五年一小乱，十年一大乱"，并非苗民生性好乱，主要还是为生计所迫。先天的自然劣势致使这一地区人均耕地面积严重不足，经济发展缓慢。

　　一是山多田少，土地贫瘠。湘鄂西地区的传统村落多位于偏远深山和高寒地带，大片的耕地少，土壤中砾石含量较高，这种土质如果连续晴上十天半月，稻禾一半都要枯焦。清代名士顾彩在康熙四十三年（1704年）应邀游历容美土司境地后曾说："司中地土瘠薄，三寸以下皆石。耕种只可三熟，则废又别垦，故民无常业，官不税租。"① 苗乡有民谣："可怜可怜，边疆苗蛮。岩多于土，山多于田。夏种秋收，不堪言。时届腊冬，无米过年。"这里的水田磷钾肥极缺，耕性差、透气差、发苗迟，少数还有矿毒、铁盘层和砾石层。旱地有机质、氮、磷、钾都很缺乏，耕层浅、土层薄，坡度基本大于10度，所以农作物收成有限，耕地生产能力较低。目前很多传统村落的农业机械化现状也不容乐观，由于都是山地，农民承包地面积太小，耕地周围道路失修，不利于农机作业，

---

① 高润身：《容美纪游注释》，天津古籍出版社1991年版，第89—90页。

如玉米、红薯收获主要还是靠人力。

二是自然灾害频繁发生。湘鄂西地区是自然灾害的多发地带，由于山多雾重，气候变化无常，气象灾害在自然灾害中出现最多、危害最大，几乎每年都有旱、涝、冰、雪等气象灾害，其中尤属水旱灾害最为频繁。加之山区地形地势复杂，降雨量充沛，故也经常发生地质灾害，岩崩、滑坡、泥石流分布较广，水土流失严重。[①] 2016 年 6 月连续遭遇暴雨洪涝灾害和伴生的地质灾害，造成恩施州部分县市直接经济损失 2.9 亿元。同时，其他自然灾害如低温冻害、高温干旱、动植物病虫害等频发给全州农业生产造成较大损失。虽然通过抗灾救灾和农户生产自救等，减少了损失，但农业仍然减产短收。民族地区农业抗御风险能力很弱，很多村落都还是"靠天吃饭"，各种自然灾害会导致许多农民丧失基本的生存和生产条件（见表 4 – 1）。

表 4 – 1　　　　　　　湘西州永顺县 1989—2010 年自然灾害

灾害类别	时间	灾害影响
旱灾	1989 年	农作物受旱面积 3.3 万公顷，受灾人口 22.34 万
洪涝灾害	1990 年 5 月	暴雨，房屋倒塌 74 间，受灾人口 19.4 万
旱灾	1990 年 8—9 月	持续干旱 50 天，直接经济损失 2895 万元
大风冰雹	1991 年 3 月 7 日	特大暴风雨和冰雹，冲垮民房 117 栋，伤 12 人，死耕牛 4 头，伤 559 头
洪涝灾害	1991 年 7 月	持续降雨 17 天，2.7 万公顷农作物受灾，房屋倒塌 107 间，受灾人口 21.3 万
旱灾	1992 年	旱灾，粮食减产 2.1 万吨，受灾人口 21.2 万
洪涝灾害	1993 年 7 月	3 次特大暴雨，全县 48 人死亡，11 人失踪，3900 人致伤，冲毁房屋 6230 栋，冲走牲畜 9150 头，淹没稻田 1.04 公顷，直接经济损失 3.2 亿元
干旱	1994 年 7—9 月	连旱 38 天，直接经济损失 5000 万元
冰雪灾害	1995 年 1 月	普降大雪，压垮房屋 3168 栋，交通中断 3 天，冻死牲畜 1.28 万头，直接经济损失 2.3 亿元

① 姜爱：《土家族传统生态知识及其现代传承研究》，中国社会科学出版社 2017 年版，第 37—41 页。

续表

灾害类别	时间	灾害影响
洪涝灾害	1995年5月31日	暴雨，全县421个村落受灾，冲毁房屋7123栋，冲毁稻田2866公顷，直接经济损失3.4亿元
干旱	1997年8—9月	连旱40天，直接经济损失1400万元
洪涝灾害	1998年7月22—23日	暴雨，全县46个乡镇受灾，冲毁房屋7800栋，冲毁稻田1200公顷，冲走牲畜5784头
干旱	2000年4—5月	干旱45天，直接经济损失1200万元
地质灾害	2003年7月9日	山体滑坡和泥石流，27人死亡，倒塌房屋56栋，冲走或压死大牲畜615头，毁坏稻田137公顷，直接经济损失2.3亿元
大风冰雹	2005年5—6月	暴雨、龙卷风和冰雹，全县11万人受灾，损坏房屋1551栋，直接经济损失4500万元
干旱	2005年6—7月	连续30天晴热高温，全县2.3万人饮水困难，直接经济损失8500万元
干旱	2006年1—7月	全县降水量仅673毫米，29.2万人受灾，直接经济损失1.14亿元
大风冰雹	2006年8月	龙卷风和冰雹，4.5万人受灾，民房倒塌93栋，直接经济损失1500万元
洪涝灾害	2007年7月	暴雨，直接经济损失3000万元
冰雪灾害	2008年1—2月	连续18天低温，成灾人口43.1万人，直接经济损失4.5亿元
干旱	2009年6—8月	晴热高温持续50天，全县6.28万人饮水困难，直接经济损失8100万元
洪涝灾害	2010年5月	暴雨，直接经济损失7000万元
洪涝灾害	2010年7月9日	普降暴雨，全县11.96万人受灾，6人死亡，倒塌房屋113间，直接经济损失3.5亿元
地震	2010年9—10月	9月16日两个乡镇3.1级地震，6200人受灾，损坏房屋151间，直接经济损失60万元；10月8日三个乡镇4.1级地震，损坏房屋293间，受灾人口2.3万人，直接经济损失286万元
地质灾害	1989—2010年	全县发生地质灾害1300余处，其中崩塌75处、滑坡746处、泥石流78处，造成40人死亡，1人失踪，12人重伤，633栋房屋被毁，经济损失2.8亿元

资料来源：永顺县地方志编撰委员会：《永顺县志》(1989—2010)，方志出版社2017年版，第74—76页。

三是野生动物危害大。湘鄂西地区的绿水青山成了各种野生动物生活的宝地，大部分村落都有猕猴、野猪的出没，这给当地村民的生活造成了极大的困扰。野猪繁殖力强，它们不仅与人类"争食"，还危害人类的安全，这对山区农民来说真的是苦不堪言。笔者在田野调查中多次听到村民对野生动物抱怨的声音，很多村落现在都只能在村落附近的田地里种一些庄稼，远处的土地只能种树或抛荒，哪怕种了粮食也会被野猪糟蹋（见图4-1）。凤凰县凉灯村支书在调查中介绍：

> 凉灯村以前远处的土地都种着玉米和红薯，现在因为野猪太多，人们都不种了，因为种了也没有收成。这些野猪的胆子越来越大，有时还会跑到近处的稻田里来，只要发现稻田里没有人，它们就跑来了，虽然吃的不多，但是它们在稻田里睡觉、打滚，糟蹋了很多粮食，真是没有办法。

图4-1 稻田里野猪留下的脚印

图片来源：笔者摄于凤凰县山江凉灯村。

从村支书的话语中可以看出，野猪的繁殖对村民的影响是比较大的，这种情况在湘鄂西地区的传统村落非常常见。过去村民种玉米和红薯都是为了喂猪，现在由于野猪多，玉米和红薯种植面积大大减少，因为养猪缺少饲料，所以很多家庭也放弃养猪了，生活质量下降。

二 农业生产成本不断上涨

每个农村家庭都会算一本账，就是自己在田地里投入了多少，收成有多少，看看是否有利润。近年来，虽然国家不断在调整和稳定农产品的收购价格，但是由于种子、化肥和农药这些农业生产资料成本不断上涨，扣除成本之后的农产品销售收入很低，种田不赚钱，因此农民种地的积极性大大下降。据调查，山江凉灯村和永顺双凤村都有近一半的土地荒芜了，恩施建始田家坝村2400亩耕地，现在荒芜的田地约有800亩，占总田地数量的三分之一。在调研的过程当中，很多农户表示由于现在的农业生产成本过高，种植的稻谷、苞谷和洋芋除去自家食用外，无法带来其他的经济效益。如果一年到头只是守着家中的田地，根本无法维持家中的生活开销。二官寨小溪一位农户在访谈中谈道：

> 我们家有5亩农田，主要种植苞谷和洋芋，每年需要化肥、农药、种子这些必要的开支，苞谷播种一亩大约需要2—3斤的新种子，一整年的种子费用支出为200元；化肥支出约300元一亩，全年化肥费用支出1500元；农药支出一年约100元。另外我们现在一般都不养牛了，耕地需要请机器，机器费用是120元每亩，全年我们机器费用支出1200元。有的田土偏远，机器到达不了就只能去借别人的牛。现在村里仅剩下2头牛，平均250元每亩，费用太高，所以很多人都宁愿抛荒不种。综上5亩田地一年共计3000元，国家补贴一亩一年约70—80元，补贴金共计400元。

从以上数据可以看出，虽然国家现在实行了粮食补贴，但是和农业生产成本相比还是远远不够的，这些补贴不能因此增加农户种植粮食的兴趣，也不能缓和农资价格上涨的矛盾。

除了农业生产资料的成本不断上涨以外，劳动力的价格也在不断上涨，很多村落劳动力每天劳动的价格都涨至100元以上，因此很多劳动力不足的农户家庭宁愿把田土抛荒也不愿意请人来耕种。双凤村留守妇女DXP在调研中谈道：

> 我们家孩子爸爸去外地打工了,平日里就我一个人在家,有些事情搞不来,比如山上的干田要犁耙,我就没有办法。我们这里请人太难了,农忙大家都忙,人工费也太贵,不划算,本来就挣不了多少钱。你看,种子贵,肥料和农药也贵,一亩田就算有 2000 斤也才只能挣 2000 元,不请工的话还合算点,请工了更是没有什么利润了。我平时去工地给他们做饭一个月都有 2000 元,种田真的是不合算。

从这位留守妇女的谈话中可以得知,由于农业生产成本不断上涨,种粮不赚钱,很多农民在经济收益上进行权衡后,就不愿留守在农村。他们宁愿选择流向城市打工,这也造成村落大片土地无人耕种的现象。

三 基础设施不完善导致创业艰难

湘鄂西地区很多外出打工者都表示希望可以回乡创业,他们认为出去打工是暂时的,不愿意长期这样,只要在家乡能够赚到钱、能够养活一家人,他们都愿意回来。但由于传统村落基础设施建设和公共服务落后,创业非常艰难。双凤村谭 XX 现在在长沙和别人合伙做二手车的生意,他在访谈中提及:

> 我现在在外面轻轻松松一年赚二十来万,在家里真的是没有收入来源。那些老年人在家里真的很辛苦,种庄稼野猪多,肥料、农药成本高,茶叶又没有打开外销渠道,收入来源很有限。这里交通不便,缺水,旅游也没有发展起来。如果在家里有发展门路,我其实还是很希望回村的,打算把房子装修了办农家乐,但是客源少感觉很困难。

凤凰县凉灯村 28 岁的龙某本想回乡发展孔雀养殖,但是因为停电创业以失败告终,最后不得不决定仍外出打工。他在访谈中谈道:

> 我常年在浙江那边做电焊工,一个月 8000 元左右,虽然工资高但是电焊对身体有害,不能长期做,很想回来发展。家里有两个女

儿一个儿子，大女儿8岁，小女儿6岁，儿子才4岁，孩子都小，靠他们妈妈一个人照顾不好，如果带到浙江读书成本太高，因为公立学校不收外地孩子，只能送私立学校，一个孩子半年学费就要5000多，教育质量也难以得到保障。考虑再三，我2017年就回家了，打算养殖孔雀。因为我在外面看见别人养殖孔雀很赚钱，跟着他们学习了一些技术。孔雀价格还可以，小孔雀200元/只，大孔雀（一公两母）6000元左右，孔雀毛也是可以卖的（换季就会掉毛）。我在家精心喂养孔雀，好不容易等到孔雀下蛋了，结果没有想到我在孵化孔雀蛋的过程中突遇停电，孵化失败了，损失惨重。我后面又孵化一次，结果也是因为停电失败了。没有办法，本想在当地找个其他工作也没有找到，明年还是得出门打工。

在访谈中，龙某的话语里充满了无奈，因为孩子的原因他自己其实是很想留在家乡的，但可惜创业条件不允许，"推"着他出去发展。农村基础设施和公共服务不完善导致年轻人创业困难重重，这是影响村寨发展和促使村民外流的重要因素。

湘鄂西地区的外出务工人员80%最初都是依靠亲朋好友或农村能人带领外出的，亲缘和地缘关系是村民早期选择外出务工的重要推动力。许多村民在外出打工前因为对外界的状况不了解，不敢贸然行动。如果有亲戚或熟悉的本村村民在外地工作，他们既可以提供可靠的就业信息，也可以在就业失败的情况下有退路可寻。笔者在建始田家坝调查时，发现当地几个能力强的村民在外面承包了大工程，因为缺人手他们回乡找了很多村民和他一起出去做事。在这种血缘、地缘关系牵动的农村劳动力外出中，信息提供者在某种程度上还担当起保护人的角色。如果初次外出的人在购票、住宿、找工作等方面有困难，这时同去的亲朋好友或老乡常常会提供一些力所能及的帮助，这种方式让他们觉得安心。

第四节 村民的"理性选择"

西奥多·舒尔茨在其名著《改造传统农业》中指出农民其实并不愚昧，他们在现有的约束条件下其实已经实现了资源的最优配置，传统农业是"贫穷但有效的"。①波普金（1979）认为，小农是"理性的小农"，他们会在权衡长期或短期利益以及风险因素之后，为了追求最大生产效益而做出合理选择。②湘鄂西地区传统村落人口外出务工不是盲目的，他们大多有明确的动因和目标，一开始可能只是为了赚钱以补贴务农收入的不足，但后面他们会不断对自己的行为进行总结和反思，考虑自己的家庭状况，比较收益差距，并不断调整自己的策略，外出务工是他们经过权衡后的"理性选择"。

一 生存理性逻辑

美国经济学家斯科特认为小农经济一直坚守"安全第一"的原则，他们具有强烈的生存取向，宁可选择规避风险，而不会去冒险追求利润的最大化。③在传统村落，村民的生产活动一般都是围绕着"生存"为基础而展开的，他们会尽可能规避各种风险对基本生存的影响，这也成为很多农民的生存伦理和行动逻辑。

农业具有多风险特征，这种风险首先来自气候和地理环境的灾害。气候是个十分不确定的因素，旱涝无常，因此农业风险也较大。春天农民可以决定自己地里种什么种子，却无法预测秋天是否一定能丰收，因为大自然随时可能残酷地将农民辛勤的劳作顷刻化为乌有。在湘鄂西地区传统村落，很多田土都是"靠天吃饭"，由于旱灾、洪灾频发，野猪危害大，很多村民种的粮食都因此减产，降低了他们的种粮热情。

除了自然风险外，农业还面临市场风险、技术风险和政策风险等。市场风险是广大农民利益的一个巨大威胁，这与"小农经营的天然局限性、农民的市场经营能力低、农民很难有效获取和利用市场信息等因素有关"④，同时也与政府缺乏应对农业生产过剩问题的处理机制和控制风险的政策体系有关。在丰收的年份，农民的收入不一定就会增长，"谷贱伤农"的事情常有发生。

---

① 西奥多·舒尔茨：《改造传统农业》，商务印书馆1999年版，第124页。
② 林毅夫：《小农与经济理性》，《中国农村观察》1988年第3期。
③ 郭明艳：《农民就业行动中的行为逻辑研究》，硕士学位论文，华东师范大学，2011年。
④ 朱启臻、赵晨鸣：《农民为什么离开土地》，人民日报出版社2011年版，第317页。

个案8：王B，凉灯村4组村民，村支书的外甥。2017年他在家发展林下养殖业，散养了8000只鸡和200多头羊。这些鸡和羊平时都是散养在山林中的，只喂粮食不喂饲料，肉质很好。可惜等到鸡全部长成后，却找不到销路，只能自己每天拉到凤凰县城去卖，一只鸡约3斤，卖100多元钱。但是一天下来也卖不了几只鸡，成熟的8000只鸡每天的进食量就是一笔巨大的开销，让王B赔了很多钱。漫山遍野的土鸡蛋没有人捡，也卖不出去。创业失败的王B心灰意冷，不得已将这些羊和鸡全部低价处理，自己跑去浙江打工了。

个案中的王B本来很想回乡发展，但是因为养殖失败他最后不得不选择放弃。由于农业是弱质产业，抗御市场风险的能力也比较弱。该地区市场狭小、信息闭塞、流通渠道不畅，从而导致好产品也会出现"卖难"现象。

为了规避风险并且带来收入来源的多元化，很多家庭就决定部分成员外出打工或迁移。外出打工虽然收入也不是很高，但是相对稳定，没有多少成本投入。经过权衡，他们认为外出就业的预期收益会远远高于本地就业的收益，因此选择外出。

二 社会理性逻辑

文军认为在农民外出就业的初期，他们往往更多表现的是生存理性选择，但是"随着外出寻求就业次数的增多和时间的拉长，社会理性选择和经济理性选择将表现得越来越突出"[①]。很多农民外出打工后都不愿意在农村继续生活下去，希望子女可以"走出农村"。农民的社会理性反映了农民自我意识的增强和主体选择能力的提高，也反映了他们希望实现向上流动的强烈愿望。

长期以来，"农民"不仅是一种职业，还是一种社会等级和生活状态。在城乡二元社会结构体系下，农民不仅劳作辛苦、收入偏低，生活条件差，而且不能享受与城市市民平等的社会福利待遇。农民平时一般

[①] 文军：《从生存理性到社会理性选择：当代中国农民外出就业动因的社会学分析》，《社会学研究》2001年第6期。

都是与土地打交道的,所以就与"土"字联系在一起了,城里人过去常称呼他们为"土包子",认为他们"土里土气"。随着改革开放对农民限制的减少,很多农村青年就把进城务工作为转变其社会地位的重要途径,有些女子甚至把在城里买房作为结婚的重要条件。

"离开农村"现在已经成为很多家庭的共识。有的家庭很重视孩子的教育,父母常常对孩子说:"只有好好学习,考个好大学,才能离开农村。""不好好读书,就只能回家种地。"升学是走出农村最体面的方式,如果学生成绩好,家长是最欣慰的。如果孩子成绩不好,他们认为外出打工也可以,至少比待在农村强。

在田野调查中,笔者发现有些种植大户、养殖大户尽管有很丰厚的收入,其子女依然热衷打工生活。

> 个案9:侯 HZ,恩施州鹤峰县铁炉乡细杉村副主任。他通过土地流转在村落里办了一个畜牧养殖场,喂养有40多头牛、30多头猪,家猪和野猪一起放养,主要吃山里的野菜和树根,因为没有喂饲料所以价位较高。另外他还有20多亩有机茶园和药材,每年纯收入30多万元。但这么丰厚的收入并没有吸引子女留在村落里。女儿大学毕业后在鹤峰县城工作,后来在县城安家了。儿子没考上大学最初在家开挖土机,现在在鹤峰县城一家公司打工。

在这个个案中,侯 HZ 子女的工资其实都比不上父亲在家务农的收入,但他们对回乡当农民不屑一顾,理由很简单:"在农村没地位,没有前途""我喜欢城市的繁华和丰富的生活"。侯 HZ 没有要求子女回乡,农忙时他都是在当地雇用其他村民去做的,他认为孩子年轻时就应该在外面闯荡,要多见见世面。他们的选择体现了"社会理性",反映了他们希望实现向城市流动的强烈愿望。

本章小结

湘鄂西地区传统村落里的村民离开农村和农业的理由有很多,除了宏观社会经济背景、教育资源的调整和城乡差距大之外,当地的自然经济条件和农民的生产生活状况差、血缘地缘关系网络的牵引也是主要原因。他们在城市待得越久，对于城市的生活就更加向往，"离开农村"也就成为很多家庭的理性选择。

20世纪80年代以来，随着工业化、城镇化的发展和城乡二元体制的影响，城市文明不断向乡村"入侵"，导致农村、农民的地位在城乡横向比较中的衰落。由于山区自然条件的限制和农业成本的不断上涨，农民种地不赚钱，不能脱贫致富，只能处在社会的最底层。城市便捷的生活条件、相对较高的经济收入和良好的发展机遇使那些走出来的村民不愿意再回去，导致他们传统的乡土情结不断消解。总之，农民外流是政策环境变化和农民"理性选择"二重化的结果，也是城乡"推力—拉力"作用的结果。

第 五 章

过疏化背景下传统村落发展面临的困境

我国农业人口多，人均耕地资源有限，人多地少的现实情况使我国农村的人地关系一直处于紧张状态。过去湘鄂西地区的农民固守着自家的农田，一年四季面朝黄土背朝天地辛苦劳作，收入依然很难得到保障，农业比较效益低下。20世纪90年代以来，随着农村人口的不断外流，山区人地矛盾得到缓解，很多村民实施了退耕还林，脆弱的生态重新得以恢复。农民外出打工增长了见识，转变了思维方式和生活方式。返乡农民工经过城市多年的打拼后不再是普通的农民，他们脑子活、懂技术，掌握了一定的人脉，也积累了一些资金，他们将城市信息和现代科技带回农村，从而为乡村的发展注入了新的活力。

劳动力转移的初期曾给农村发展带来了积极效应，但是随着进城务工人员的与日俱增，人口大规模盲目地流出也给村落带来较大的负面影响。早在民国时期就有学者指出城镇化会造成乡村社会衰落的问题："都市之发达，常伴以农村倾危，凡农村之人口，都市收之；农村之才智，都市用之；农村之储蓄资本，而都市攫取之；农村之生产物品，而都市消费之，农村之利得，而都市垄断之；……以农村之牺牲，求都市之发达，其不落于倾颓衰灭也，乌可得哉！"[①] 乡村里的剩余劳动力应该转移，村民追求美好生活没有错，但是农村不能"空"，不能以村落的凋敝作为代价。

---

① 曲宪汤：《乡村衰落之原因及其救济》，《并州学院月刊》1933年第3期。

第一节 传统生产萎缩

传统社会形成的农本思想，不仅是统治者的思想，也是农民自己的思想。农民依赖土地，土地是他们的命根子，种田是最基本的谋生方法，因此传统农民形成了深厚的土地附着情结。但现在由于青壮年劳动力急剧减少，村落里留下的 60 岁以上的留守老人和妇女无力承担大量农业生产任务，因此导致土地抛荒、粗放式耕作的现象，有限的土地资源没有得到有效利用，传统农业生产受到影响。

一 土地粗放经营

历史上，向土地求生是传统村落村民最直接最简单的谋生方式，土地是他们的命根子。由于湘鄂西地区山多田少，土地资源显得异常珍贵。为了谋生，为了提高土地利用率，他们充分利用每一寸土地，连地边地角、土坎田坎的零星散地都加以利用，如清嘉庆时期《龙山县志》云："土民善种，零星散地、田边地角、篱边沟侧、悬崖隙土，亦必广种荞、麦、苞谷、草烟、栗、菽、蔬菜、瓜果之类，寸土不使闲，惜土如金也。"[①] 凌纯声、芮逸夫《湘西苗族调查报告》云："苗人受土地的限制，因而要到处利用土地，致使苗疆之中无寸土荒芜。稍平之地，辟为水田，自山麓以至山腰，筑为梯田，于高山坡，开垦畲田，不宜种谷的山地，则种植桐、茶、杉等树。"[②] 但如今，青壮年农民大量外出打工导致传统村落出现"谁来种田"的农业生产断层现象。由于化肥、农药等生产成本投入大，土地的经营收益不高，多数留守老人也不愿意多种地，一般只是满足基本生活需求。部分老人由于高龄、生病等原因，无法耕种土地，只保留少量菜地以自给自足。

湘鄂西地区土地撂荒的范围比较广，主要表现为"显性撂荒"和"隐性撂荒"两种形式。"显性撂荒"表现为完全放弃耕种，将土地荒芜的现象，这种现象主要发生在老弱户和举家外出户，由于自家缺少劳动

[①] 《龙山县志》卷七，《风俗志》，嘉庆版。
[②] 凌纯声、芮逸夫：《湘西苗族调查报告》，商务印书馆 1947 年版，第 88 页。

力，田土偏远或土质不好又不能流转出去，只能任其荒芜。"隐性撂荒"是指村民减少农业生产投入、降低各种复种指数的粗放耕作现象。因为种田不赚钱，他们不愿意投入太多的时间和精力在农田里。很多农户现在种粮已不再追求经济产量和效益，从而导致"双改单"，即双季稻改单季稻的隐形抛荒现象大量出现，粮食大量减产。

孟子曾经指出："苟得其养，无物不长；苟失其养，无物不消。"农作物种植一定要实现"种养结合"，加强田间管理，不然地力就会下降。由于山多地少，湘鄂西地区群众过去非常讲究"种地"与"养地"相结合，他们不违农时，注意田间管理的每一个环节，很多地区都是"凡田细作，至少三犁三耙，多达五犁五耙"，插秧、灌溉、除稗草、施肥、杀虫、耘田、晒田、收割等每个环节做细致，因为只有这样才能保证粮食高产保产。但是现在没有几个农户遵循这些程序了，除了必不可少的环节，其他能简化的大都省略了。建始县田家坝村村民 TCB 在访谈中谈道：

> 我们过去冬天要大面积种植绿肥，施用农家肥，现在一般都是施用化肥，简单、省力。除草多是施用农药，老人年纪大了没有力气去除草，也不愿意去除。有些村民外出打工前把种子撒到地里，到收获的季节才回来，除草、浇水、施肥、打虫这些工序都减掉了，完全靠天收，人不在嘛没有办法，最后多少能收一点他们也挺知足的。

从访谈资料来看，村民外出打工以后大大弱化了田间管理，他们以务工为重，农业生产收入成为家庭收入中可有可无的一部分。土地粗放经营、田间管理弱化是科学技术发展的必然，但也是农村青壮年劳动力大量减少的无奈选择。如今，很多家庭宁愿弃耕、撂荒也不愿农地流转，究其原因主要是考虑到家庭经济状况、厚重的乡土情结及未来的养老风险。因此，国家要准确把握农业发展现状和农户利益诉求，盘活土地资源，转变农地利用方式，保障粮食安全。

二 传统农业被转型

湘鄂西地区过去由于生产力水平低，为了解决口粮问题，村民一般都种植粮食作物,水田种植水稻,旱地种植耐旱作物,如土豆、玉米、红薯等。现在由于青壮年劳动力的大量外流,老年人成为农业劳动的主力,体力不足,所以很多田土都改种成经济作物,如茶树、药材、果树等,地方政府也将这些作物作为山区特色产业。如宜昌市长阳县根据山地层级分布特点,按照"拓展特色基地,培育优势龙头,创建绿色品牌"的思路,重点发展六大生态产业:一是核桃和油茶产业;二是林下种植产业,大力发展魔芋产业;三是名优茶产业,发展优质茶叶10万亩,年产茶叶3000吨;四是清江优质柑橘产业,形成优质椪柑12万亩;五是中药材产业,大力发展资丘木瓜、金福红栀子、资丘独活,形成8万亩的药材基地;六是畜禽养殖产业,发展生猪和山羊养殖。恩施市享有"鄂西林海""华中药库""天然植物园""烟草王国"等美称,目前已形成有机富硒茶、富硒中草药提取物及保健食品、富硒干鲜果等绿色产业。

退耕还林在湘鄂西地区传统村落推进的极为顺利,在笔者所调查的永顺双凤村、凤凰县山江镇凉灯村、利川市毛坝镇山青村等很多村落里半数以上的土地都实施了退耕还林。恩施市盛家坝二官寨2011年落实退耕还林配套项目,栽柳树、柳杉、椿树共1374.1亩。2012—2013年实施退耕还林、荒山造林种植柳杉、金丝楠共694亩。2014年新退耕还林159.2亩。2015年省政府落实"绿满荆楚"工程,建无立木林地28亩,主要种杉树和马褂木。2016—2017年政府通过国家财政补助造林943亩,种植柳杉和马褂木,设防护带。[①] 根据国家政策,政府对退耕还林实行"以奖代补"分三次补完,即第一次验收成活率达90%以上,补500元现金加300元种苗费,第三年验收成活率达80%以上补300元,第五年成活80%以上补400元。

村民现在自愿退耕还林的行为和过去大面积的开荒种地形成了鲜明的对比。土地是农民的命根子,他们为什么要自愿放弃自家的山地呢?他们是为了保护村落生态吗?凤凰县凉灯村吴支书在访谈中谈道:

> 我们这里年轻人差不多都在外面打工,由于家里人太少了,种不过来呀!有些田土很远,机器不能去,都需肩挑背扛使用劳力,

---

① 数据来源于二官寨村委会。

很不容易，野猪又多，种了也是白种。因为这里常常天旱，收成不好，有时连化肥种子的钱都收不回来，所以老百姓积极性不高。实行退耕还林之后，8年内他们都有一些补偿，所以很乐意。退耕后村民到外面去打工收入更高，他们觉得挺好的。

从村支书的访谈中，我们可以了解该地区退耕还林进展顺利的主要原因归结为以下几个方面：首先，由于山区地形地貌和资源条件等限制，很多偏远的田土交通不好，机器不能到达，农业生产仍然要以传统的耕作技术、简陋的农具为主，生产只能依靠劳力，留守的老年人无力再耕种；其次，山区的很多田土都是靠天收，"三年两头旱"的灾情让很多农民减产，他们意识到耕种土地并不能保证有效的农业收成；再次，由于野猪等野生动物的繁衍，粮食作物没有办法耕种；最后，因为退耕还林政策有补偿款，这让一些农民觉得比自己辛苦耕种更划算。由此可见，退耕还林是目前村民为了应对劳动力外流和村落过疏化的一种"理性选择"。国家的生态补偿政策客观上增加了农民的收入，也改善了当地的生态环境。

三 家庭养殖衰落

家畜家禽是湘鄂西地区农民不可缺少的生产生活资料，自有人烟居住开始就有家畜家禽饲养。域内常见的畜禽品种有猪、黄牛、水牛、马、骡、狗、猫、羊等畜类；有鸡、鸭、鹅等禽类。现在由于外出务工人员多，传统的家庭养殖业也受到一定影响，养殖数大量减少。

猪为六畜之首，养猪是农民的肉食和经济来源，猪粪又可以作为农业生产的有机肥源之一，因此湘鄂西地区传统村落里的村民一直非常重视养猪。中华人民共和国成立后，党和政府为了鼓励养猪，制定了一些激励政策，促进了养猪业发展。但是由于自然灾害造成粮食生产歉收等原因，生猪生产在不同历史时期有起有落。1978年家庭联产承包责任制实行以后，随着粮食产量的增加和村民生活条件的逐步改善，农民养猪的积极性也被调动起来，养猪成为村民的主要收入来源之一。很多人家过年都会杀两头猪，他们会把新鲜猪肉加工做成腊肉，满足全家人一年的享用。现在由于外出务工人员增多，家中劳力减少，生猪养殖也受到一定影响，养殖数大量减少。二官寨村在1996—1997年曾建立猪舍326间，现在很多人的猪圈都空起来了。双凤村现在养猪的人也很少，有两户人家在附近山上散养猪，规模不大，村民过年熏制的腊肉、腊肠都是从县城购买的猪肉。凉灯村由于野猪多，很多过去种玉米和苞谷的田土现在都没有再种了，喂猪没有粮食，所以很多家庭也不再养猪了。

由于山区多山，很多村民很早就开始养牛和羊。过去都要靠耕牛犁地，所以很多家庭都会饲养耕牛，他们对耕牛极为爱护，每年农历四月初八还会过"牛王节"，要让耕牛休息，另加精饲料喂养。1980年双凤村里养牛45头，2000年达到75头。2001年由于该村实行退耕还林，退耕还林政策中规定不能在这些山上放养牛羊，因此许多耕牛被当做肉牛出售了，牛的数量大量减少，到2003年村里养的牛仅剩44头。[①] 由于微耕机的发展，耕地方面对牛的需求大大减少，很多家庭都不再养牛了。2000年随着外出务工人员的不断增加，劳动力减少，只有极少数人还喂养耕牛。养羊在湘鄂西地区一直没有形成规模，一般只是零星散养。双凤村2000年以前都是养的本地山羊，2001年开始从外地引入优良品种。2003年实行退耕还林后不允许自由放养，再加上价格不稳定，羊的数量迅速减少。现在打工的人多，劳动力不足，养羊也发展不起来了。

湘鄂西地区过去95%以上的农户都会养鸡，一般养5—8只，全为放养。养鸡是家庭收入的重要组成部分，比较困难的农户会用鸡蛋换油盐钱或补贴家用，鸡肉也是农民过年桌上的一道美味。养鸭、养鹅一般都是在二高山以下活水田地区，数量都不多。现在很多家庭因为长期没有人在家里，所以养殖就没有办法保证了。二官寨村和双凤村因为经常有游客过去，为了保持村落清洁很多家庭也没有再养殖鸡、鸭、鹅。

山区的植被资源为蜜蜂的繁衍生息提供了条件，很多村民过去一直饲养蜜蜂，房前屋后随处都可以看见蜂桶，但养蜂也需要有人管理。二官寨村成立了养蜂合作社，管理相对较好，很多在家的村民都从中获益，但其他很多村落情况就不容乐观了。双凤村地区特殊的气候和海拔非常适宜蜜蜂生长，当地植被广，野生花卉多，蜜源丰富，蜂蜜的产量一直

[①] 马翀炜、陆群：《土家族：湖南永顺县双凤村调查》，云南大学出版社2004年版，第81页。

很高，质量也很好。现在很多村民因为要外出打工，他们只能把蜂桶扔到山上，野蜜蜂自己繁衍采蜜，没有管理，一年回来才去收一次，所以收成很不好。村民 PJH 在调查中谈道：

> 以前我们这里只要天气不是太差，每个蜂桶都可以产蜜 10 公斤至 20 公斤左右。但现在都剩下我们这些老把式（老人）了，哪个还搞得了蜂桶嘛，山不好上，树也爬不上去，平时都不能去管理，只能等到年轻人回来去取。所以现在一个蜂桶仅有少量的几斤，只够自己吃，都没有可以卖的。

从访谈资料中我们可以看到，虽然双凤村这里养蜂具有得天独厚的条件，但是现在由于人员外流、管理不善，蜜蜂养殖也慢慢衰落，在这里并未形成一种产业，没有给村民带来多少额外收益。

第二节 传统习俗与民族文化的流逝

民俗文化活动的开展依赖于一定规模的人群，湘鄂西地区由于人口大量流出，传统村落失去了广泛的参与对象和有能力的组织者，许多民俗、节日都发生了重大变迁，一些民族艺术和文化遗产的传承也面临青黄不接的问题。

一 传统节日习俗异化

湘鄂西地区传统村落节日非常多，不同民族有不同的节日，大家普遍都比较重视的节日主要有春节、清明节、端午节和月半节，这些节日随着人口的大量外流而发生了重大变化。

（一）年俗的变迁

春节是最隆重的节日，有"百节年为首"的说法。过去村民们一般从农历腊月十五左右就开始忙起来了，这一段时间俗称"忙年"。忙年就是为团年、过年做准备，吃的、用的、敬的（敬祖敬神）、玩的等都要预备好。杀年猪，炸团馓，准备烟酒糖果，打扫卫生，每天都忙不完，凤凰苗族在春节都要打很多糍粑，打一次吃 4 个月。土家人腊月二十三日要过小年，即送灶神菩萨上天。除夕前一天要过"赶年"，要祭祀祖先。这一天，他们在堂屋的神龛下面的大桌子上会摆上猪头、水果、饼干零食等祭品，家中老人要带领所有家庭成员跪拜菩萨，敬家先。除夕时家家张灯结彩，户户张贴对联，全家人聚在一起吃年饭。吃饭后他们要到老人的坟上去祭奠，并在坟前烧香、烧纸、放鞭炮。恩施很多地方吃了年饭后要给果树喂年饭，希望明年多结果。双凤村村民要在家中的大门、树木、家具、用具、猪牛圈栏上贴纸钱，称"贴喜钱"，意思说家里的用具也辛苦了一年，要感谢它们。晚上，一家人坐在火坑旁守岁，欢欢喜喜的叙旧、讲故事或谈来年的打算，在守岁的过程中，全家老少都要依次洗澡、换衣，以示准备迎接新年。

从正月初一到正月十五，很多村民都忙着拜年，家门、丈人、外公外婆、堂兄弟、表姐妹等都要拜年，这里面的"讲究"很多，要送礼、备饭、留宿（歇脚），需"礼尚往来"。有些地方正月还有一些特殊的活动，永顺双凤村要跳摆手舞，他们从初三、初五或初七（一定是单日子）开始，一般要跳七天半或八天。正月里山江苗族人最热心的就是赶场，赶场时各寨会举行青狮龙灯聚会，非常热闹。男女青年们可以趁机物色对象，谈情说爱。恩施盛家坝二官寨村认为正月初九是"天日"，传说是玉皇大帝的生日，所以这天各家各户都得准备丰盛的酒宴，愉快庆贺一下。

正月十五为元宵节，本地区村民在这一天吃汤圆的不多，他们一般都聚在一起吃饭，有些地方要吃烧猪头和烧猪腿。双凤村村民把元宵节吃的肉称作"爬坡肉"，他们吃了以后正月十六就可以开工去做事了。俗话说"三十晚上的火，十五晚上的灯"，很多村民在这天晚上都会在室内室外都点上灯或蜡烛，还要烧纸、点香，让室内通亮。清江流域一带的元宵节过去有一项必不可少的传统习俗——"烧毛狗"，他们用竹子扎成一个"毛狗棚"，点燃后其竹爆响，非常热闹，赶走了"毛狗"意味着赶走了霉运，第二年风调雨顺。

现代春节最明显的变化就是节庆时间大大缩短了，由于国家法定的春节假只有7天，村民因为还要预留时间在路途中，所以实际在家过节的时间只有四五天，很多礼节只能缩简。正月初六之后村落里就开始陆续有人离开，春节氛围也慢慢变淡。现在春节的准备已经不需要很早就开始了，很多家庭现在都不再杀年猪、打糍粑、炸团馓了，他们只需在除夕的前几天到市场上去购买所需要的年货。此外，随着人们认识能力的提高，人们对祖先和各路神灵的祭拜仪式也不如从前，祖先、神、人、动物共同庆祝春节已经成为过去。

(二) 清明节和月半节习俗的变迁

在湘鄂西地区，清明节俗称"上坟"或"挂青"，月半节俗称"鬼节"，这两个节日都要祭扫祖先，表达祭祀者的孝道和对先人的思念之情，过去人们都非常重视。清明扫墓在农村家喻户晓，既有一家一户的，也有同姓同族的，一家一户多指给自己的祖人扫墓，同姓同族的多指给本姓氏的英模扫墓。这一天人们要在先人的坟上挂冥纸，儿子要用纯白色，出嫁的女儿则另外需用一张红纸做成一个阄。挂青后要回到家中吃饭，这一天很多地方要吃蒿子粑粑、豆腐和猪肉。

"月半节"有"七月半，鬼乱窜"之说，当地流传这几天鬼魂要回家与家人团聚。月半节各地纪念时间不同，一般在农历七月十二至十五日不等，人们要烧纸烧香祭奠已故先人。二官寨村在七月十二日到来时，家家户户都要迎请祖先亡魂，摆酒食供品奉献，如宴活人，一般用火纸或草纸封钱成包，封面上定上亡人和奉祀者的称谓、名字于十四日夜在堂屋家神前烧化。十五日晚，他们要到屋外烧纸钱、泼水饭，叫作"施孤"。月半节前后每家每户都忙得不亦乐乎，村寨内外到处都是牛角声和锣鼓声，各家各户还要准备好酒好菜，特别是十五日晚的饭菜一定要非常丰盛。双凤村过七月半是在七月十三日，这一天村民在家里要给死者烧纸、送寒衣（即用纸做成鞋袜和衣服然后装在纸箱子中烧给死者）。这一天每家每户会准备丰盛晚饭，还要祭祀家仙菩萨、左丞右相、把门将军和灶神菩萨。

如今，随着人口大量外流和文化知识水平的提高，这两个节日的重要性不再被人们所认同。很多村民现在越来越不相信鬼神，所以也不再重视通过清明节和鬼节给祖先烧纸钱或送生活用品的方式。离家较远的打工者基本上都不会在这两个节日专门赶回家给祖先过节，只有那些留守在家的老年人和没有出远门的部分村民还在继续坚守传统。

(三) 其他节俗的变迁

除了年俗和清明节、月半节习俗发生变迁外，其他节日习俗也发生了变化。端午节这天，和其他地方一样，湘鄂西地区的村民家家户户都要吃粽子，吃饭时，每家每户都喝雄黄酒，还要用雄黄酒洒在房子周围。有些人还要采集艾叶扎成一把一把的，挂在大门两边用于排毒、驱蚊、避邪。中秋节要吃月饼，全家人需聚在一起吃饭，表示团结。粽子和月饼以前都是自己在家里做，但现在一般都是到市场上去买。节日庆祝方式的地方性逐渐消失，越来越"标准化"，喝雄黄酒、悬挂艾叶这些习俗现在随着人口外流和农业式微而逐渐消逝。

民间传说农历二月初二为土地菩萨生日，这天各家各户都要去土地庙前给土地菩萨点烛烧香、摆上酒菜、磕头，意思是给菩萨做生，以祈年景顺利、农业丰收、家运祥和。土家族地区还流行吃"社饭"，不但自家人吃，还作为馈赠亲朋好友的佳品。家家户户乐此不疲，古有民谚说："送完了自家的，吃不完别家的"，充分显示出土家人纯朴亲和的民风，但现在做社饭的家庭已经越来越少了。二官寨村小溪ZY在调查中谈道：

> 我小时候很喜欢吃我妈做的社饭，我们先要去山上采刚刚绽开嫩芽的春蒿，回来洗净后与野蒜、地米菜、腊肉丁并掺和糯米蒸熟就好了，芳香扑鼻，特别好吃。现在我常年在外打工，错过了吃社饭的时间，好几年都没有吃过了。我们家平时就我妈妈一个人在家，她现在很少做了，因为做了也没有人吃嘛！有时赶场碰到街上有卖的她就买一点回来吃。

"三月三"是苗族一年一度的情人节，"四月八"是苗族祭祖节，这两个节日过去都非常热闹，周边的苗族都会自发聚集到一起开展各种活动，人们在一起吹芦笙、跳舞、唱山歌、上刀梯、玩龙灯、耍狮子等，人山人海，场面极为壮观。现在由于年轻人大量外出，节日组织不起来了，这两个节日慢慢变为政府推动旅游的一种工具，虽然参与总人数不少，但外地人居多，节日内涵慢慢丧失。

二　婚丧礼俗的变迁

湘鄂西地区的传统村落过去非常重视婚礼和丧礼，这些礼仪在当地发挥着重要的社会教化、文化记忆和凝聚情感的作用。虽然不同民族、不同地域习俗存在着一定的差异,但都比较隆重、程式复杂,现在随着人口的大量流出,这些礼仪都发生了很大变化。

(一) 婚嫁礼俗的变迁

在湘鄂西土家族地区,过去男女结婚都要遵循一定的礼俗。缔结婚姻一定要请媒人说亲,不然会被视为不合规矩。从婚期择定之日起到婚礼举办以前,很多村落新娘和她的亲人一起要唱"哭嫁歌",内容多是感谢父母和长辈的养育之恩以及舍不得离开的悲情,长辈们也会教导女儿到了夫家应该怎样当好媳妇等。选定婚期后,男方会开始给新娘做衣服、买礼物。结婚的头天晚上,男方就要将事先准备好的衣物、猪肉、烟酒、糖果、大米、糍粑、点心之类用箩筐装好送去女方家,一行人浩浩荡荡(有锣鼓唢呐),这就是所谓的"过礼"。改革开放以后所备彩礼各种各样,但新娘的衣服、鞋子不能少,聘礼有半边礼(肥猪的一半),酒10—40斤不等。女方也会准备丰厚的嫁妆,结婚时随迎亲队伍一起送到男方家,主要包括十几床铺盖和新房的一些家具,过去一般平凡人家就是十箱八柜,后面主要是彩电、冰箱、摩托车等。迎亲接亲的礼俗非常多,结婚的当天早上,新娘家一般都会把铺盖、箱子、木柜等嫁妆都摆在堂屋的外面。新娘在娘家梳洗打扮换装后,出门需要她的兄弟把她从房里背出来。在永顺双凤村,新娘出门手里要拿两把筷子,每把都是八双,左手拿一把筷子往后面撒,右手拿一把筷子往前面撒,边撒边哭唱:"前撒金,后撒银",主要目的是祝福娘家兴旺发达。[①] 迎亲队伍到达男方门外男方都要在院内放一长凳,门内点上七星灯,罩上筛子摆上雄鸡、刀首、香纸、酒肴,这叫"堵煞入门"。迎亲回来后,男女双方要拜堂,亲朋好友都要过来吃饭,当天晚上年轻人都可以参与闹洞房。第二天,新娘要和新郎一起回娘家,称"回门"。回门礼是一种必不可少的礼仪,这天不论路程多远,新郎新娘必须到娘家回门,吃完饭必须当天赶回婆家。

湘西苗族过去男女青年相识主要是通过"赶边边场""跳月"等方式,完整的婚俗礼仪包括"相识""提亲""定亲""催婚""交礼""接

---

① 马翀炜、陆群:《土家族——湖南永顺县双凤村调查》,云南大学出版社2004年版,第161—163页。

亲""送亲""入门""拜堂""回门"等多项仪式，婚礼热烈隆重，关于婚俗礼节的要求也非常严格。接亲时间一般都在下午四五点钟，"接亲客"通常为三个青年，到女方家后必须喝"进门酒"才能进屋。苗族姑娘出嫁必须有娘家人陪送，新娘一般在半夜出门。到男方家后，因为客人比较多，家中的床不够，所有人整晚都不睡觉，要在中堂围成一个圈唱苗歌，三天三夜通宵达旦地唱。新婚夫妇还要在里面给小男孩洗澡，寓意是祝福新婚夫妇早生贵子。① 婚礼结束以后，新娘还得同女方送亲客一起回到娘家小住一日，然后由其父或者兄弟护送回到婆家，只有这时新娘才能与新郎同宿。如今的苗族年轻人很少再恪守这些习俗，会唱苗歌的人也越来越少。

　　由于人口大量外流，村民的通婚圈越来越大。以前大多是村内婚、族内婚，以媒人介绍为主，不过现在在打工地自由恋爱找结婚对象的越来越多。由于各地习俗不同，婚礼如何举行主要通过"协商"的方式，传统与现代融合，很多过去繁杂的程序得以简化。课题组于2019年7月和2019年12月到永顺双凤村调研时恰逢赶上两场婚礼，一场是娶媳妇（媳妇系本县外村人），一场是嫁女儿（嫁花垣县），他们都是在外打工认识的，没有经过媒人。婚礼持续了三天，大部分客人都是第二天来赶人情的，县城及附近打工的村民都来了，远处的务工者没有回来。两户家庭都从县城请了乐队、八仙和喇叭，非常热闹，但婚礼程序简化了很多，就连夫妻拜堂他们也认为可有可无。哭嫁现在也很少见了，村民都说是喜事不兴了，在现场我们只看见80多岁的奶奶在出嫁的孙女临出门时唱了哭嫁歌，哭了一阵，新娘忍不住也哭了，新娘的母亲及其他亲朋好友都没有任何表示。新人的嫁妆和彩礼都是以现金和银行卡的方式给新婚夫妇的，所以实物不多，我们在调研中只看见一些棉被作为嫁妆，棉被里面包裹着鸡蛋、红枣、桂圆、花生、莲子和柚子，寓意"团团圆圆，早生贵子"。从这两场婚礼我们可以看出，土家族的传统礼俗和民族特色现在很多都已经丢掉了，随着现代化的不断推进，仪式的"地方性"逐渐丧失（见图5-1）。

---

① 向海霞：《凤凰T村苗族婚俗调查》，《民族论坛》2016年第3期。

图 5-1　双凤村的嫁妆

图片来源：研究生刘 CT 提供。

笔者在二官寨村调研时，村民 KJF 给我们讲述了他儿子结婚的情况：

> 我儿子和媳妇是前年腊月结婚的，儿子在恩施税务局工作，媳妇是恩施一个小学的老师，恩施人，他们是自己谈的，我们大人都没有管。他们在恩施城里买了房子，我们出了 10 万元，女方家里也出了 10 万元，剩下的他们是自己贷款的。他们的婚礼是他们自己操办的，在恩施女儿城艺术酒店，完全由婚庆公司安排的。我们也没有准备什么彩礼，就给了他们 1 万的红包。女方家里也给了 1 万的红包，另外还送了几床棉被。婚礼那天，我们双方父母都在酒店，有些亲戚也来了，另外还有孩子们的一些同事和朋友。我们村里的人来的不多，因为路途太远坐车过来不大方便，不过很多人还是带了人情的。

从村民的介绍来看，这是一个非常现代的婚礼。部分在外工作、闯荡的比较好的青年会选择把婚礼放在城里的酒店里举行，他们觉得这样比较体面，也省心省事。在这个婚礼中，虽然男女青年都是本地土家族人，但是他们没有遵循传统礼节，"现代婚姻越来越强调婚姻是个体的事情……舅权、血亲、家族、村民全部缺场"①，传统婚礼中的一些重要见证人没有在婚礼中出现。过去的婚礼讲究"两亲家，不碰头"，但现在双方父母都可以出现在婚礼现场，告别了乡村的传统礼节。

（二）丧葬礼俗的变迁

湘鄂西地区有早备丧、厚葬隆丧的传统。很多老人都是60岁左右就会开始准备自己的棺木，有的人家甚至从孩子一出生，就为其准备老了以后要用的棺材。寿衣、寿鞋一般也是早早就准备好的，以免老人突然过世弄得手忙脚乱。棺材一般要选用上等木材制成，根据家庭经济条件，有杨木的、松木的和柏木的等，"外面要刷上红漆；寿衣、寿鞋则是棉制的或是绸缎制的，忌用毛皮缝制"②。

"人死众人哀，不请自然来"，土家族老人过世后丧家会即刻鸣三声炮，村民得知消息都会派人到丧家去帮忙，热热闹闹送亡人。土家族的葬礼少则3—5天，长则7天、9天不等，要唱"孝歌"，打夜锣鼓，通宵达旦。老人亡故后，还要在丧堂前架大方桌，做寿圈，扎灵堂，要请道师做道场超度亡灵，他们认为不做道场亡魂会成为孤魂野鬼，无法投胎转世。做道场程序繁多，请道士5—7人，金锣齐鸣，对亡者进行祭奠。唱孝歌主要是歌颂亡者生平事迹，歌颂亡者对子女的抚育恩情。出殡前夕要举行吊丧仪式，俗称"办夜"。在永顺双凤村，村民对亡人的下葬安埋非常讲究，首先要选择下葬的地方，他们相信好的坟地才能更好地护佑后人，坟址最好是"左青龙，右白虎"，不能选在山坳上。出殡的时间一定要请算命先生来算，"日子不能犯煞，参加出殡的人员也不能与死者的属相相冲相克"。送葬过程中，从出家门一直到坟地，一路上都不能让抬着的棺木落地。在出殡之前，丧家一般"要派人提前到埋葬地去挖墓穴，通常要挖半米深左右。接着会把事先放在棺盖中央的'压路鸡'杀死，鸡血则浇在墓穴的周围，以压邪气"③。道师在挖好的墓穴中要画八

---

① 解彩霞：《现代化，个体化，空壳化——一个当代中国西北村庄的社会变迁》，中国社会科学出版社2017年版，第183页。

② 马翀炜、陆群：《土家族——湖南永顺县双凤村调查》，云南大学出版社2004年版，第323页。

③ 马翀炜、陆群：《土家族——湖南永顺县双凤村调查》，云南大学出版社2004年版，第326—327页。

卦，做法事之后才能下棺，要严格遵循这些规则。

在凤凰山江苗族村落，20世纪60年代以前的葬礼仪式主要由巴代熊主持，要经过沐浴、报丧、守灵、哭丧、出殡、送魂、复山等多个仪式环节，通过仪式，死者的亡魂才会被送回到东方祖先老家。"文化大革命"时期，苗族传统丧葬礼仪被取缔。20世纪80年代以来，随着社会经济的发展，苗族丧葬礼仪的部分形式发生了相应变化，集道教、儒教于一身的苗族道师"打绕棺"仪式开始流行。在"打绕棺"过程中，苗族道师们要唱诵佛家度亡经文来超度亡魂，并让亡魂顺利去往西方极乐世界。"打绕棺"的整个过程要敲锣打鼓、有唱有跳，像文艺表演一般，晚上有亲戚朋友前来观看。出殡的路上还有"闹棺"，抬棺的人假装在路上棺越抬越重，要向主人家女婿索要烟酒。这些仪式具有心理抚慰功能，可以减轻丧家的痛苦和悲伤。

随着时间的推移，丧葬习俗一直在发生变化，最明显的变化首先就是"提前备丧"的消失。由于现代社会专业丧葬服务机构的出现，寿衣、寿材等现在很方便在商店买到，很少有人再提前准备放置在家。传统的葬服对衣服样式比较讲究，但现在都是大众化的。其次，丧葬礼消费增加。随着人口大量外流，参与葬礼的人数也大大减少。除了逝者嫡亲的儿女和孙辈，很多离家较远的村民大多不会专程赶回去参加丧礼。以前跳丧、打绕棺和"闹灵歌"这些仪式多是由亲友和村民自愿完成的，但是现在的葬礼大都是主家花钱去请一些专职表演人员来完成，不论是在仪式的表现形式和具体服装细节上都更加统一化和商业化，传统文化因子逐渐丧失。有些孝子女为了给老人厚葬，追求排场、相互攀比，耗费了大量的人力、物力和财力。在青壮年严重缺乏的传统村落，"抬"和"埋"都成了很难完成的事情，因此很多地方出现专门的抬棺木的队伍，抬棺木开始变成一种"收费"行为，改变了习俗本身所传递的情感。最后，丧葬礼仪时间缩短。传统仪式举行的时间比较长，一般为七八天，亦有更长者。而现在操办丧事的时间大为缩短，因为有些年轻人急于到外面打工，有些人觉得拖得久消费就会比较高，特别是道师班子都不愿意拖太久，不然收费比较高，一般家庭不大愿意承受。笔者在利川市毛坝镇石板村遇到做道师的王JS，他介绍说：

我做道场已有二十多年了，葬礼期间我们每天都要念经拜禅，每天早上六点钟就开始，直到凌晨一两点才结束，要把十几本经书都念完才行，只有这样才能超度亡人。现在我不大愿意去做了，因为做这事很辛苦也伤身体，我们其实也不希望在丧家待太长的时间。过去丧家提供的住宿条件要好一些，现在很多人到外面工作或生活，房屋破旧不堪他们也不管，办丧事他们才回来，很多事务他们都来不及准备，所以给我们提供的条件很不好，晚上睡觉房子到处漏风，棉被盖的也不合适，没有办法，特别是冬天我们都不愿意去搞。

从这位道师的话语中我们可以了解到，人口大量外流对传统葬礼带来的挑战是比较大的，仪式和礼节的简化成为很多人的理想选择。传统丧葬礼为村民提供了团聚和交流情感的机会，年轻人参与进来可以受到一定的教育。但现在村子里越来越简化的葬礼，使得葬礼无法起到凝聚家族成员和村民之间的亲密关系的作用，也无法教化后人。

三　民族艺术传承面临困境

湘鄂西地区少数民族艺术种类很多，很多艺术项目过去都是世代相传的，上一代人怎么做，就会教下一代人怎么做，父亲传给儿子，妈妈传给女儿。但现在年轻人大多出门在外，很多传统艺术和非物质文化遗产都面临失传的危险，村民数量太少导致很多传统娱乐活动也组织不起来。

薅草锣鼓是鄂西南地区传统村落村民在集体劳作时表演的一种民间艺术形式，历史悠久。俗话说"请好一个歌师胜过十个劳动力"，农忙时节演唱薅草锣鼓可以起到鼓舞劳作士气，提高劳动效率的作用。他们表演时一人击鼓一人敲锣，击鼓者主唱，敲锣者应之，于薅草队伍之前，打一段唱一段，演唱形式独具一格。他们说唱的内容来自生活，唱的是农事，说的是农话，唱腔粗犷豪放，具有浓厚的乡土情趣。现在集体劳作的人少了，薅草锣鼓班子也组织不起来（见图5-2）。

图 5-2 薅草锣鼓

图片来源：宣恩文化馆提供。

摆手舞和茅古斯是双凤村的两项国家级非物质文化遗产，这两种舞蹈是随着大型的摆手活动一起举行的，整个活动既有宗教祭祀，也有唱歌跳舞，非常热闹。过去他们每年正月初三或初五就开始跳，一般要跳8天，他们相信不跳摆手舞会给寨子带来灾害，所以村民的热情都很高。以往的茅古斯表演一般会有6场，分别是扫堂、烧山挖土、赶肉、钓鱼、学读书、接新娘，参与表演的人都要穿稻草扎成的装束。如今，该村开发民俗旅游，吸引了一些游客前来，村民因此组织了一支艺术团队，平均每月表演3—4场，但凡参与活动的村民都会得到相应的报酬，传统风俗转变成一种商业性的文化。但表演团队年龄结构极不合理，以45岁以上中老年人居多，没有30岁以下的表演者（见图5-3）。这些表演者平日里都在县城或周边做工，很忙碌，制约着艺术遗产的传承和发展。该村摆手舞和茅古斯的国家级传承人都已去世，现在只剩下州级传承人田水香和田岩华，平时很少开展传习活动，他们在调查中说："现在村里孩子们在外面读书，年轻人在外打工，平时根本没有时间教他们跳，放假回来也不愿意学习，没有办法。"

恩施利川市传统村落过去流行很多民间小戏，如打土地、唱灯戏、打连厢等，这些小戏具有角色小、戏班小、易学易演的特点，对服装、道具、舞台都没有严格要求，适合山区人民的文化需求，具有浓郁的民

图 5-3　永顺双凤村的表演队

图片来源：研究生刘 CT 提供。

族特色和地方特色。在正月，村里经常有这样的戏班子去每家每户表演，演唱的内容多为祝福主人的吉祥话语。现在由于年轻人大量外出，春节假期大大缩短，这些娱乐活动也极少看见了。

第三节　乡村公共服务事业萎缩

民族村寨的建设离不开公共服务事业的发展，由于村中人口大量外流，导致村寨内公共服务事业严重萎缩，公共基础设施得不到有效利用，造成大量浪费。

一　乡村小学发展困难

由于父母外出务工，村落里的适龄儿童也有部分随之流向城镇，致使乡村小学生源不断减少，学校规模不断缩小，教育设施闲置。在此背景下，湘鄂西地区很多传统村落都进行了教育资源的调整。教育资源的调整，是国家在乡村适龄儿童越来越少的情况下做出来的一种决策，但是学生大规模地向县城集中也给村民带来很多负担。

永顺双凤村于 20 世纪 40 年代就建立了学校，除了本村的小孩在此上学外，临近不少村寨的小孩也来此读书。1990 年以后，随着外出务工人员不断增加，经济条件好的家庭开始搬往外地，村落里的人口不断减少。由于计划生育政策的实施，适龄儿童数量也大大减少。2003年，云南大学调查组去调研时，该学校只是勉强保留了一二年级，三年级以上的孩子都要去乡中心完小读书，"在校生仅有8名，一年级5人，二年级3人，1名教师，学校采取复合式教学"①。由于交通不便，公办教师不愿意过来，村里只得请代课教师，所以教育质量不高。为了提高办学效率、教学质量，县教育局就撤销合并了这所学校。如今学生读书都得去离村15千米外的县城，由于交通不方便，很多家庭都是在学校周边租房带孩子读书，周末偶尔回来。凤凰县凉灯村过去有3所小学，2组、3组和4组各有1所小学，由于学生数量减少现在也全部撤销了，小学处于空置状态，学生都在山江镇读书（见图5-4）。

图5-4 凉灯村废弃的小学

图片来源：笔者摄于凉灯村2组。

盛家坝二官寨村（原二官公社）在1971年曾有6所学校13个班，有学生353人，教职员工15人。2000年前后，各学校因为学生数少而相继撤销只剩二官寨小学。2014年1月，二官寨小学全校学生已不足50人，由于学校规模小，恩施市教育局决定将该校改为教学点。2017年笔者调查时发现这所学校有学生42人，其中一年级6人，二年级10人，三

---

① 马翀炜、陆群：《土家族——湖南永顺县双凤村调查》，云南大学出版社2004年版，第362页。

年级 10 人，四年级 5 人，五年级 6 人，六年级 5 人。正式教师 4 人，代课教师 1 人，安全员及营养师 1 人。由于生源太少、师资不足，所以只能进行复式教学。校长胡 LF 在访谈中谈道：

> 我们学校虽然学生数量不多，但各年级都有，所以我们的工作并不轻松，一名教师往往要担任两个年级甚至三个年级的全部教学任务。我以前是学英语的，现在全校的英语课从三年级到六年级都由我来教，不仅要教知识，还要辅导作业，工作量还是挺大的。很多孩子离家远，爸爸妈妈外出务工不能每天来接他们，平时只能住在学校，周末才回家，所以我们还需要照顾他们的饮食起居。因为这里是复式教学，教学质量肯定比不上外界，没有办法。我们这类学校很难留住优秀的老师，有时没有办法就只能聘请代课教师。很多家庭条件好或有办法的家长都是把孩子送到盛家坝集镇或恩施城区租住陪读。

从胡校长的话语里我们可以看到，这类乡村小学教学点发展面临的困难还是非常多的，复式教学一方面导致教师负担过重，另一方面又影响学生的学习进程，教学质量难以得到保证。如果该村学龄儿童继续减少，或许过不了多久，它也避免不了被撤销的命运。

二 医疗水平停滞不前

20 世纪六七十年代，村级的医务人员称赤脚医生，一般每村 1—2 名，他们身背药箱走村串寨，从事预防接种、助产接生和常见病、多发病的诊治，深受广大人民群众的欢迎。随着社会经济的不断发展，卫生行政部门对村级卫生组织逐步进行规范化管理，乡村医生必须参加全省统一考试，颁发证件，简易的诊所改称村卫生室，原则上一村一室。但随着人口的大量外流，湘鄂西地区现在很多传统村落的医疗水平仍然非常滞后，一是没有好的医生，二是医疗设施陈旧，很多村只有卖药小店，店中药品很少，无法满足村民的需求。村民生病都要坐几十分钟的车程到就近的集镇上去就医，或者坐更远的一个车程到县市就医，极为不易。

凉灯村过去因为道路不通，村民生病都是自己上山采集一点草药，因为得不到及时的医治而去世或因为高烧造成智力缺陷的儿童非常多。现在村里仅有一位赤脚医生，没有正规的医务室，平时就在自己家中给患者进行治疗，没有什么现代医疗设备，只能医治常见病，如遇突发病情就很难应对了，很多村民现在生病仍然喜欢用草药治疗。

部分发展相对较好的传统村落设置了医务室，但由于病人少，业务素质偏低，服务质量也不高，自我生存和发展能力不强。如永顺双凤村卫生员彭ZK因具备高中文化，2001年被村里送到永顺县卫校学习，半年后回村任职，主要看的病就是感冒、发烧、拉肚子、头痛、胃痛等，也给病人打针，如果村民生重病一般都会到县医院治疗。恩施建始县田家坝村的医护人员虽然以前在卫校读书，但是所学专业是会计，并非医护专业出身，由于村中缺乏医护专业人员，她后来通过学习，并开始慢慢接触病人，现在也仅能应对最常见的小病。该村医务室医疗设施简陋、药品也很少，很难为村民的身体健康提供有效的保障，所以村民大多数情况下还是会选择到外面就医。

三 公共服务发展受阻

湘鄂西地区传统村落由于人口大量外流，公共服务设施功能不断衰退、利用率降低。无论来自政府的"自上而下"的公共服务，还是源于市场的商业服务都无法顺利开展，乡村公共服务的发展遭遇前所未有的困境。

2007年温家宝总理在《政府工作报告》中明确指出，要突出抓好"农家书屋"工程、广播电视村村通工程、社区和乡镇综合文化站建设工程等。在国家各项政策的大力支持下，湘鄂西地区传统村落的公共服务设施建设不断完善，大部分村落在文化服务硬件设施上的建设已经基本到位，如农村书屋、文化活动室、电教室大都已配置。但由于外出务工人员多，很多村落农村书屋大量的书籍放在书架上没人看。留守老人不会使用电脑，所以电教室成了摆设。文化活动室因为人少也很少开展活动。这些现象已经成为山区村级公共文化服务发展中普遍存在的困难，公共服务设施没有发挥到应有的作用。

"农家书屋"建设工程是在国家规划的引导和新闻出版总署的总体部署下展开的，几乎普惠到了全国所有农村地区。但从笔者调查情况来看，很多阅览室都是长期关着门，书架上的图书上落了很多灰尘，读者寥寥无几，部分村民甚至不知道有农村书屋。为什么会出现这种情况呢？2019年7月22日，笔者在利川市毛坝镇石板村调查，该村村支书田XL在访谈中谈道：

> 我们山区农户居住很分散，离村委会较近的村民过来还比较方便，离得远的要走很长的路，借书、还书很困难。现在年轻人大都在外面务工，家里都是老人孩子，没有车他们过来不方便。此外，这乡村阅览室里的书很多都是与农业生产相关的，这些留守老人视力不大好看不了，孩子们不感兴趣，所以就没有人来看书了。

从田书记的访谈中我们可以看到，年轻人大量外流是导致当地农村书屋闲置的一个主要原因。公共文化服务体系建设主要是服务于村落的精神文明建设，希望能够给当地百姓带来一定的实惠，但现在的状况着实让人失望，没有村民利用只能闲置。

除了农村书屋以外，传统村落的活动广场、文化活动室、电教室等也都处于闲置状态。永顺双凤村的摆手堂、二官寨村的活动广场只有在游客到来且有表演需求时才会热闹。有时政府会组织送戏下乡、送电影下乡的活动，但去观看的村民很少。湘鄂西地区传统村落的广播电视在"村村通工程"的进程中差不多都已经建立起来了，有些村落每天都会播放广播，但真正关注的人极少。在凉灯村，村民反映说广播每天都是用普通话播放的，但留在家里的老人大多上了年纪，平时都说苗语，普通话他们根本听不懂。

由于人员外流，与村民生产、生活息息相关的商品销售、物流等基础设施也处于闲置状态。如凉灯村中唯一的一间小卖铺，提供的销售物品种类十分有限，据看店的老人介绍，村中平时没多少人，这些物品平时很难卖出去。在小卖铺的门口挂着一个快递代理点，但村民表示，这只是挂了一个牌子而已，基本处于摆设状态，留守在村的老人根本不会网购和收寄快递，并且从村寨到镇上的山路较远，快递员也不会过来送收快递。

第四节 乡村治理难度增大

村落空心化是当前中国农村社会面临的重大难题。随着传统村落里众多能人及精英离开农村，乡村建设的核心力量被抽空，给乡村治理带来一些挑战。

一 乡村缺乏德才兼备的村干部

湘鄂西地区的农民被卷入现代化和城镇化浪潮以后，有文化、有技术的优秀青年大多涌入了城市，致使村落里后备干部严重缺乏。很多村落都只能"矮子里面拔将军"，选举产生的基层组织干部年龄老化，大多数村干部年龄都在50—60岁。一些老干部工作效率低下，对国家政策新动向、市场知识、农业科技知识更是缺乏学习和研究，不再适应新时代农村发展的需要，不能带领村民脱贫致富。由于村级组织没有德才兼备的干部，势必会加剧村集体经济的弱化，影响村落的发展。

永顺双凤村村支书近几年更换频繁。由于外出务工人员太多，没有合适的村支书人选，2017年政府把刚从学校退休的田YL安排回乡担任书记。由于村务琐事太多，他才干了一年多就苍老了许多，由于身体不适，2019年11月他申请辞去村书记的职务。现任书记是彭ZP，以前在县里做零工。现在村里的几个主要干部都是50多岁，他们都在城里买了房，平时都不住村里，白天有事才会过来。山江凉灯村的主要村干部年纪也偏大，村支书57岁左右，村主任45岁左右，村秘书50多岁，村妇联主任是书记老婆，也有50多岁了。支书吴书记已经做了十几年，他带领村民修路、修水，做了很多实事，深受村民的爱戴。可2018年突然出了车祸，住了48天院做了3次大手术，腿部截肢了，之后又在长沙装了假肢。该村没有合适的人接任，村支书的薪资待遇一年只有2万元，很多年轻人不愿意做，没有办法下吴书记出院后只能继续做（见图5-5）。

恩施建始县田家坝村村支书田Y于2001年开始出门在深圳打工，2008年在"一村一名大学生"的政策号召下回到恩施职业技术学院读书，两年毕业后成为村里的大学生村官，当时工资1天只有10元，由于工资太低无法维持生活，2010年他再次外出打工，2018年2月因为家里要维

第五章　过疏化背景下传统村落发展面临的困境　　137

图 5-5　凉灯村吴书记

图片来源：笔者摄于凉灯村。

修房屋所以回乡，现为村支书。他在调研中谈道：

> 我在外面打工多年，在很多公司里都干过，外面打工平均每月有六七千，如果不是为了孩子的教育真的不想回来。以前村里的老支书年纪大了，我现在回来接任，深感责任重大。村委会各类事务很多，老百姓有什么问题都要来找你，如果解决的不好他们还会有意见。乡政府也会有一些任务分派给我们，真的挺忙的。村干部这待遇跟我在外面打工相差太远了，老百姓还以为我们拿了很多钱。看我现在整修房子都不敢整太好，尽管用的是我多年打工积攒的钱，但是怕他们说我是当了书记从那里贪污的，真的不好做啊，说实话我现在都不知道可以坚持多长时间。

从访谈资料可以看到，有些年轻人因为各种原因被临时召唤回来以后，看到村委会事务繁杂琐碎，待遇又不高，他们深感很难做下去，导致农村基层干部队伍很不稳定，年轻干部辞职出门打工的现象比较常见。

此外，流动村民参与村两委选举的比例也不高，由于打工地较远，回家成本太高，既需要付出时间和精力，还要承担交通费用、耽搁工时，因此大多数外流村民要么放弃选举，要么委托在家亲属或同乡选举，选举意愿多会被利用或曲解，难以体现自己真实的想法。很多传统村落都没有实现电话投票或网络投票,农村人口的流动性和短视性致使基层自治缺乏有效监督,村务公开有名无实。

二 男性婚姻挤压导致社会不稳定

由于我国男女性别比失衡,男性未婚人数远远多于女性,因此在现实生活中很多男性人口难以找到合适的婚姻伴侣,出现男性婚姻挤压问题,这种"挤压"现象在贫困民族地区表现得非常明显。因为按照社会"女低男高"的婚配模式,贫困村落里的女子可以选择嫁到经济条件稍好一些的富裕农村,或者城镇地区,而那些自身条件较差、家庭贫困的农村男子就可能因为找不到对象而无法结婚。随着时代的发展,现在民族地区很多年轻人都外出务工,村民的交际圈和通婚圈不断扩大,但是婚姻挤压现象仍然普遍存在。

因为受区域经济发展差异性的影响,民族地区流动人口中女性比男性更容易通过婚姻向上流动,流出其出生地。湘鄂西地区传统村落交通闭塞,经济状况不好,当地适龄女子普遍都不愿意留在本村,一般都会想办法嫁到山下。由于女性外嫁骤增,加剧了当地适婚男女比例失衡问题,男子通过传统婚姻圈获得婚姻的比例大大降低,哪怕是条件比较好的男性青年在本地都很难找到合适的配偶。如二官寨村康Y、康S都是回乡创业的大学毕业生,家庭条件也还不错,年收入10万元以上,但至今都没有女朋友,他们在访谈中都提到主要是因为当地未婚女子基本上都外出务工了,没有合适的对象。虽然男子也可以到外面打工,但是他们很多都是在建筑工地或运输公司,这些地方未婚女子很少,所以通婚圈狭窄。建始田家坝村39岁未婚青年TK在访谈中谈道:

> 我是初中毕业后跟村里人一起到外面去打工的,现在在建筑工地上做事情。我们工地上除了做饭的两位阿姨是女的之外,其他的都是男人,哪里有机会谈恋爱呀!以前村里还有热心人介绍,那时年轻觉得不用着急,现在着急了周围都没有合适的女子了。很多女孩要求也高,她们大多都会问有没有在外面买房子?能拿出多少彩礼?提及这个就比较烦,我们家前几年修这房积蓄都花光了,没有办法,现在只能走一步算一步吧!

TK 的话语里充满了无奈，这些婚姻挤压的男子承受着很大压力，因为社会上大部分人都会将他们不能正常结婚的原因归因于"没本事"、"能力差"和家庭条件不好，父母也感觉没有脸面。那些到了四五十岁还未娶到老婆的光棍们，生活过得十分单调，屋子里乱成一团，如果得了急性病更加危险。

个案 10：凉灯单身汉 LT，48 岁。有一回，村里人有喜事，打算叫他去帮忙，进他家门，发现单身汉躺在床上一动不动，眼角流着泪，猫在舔他的脸，他的下半身已僵硬。原来是患了急性病，已饿了三四天，也未喝水，身体动弹不得。后来在村里人的帮助下，他被送到了凤凰县人民医院，住了一星期就好了。自那以后，他心里一直有阴影，很害怕得病。由于不会说也听不懂普通话，他不能出去打工，只好在家里种那几亩地。种出来的稻谷、油菜籽及大豆多得自己吃不完，但他就是不卖，怕失去赖以生存的谷子和油。一旦自己再生病，起码有吃的，不至于饿死。

因为婚姻挤压严重，村民娶妻的成本也在不断增加，这与当地的生产力水平极不相称，山江凉灯村民介绍说他们村结婚没有 20 万—30 万元是肯定办不下来的。这种情况导致单身汉遍地都是，那些离了婚且有生育能力的女人也成了"抢手货"，甚至智障但有生育能力的女人一样可以嫁出去。有些男子家庭条件不好，迫不得已到别的地方去上门。

个案 11：建始田家坝田 XX，78 岁，他有两个儿子，一个女儿。因为家庭条件不好，女儿早早的嫁到外村了，两个儿子一直不能娶亲。后来他们出门打工后都到荆州去上门了，女方都是离婚带孩子的。据村民介绍，他们长期在女方家生活，没有任何地位，也没有掌管钱，几年不回来一次。田 XX 平时都是一个人生活，异常艰难，去年他从危房搬迁到新建的安置房，一个儿子回来帮忙搬家，临走只给父亲 200 元。

由于社会上越来越多的男人成为光棍，有些地方就出现几个男人为了追一个女人而打架斗殴的事件。山江镇的斗殴一般发生在腊月，因为快过年时很多年轻人都回来了，腊月赶场常常有打架事件发生，几乎全部是为了女子。有些男子年龄一年一年大起来，但一直不能娶妻，便造成了性饥渴。据艺术家黄于纲介绍，山江镇还专门开有"嫖屋"，这里的"小姐"生意极好，单身山民为了解决性压抑就会去光顾，价格也不高，他在其成果《凉灯——山这边的中国》中真实记载了当地"小姐"的情况：

> 她们大部分来自凤凰周边县市的农村，年纪普遍为四五十岁左右，大致分两拨：一拨常住凤凰，职业营生；一拨只逢赶场天来镇上做"生意"。春夏"生意"不好，秋冬要好许多，因为在外打工的光棍们到年底都要回家过年。常住凤凰县城的那拨人也趁着"好季节"跑到镇上来赶场接"生意"，就连卖春药的都跑过来。今天山江，明天麻冲，后天阿拉，过几天又是腊尔山，一场接一场，忙碌不停，有时候，光棍们竟要排队"解决"需求。[①]

遭到婚姻挤压的男性，在找不到婚配对象的时候，生理需求得不到满足，有一部分未婚男性就会选择寻找地下色情业满足自己的需求。这些行为败坏了社会风气，也增加了乡村治理的难度。

三　村落不安全因子增加

传统村落农村人口的大量外流导致当地治安防范能力也大大减弱，不安全因子增加。由于外流人口绝大多数是身强体壮、有文化的中青年农民，他们是农村家庭的"一家之长"。留守在家里的老幼妇孺分辨是非和防御意识较差，自我保护能力不足，加之山区地广人稀，一些不法分子就趁此机会欺凌这些无助的弱势群体。据调查，湘鄂西地区有些村落曾遭到过不同程度的被盗现象，特别是居住分散的家庭成为犯罪分子作案的首选目标。如咸丰县王母洞村外出务工家庭近几年多次发生被盗现

[①] 黄于纲：《凉灯——山这边的中国》，江西教育出版社2019年版，第42页。

象，因为举家外出，家中被盗后不了解信息，直到务工返回才知晓，因时间耽搁太久，到公安局报案也没有办法。据村民介绍，偷盗分子一般都不是本地人，他们白天会过来村中查看地形和目标，过几天晚上就会有人过来作案。在利川海洋村调查时，村民反映外地小商贩曾几次到他们那里兜售假冒伪劣产品，很多老年人上当受骗，为此村委会还专门开会组织防范工作。

由于农业生产的衰落或传统产业的转型，很多农村家庭的口粮慢慢开始依赖市场供应，这不可避免地增加了食物风险。过去湘鄂西地区传统村落大多是自给自足的，虽然经济不宽裕，但是大家吃的都是健康的，大米、土豆、玉米是自己种的，鸡鸭鹅是自己养的。特别是腊猪肉，村民更是讲究，他们每年都至少会精心喂养3头肥猪，年底熏制成腊肉，这样可以满足全年日常所需，也是他们招待客人的上等菜。但现在由于劳动力大量外出和经济结构转型，很多家庭日常所需的粮食、蔬菜、肉类大多从市场上购买，不喂猪了，他们不得不面临更多的"食品不安全"的风险。因为农村较低的收入水平使他们不会过多关注产品的质量，他们只愿意选择购买市场上相对便宜、实惠的产品，因此他们承担着更大的食物安全风险。村民从农业生产中脱离出来，主要是为了让自己和家人生活得更好，但遗憾的是现在连基本的需求食物安全都变得无法保证。

第五节　留守人口问题凸显

近20年来，为了追求更好的生活，农村青壮年劳动力大量外出务工，可是由于各种原因的限制，他们只能将子女、妻子及父母留在家里，从而形成了一定规模的"留守儿童""留守妇女"和"留守老人"，有学者将之称为"386199"部队，"38"代表妇女，"61"代表儿童，"99"代表老人。留守人口问题是城镇化进程中的一个突出问题，目前已经引起了社会的广泛关注。由于山区自然条件的限制，这类留守人群现象在湘鄂西地区传统村落非常普遍，大量的留守人群严重影响传统村落的建设与发展。

一 留守儿童教育缺失

"父母在远方,身边无爹娘,读书无人管,心里闷得慌,安全无保障,生活没希望。"① 这一顺口溜形象且深刻地反映了农村留守儿童的生活状况。湘鄂西地区农村很多父母都在江浙一带打工,路途遥远,基于经济成本的考虑,父母和孩子平时见面的概率很低,很多父母都是一年才回家一次。父母外出导致"正常的家庭亲子结、家庭权威、行为规则、信任、亲情等家庭社会资本存量的流失"②,家庭教育功能不断弱化。

在凤凰县凉灯村田野调研中,外出打工刚回来的28岁的龙XX介绍说:

> 我们外出打工如果带孩子一起出去成本太高,因为没有当地户籍,孩子不能进入当地公立学校就读,私立学校学费和生活费都很高,半年至少都要5000元,教学质量也无法保障。另外,外面租房房价也高,很多务工单位都是为民工安排的多人一间的集体宿舍或临时搭起的工棚,这种居住方式是无法安排家人和孩子的。如果另外租房价格太高,我们一般家庭都承受不起。几个孩子带出去了,两口子也只能一个去工作,另一个照顾孩子,生存压力更大。

龙XX的介绍反映了湘鄂西地区大多数家庭的真实状况,正因为种种条件的限制,年轻人外出务工大多将子女留在农村,交给爷爷奶奶或外公外婆抚养,因此造成数量庞大的"留守儿童"群体。父母外出给孩子留出了比较多的自由时间和空间,因为没有约束,很多留守儿童养成了自由散漫的坏习惯,不认真学习,经常迟到、旷课、玩游戏。俗话说"爷爷孙子没大小",隔代抚养问题很多。大多数情况下,孙子(女)提出的要求爷爷奶奶都会尽量满足,孙儿做错了事他们也舍不得教训。很多小孩子根本就不听爷爷奶奶的话,老人们也管教不了,只能保证他们

---

① 李强:《大国空村:农村留守儿童、妇女与老人》,中国经济出版社2007年版,第2页。
② 郑传贵:《社会资本与农村社区发展——以赣东项村为例》,学林出版社2007年版,第39页。

不忍饥挨饿。长此下去，孩子便形成了以个人为中心的特点，不会关心体贴他人，在学校也不认真学习。

笔者在凉灯村遇到一个孩子，她现在正在山江镇读初一，两个哥哥初中毕业后都到外面打工了，爸爸妈妈也长期在外面打工。她平时和爷爷奶奶生活在一起，为了方便联系，他们给她买了一个手机，还专门开通了网络。暑假里，她每天拿着手机看视频、看抖音、玩游戏，既影响学习，也伤害眼睛，没有人管教，令人惋惜。孩子一天天长大，因为在学校没有好好学习，自然考不了高中进不了大学，初中毕业后只能跟着父母一起出去打工，成为"农民工二代"。

二　独居老人负担过重

中国人把子孙满堂、享受天伦之乐作为人生最大的幸福，而现在年轻人外出后，留在家里的只有老人，他们要独自生活，缺乏经济支持和精神支持。尽管老人希望儿女有更好的生活，但子女长期不在身边不免还是有些失落，老年生活凄凉又孤独。有些家庭儿子媳妇双双外出，老人还要承担起抚育第三代的重任，既要照顾孙辈的日常生活，还要送他们上学读书，负担沉重。而对于那些男人外出而媳妇留在家中的家庭来说，老人虽然只是农活、家务和照顾孩子的帮手，但常常"吃力不讨好"，做了很多事却感觉媳妇不理解他们的苦心。由于儿子在外面打工，老人心中有怨气和委屈也无处诉说。

个案12：永顺县双凤村胡WX，女，78岁，丧偶。有三个儿子，大儿子和二儿子都到其他地方去上门了，小儿子留在家里。前几年小儿子和妻子离婚了，两个女儿都归男方，大女儿读五年级，小女儿读三年级。因为孙女要上学，而村里又没有小学，胡奶奶只得在城里租房带孙女。为了生活，小儿子到温州鞋厂打工，一个月3000多元，为了节约车费一年只过年回一次。胡WX和孙女在城里只租了一间地下室，一年2000元，每周五她都要带孙女回村，忙着种点菜和玉米，满足日常生活所需。因为没有公交车回村，距县城25千米的路她们都靠步行，一趟要走近两个小时。周日下午她们从家里带些土豆、萝卜、白菜等又要匆匆往城里赶，非常艰苦。

在田野调查中，笔者遇到很多独居老人，他们都是 70 多岁、80 多岁了，但身边一个亲人都没有。在访谈中，他们都谈到不希望儿女外出打工，害怕失去他们，害怕自己突然哪天走了来不及看他们最后一眼，但是没有办法。每逢年后或节气，都是他们最痛苦的时候。为了生活，年轻人都要出去劳作，但老人对亲人的思念难免会更强烈些。青壮年在外打工很辛苦，工资不是很高，但家庭各方面的开销比较大。为了给儿女减轻一些负担，劳苦了一辈子的老人不得不再担起生活重任，每天在繁重的体力劳作中挣扎。老年人由于年老体弱，生灾害病时有发生。由于无人照顾，很多老年人都是大病小看、小病不看，死在家中多日后才被人发现的事件时有发生。如 2005 年 6 月，湖北郧县城关镇的一位留守在家中的李老汉突发脑溢血死亡，而 3 岁的孙子被困家中饿死。[①] 恩施市白果乡也曾发生几例类似事件，所以后来该乡积极发展互助养老。

三 留守妇女面临"诱惑"和离婚风险

湘鄂西地区的妇女和丈夫一起外出打工的很多，但也有一部分人选择留守，妻子没有丈夫在身边，需要独立承担教育子女、赡养老人、操持家务和维持生计的重担，同时还要忍受一定的孤独和寂寞，极其不易。夫妻长期分居增加了家庭不稳定因素，男女双方都可能会经受一些诱惑，留守妇女更容易成为性骚扰的对象。有的家庭虽然是夫妻双双外出就业，但工作地点并不在一起，或者没有条件租房子住，因此他们平时也只能短暂相聚，这也增加了婚姻的不稳定性。

在恩施市建始县田家坝村，笔者详细调查了该村的离婚问题，从调查统计情况来看，田家坝村离婚一共有 54 例，其中因为外出打工离婚的就有 32 例，有些家庭是因为女方在外打工的过程中移情别恋提出离婚的，但是妻子留守在家，丈夫在外打工提出离婚的也不少：

1. 王 YZ，42 岁，丈夫出门打工后没有再回来，自动离婚。

---

① 张玉林：《流动与瓦解：中国农村的演变及其动力》，中国社会科学出版社 2014 年版，第 93 页。

2. 赵T，29岁，在广东打工，妻子在镇上带孩子读书有外遇，所以离婚。

3. 王P，32岁，丈夫长期在外打工，自己在家带孩子照顾老人，丈夫有外遇。

4. 文JF，39岁，他在外打工时，妻子在家有外遇。

5. 田DY，52岁，妻子很漂亮，丈夫总是不放心，出门打工回来后怀疑妻子和别人有关系，最后导致离婚。

6. 田SZ，49岁，丈夫出门打工有外遇，所以离婚。

7. 周KX，51岁，出门打工已经七八年未归，至今下落不明，自动离婚。

8. 田HF，43岁，本人在武汉打工，比较花心，经常结交女性朋友，所以妻子与他离婚。

9. 田DY，48岁，长期在外面工地上打工，有一年妻子到他工地上玩，后来和工地上做混凝土的人好了，和别人私奔了。

10. 田JC，58岁，出门打工后有外遇，不再回家，自动离婚。

从调查情况来看，留守在家的妻子面临的诱惑和"被抛弃"的风险还是比较大的。一方面，丈夫如果外出务工做的很好，收入就会大大增加，这样就形成了对留守家中的妻子的优势，夫妻二人的差距会越来越大以致没有共同语言。夫妻长期分居也会导致交流的减少和感情的疏远，长期的性压抑和外来的诱惑很容易使"婚外情"乘虚而入。另一方面，留守在家的妻子很多都在乡镇里租房带孩子读书，如果在镇上没有找到合适的工作，孩子白天上学后难免会孤独寂寞，也会经受一些诱惑，成为性骚扰的对象。如果周围有优秀男子追求，她们很容易发生外遇而选择"离婚"。

个案13：龙XS，凉灯村人，常年在武汉与别人合作开店，生意不是很好，妻子和孩子在家里。2014年妻子经不起诱惑跟别人跑浙江去了，留下两个女儿，一个一岁多，一个才七个月。她觉得和龙XS没法过下去了，要去寻找自己的幸福。龙XS为此哭过几次，还专门到浙江去找妻子，劝她回来，可她下了狠心，绝不回头。

在中国传统农村，婚外情和离婚现象极少，因为女子离婚要蒙受很大的社会耻辱，但如今在性别失衡、男性婚姻挤压的宏观背景下，女性地位不断提升，传统价值观念发生转变，权力意识增强，她们认为离婚不再是一件羞耻的事情，她们会为了追求自己的幸福而离开原来的家庭，离婚率随之不断增加。建始县花坪镇宾馆田老板在调研中介绍：

> 我们这里很多妈妈在镇上租房带孩子读书，爸爸到外地去打工，两人长期分居。有的妈妈和镇上别的男子相好了，就到我的宾馆来开房，这种现象非常普遍。有些妈妈在不同时间还带不同的男子到我这里来。因为我的宾馆是镇上最好的，所以很多人选择到这里开房。有些是熟人，他们不用前台登记，直接打电话给我，我反正是做生意，睁一只眼闭一只眼，替他们保密。

湘鄂西地区传统村落以前离婚现象极少，20世纪90年代以来，随着外出务工人员不断增加，村里离婚的人数也逐渐增多，以至于现在流行"十个打工九个空，还有一个把家回，回来之后休老公"之说。离婚主要源于家庭功能的衰落，降低了家庭成员产生认同的凝聚力，它不再被认为是个人生存所必需的条件。由于社会中的离婚现象越来越多，很多人都习以为常，不再把离婚当作"羞耻"，所以留守女子会因为打工而面临诸多"诱惑"和离婚风险。

第六节　村落价值认同式微

中山大学周大鸣教授认为，传统乡村社会的基础是"三缘"，即血缘、亲缘和地缘，以及与此相关的三套制度，即宗族制度、亲属制度和民间信仰制度，这些构成整合乡村社会的基本力量。[①] 现在这三套制度都发生了极大的变化，传统村落的凝聚力不断下降，个人缺失对村落共同体的认同。

[①] 周大鸣、廖越：《我们如何认识中国乡村社会结构的变化：以"原子化"概念为中心的讨论》，《广西师范学院学报》（哲学社会科学版）2018年第4期。

一 "异质性"增加导致村落凝聚力降低

湘鄂西地区传统乡村社会是同质性较强的社会,村民都生活在同一个村落里,"生于斯,死于斯",从事着相同的农业生产,大都秉承尊老爱幼、诚实守信、以人为善、勤俭持家的传统理念,村落凝聚力很强。在熟人社会里,村庄舆论发挥着约束、监督以及惩罚的作用,大多数村民也因在乎自己在村庄内的"名声"而遵守传统社会的宗教伦理道德规范。然而,在新型城镇化和农业现代化的背景下,人口的流动使村民之间的熟悉程度已经大不如传统乡村社会,传统的"熟人社会"已变成"半熟人社会",乡村社会开始由"同质性"向"异质性"发展,村民在收入、地位、职业、价值观等方面都存在较大差距,降低了村民对村落共同体的认同,影响了村庄的整体凝聚力,增加了乡村治理的难度。很多村落的村干部与村民之间还存在一定的矛盾,笔者2018年在湘西凤凰县传统村落调研时,几个村民都提到父母的养老补贴被村干部暗中领取的情况,有些村民因为没有评上低保不能享受国家的照顾政策而对村干部心生不满,等等。

由于人口大量外流,乡村主体缺失,"弱化了村落以血缘、地缘、亲缘为基础形成的情感纽带,传统乡村紧密的社会联结体系遭到破坏"[①]。每逢春节,很多外地打工的人群都要回来,相聚时他们常常会向那些留守在村落的村民绘声绘色地讲述他们在城里的经历。对于那些留守人群而言,这无疑是一个巨大的刺激,增加了他们对城市世界的向往和对城里人身份的羡慕,同时也带来村落认同感降低,他们认为留守于乡村就意味着"贫困"和"隔绝"。

湘鄂西地区的传统村落保存着一些特殊的风俗习惯,长期以来人们共同遵守这些行为准则。有的村落祭祀祖先,祭祀土地神,重视婚丧嫁娶仪式的举办,这些文化活动有祖先的力量,有家族的亲情,可以起到凝聚民心、和睦家庭和情感交流的作用。但在现代化无处不在的今天,不少风俗已经远离了村民的生活。一些传统村落注重新房、新路的建设,而不注重维系家族、凝聚精神的公共场所的营造,这样建设起来的村落

---

① 葛燕林:《村落过疏化与乡村认同重建》,《中国浦东干部学院学报》2015年第6期。

缺乏根脉，很难产生凝聚人心的作用。现在伴随村落过疏化的出现，集体祭祀现象已很少见了，留守在乡村的老人、妇女和儿童平时大都各忙各的，互动频率不是很高，情感交流很少，疏远的邻里关系使很多乡民都感受不到过去村落里的那种脉脉温情，村落价值认同感式微。

二 新生代农民工"乡愁"流失

2010年1月31日，国务院发布的中央一号文件里首次使用了"新生代农民工"这一概念，主要是指在1980年之后出生、外出从业6个月及以上的农村劳动力，他们在受教育程度、务农经历、外出动机等方面与老一代农民工存在显著差异，他们是"从学校到学校，然后直接走向社会，基本上没有经过农业生产环节，对于农业生产基本流程也并不熟悉，甚至也没有什么感情，因此必然带来乡村农业思想观念的淡化"。[①] 这些新生代农民工在外地工作赚钱后不会省吃俭用攒钱往家里寄，更不会回家盖房娶媳妇，他们的"城市梦"比他们的父辈更执着。打工虽然辛苦，但是比起农业生产还是相对轻松，更何况打工每月可以拿到固定工资，更加富有吸引力。

许多年轻人一直在学校读书，没有农业生产的经历，他们不会耕田种地，情感上已经不太愿意从事农业生产。他们长期在城市闯荡，和乡间的距离越远越显得生疏，城市文化的耳濡目染不断消解着他们对家乡的情感认同和社会记忆。笔者在凤凰县城曾遇到从麻冲老洞村走出来的一位村民麻SS，他们一家在县城做餐饮生意已经有10年了，笔者对他进行了访谈：

> 笔者：你们现在还经常回老洞村吗？
> 麻SS：我爸妈现在还在村里，每年还是要回去两三次。
> 笔者：你们每次回家一般待几天呢？
> 麻SS：一般都是当天回来，我们都是开车回去，很方便，过春节的时候会待两三天。
> 笔者：为什么每次回去不在老家多待一段时间呢？

---

① 韦祖庆：《空心村乡村文化研究》，中国文联出版社2016年版，第128页。

麻 SS：在城里住习惯了，回到老家感觉住不下去。老家的房子又小又黑，住着不舒服。

笔者：你们有没有回乡发展的打算？

麻 SS：没有，我小时候没怎么做农活，回家都不知道能够干什么呢！农村太辛苦了，干什么都不赚钱，不想再回去了。我们现在已经搬出来 10 年了，家乡的人已变得越来越陌生，如果以后父母不在了，我就会把老房卖掉。

从访谈材料可以看到，离开村落的年轻人在外丰富了社会阅历，对村落的感情和认同会逐渐弱化，他们不能再适应乡村的生活和人事环境，因此不愿意再返回乡村。对于这些新生代农民工来说，村落变成他们曾经熟悉的"别处"。

本章小结

乡村过疏化是社会发展和城镇化的产物，越是偏远落后的山区，过疏化程度越发严重，因此带来乡村的急剧衰落。青壮年外出务工在一定程度上提升了农户的家庭收入，缓解了村落里人多地少的矛盾，但付出的代价也是巨大的。在湘鄂西地区，由于人口减少，传统农业生产不断萎缩，许多土地只能实行退耕还林，传统习俗和民俗文化也不断流逝。由于村落中高素质劳动力资源的缺乏，乡村公共服务事业不断萎缩，乡村治理难度增加，基层组织建设受到影响。人口外流对个体家庭也带来重要影响，留守儿童教育缺失，留守老人负担重，留守夫妇面临"诱惑"和离婚风险，家庭不稳定因素增加，男性婚姻挤压现象突出。

人口的流动导致传统的"熟人社会"变成"半熟人社会"，乡村社会开始由"同质性"向"异质性"发展，村民在收入、地位、职业、价值观等方面都存在较大差距，降低了村民对村落共同体的认同，影响了村庄的整体凝聚力，公益性活动力不从心。许多年轻人一直在学校读书，毕业后就到城市闯荡，没有农业生产的经历，和农村的距离越来越远。

第 六 章

过疏化背景下传统村落
可持续发展的思考

20世纪中叶,在工业化与现代化的飞速发展带给人类大量物质财富的同时,也使人类社会面临环境不断恶化、资源几近枯竭等问题,加剧了人与自然的矛盾。在此背景下,1987年世界与环境发展委员会举办的联合国第四十二届大会发表了长篇报告《我们共同的未来》,报告中首次明确提出可持续发展的概念。它强调人类的发展"应该既要满足当代人的需求,又不损害后代人满足其发展需求的能力"。可持续发展战略是人类的必然选择,它的基本内涵是经济社会的发展应该以资源环境承载力为基础,既要发展经济,也要兼顾社会和环境,要正确处理各种关系,既要保障当代人的生存与发展,又不能对后代人产生恶劣影响。

过疏化给传统村落的发展带来巨大的挑战,在此背景下传统村落如何实现可持续发展呢?2014年,国家住房和城乡建设部、文化和旅游部、国家文物局、财政部的《指导意见》专门就传统村落生活的延续性提出:"一是注重经济发展的延续性,提高村民收入,要让村民安居乐业;二是注重传统文化的延续性,传承优秀的传统价值观、传统习俗和传统技艺;三是注重生态环境的延续性,尊重人与自然和谐相处的生产生活方式,严禁以牺牲生态环境为代价过度开发。"① 实现民族地区传统村落的可持续发展需要在维护资源和保护生态环境的前提下,采用技术适当、经济可行、社会能接受的农业发展模式,要延续农业的综合生产能力,要传

---

① 唐晓梅:《黔东南苗族侗族传统村落保护发展对策研究》,《民族学刊》2018年第3期。

承村落文化和记忆，要保持传统村落的生机与活力。

第一节 传统村落可持续发展的目标

2005年，中共十六届五中全会提出了社会主义新农村建设的总目标，概括为20个字"生产发展、生活宽裕、乡风文明、村容整洁、管理民主"。"新农村建设"与传统村落的发展并不矛盾，中国文物学会前名誉会长罗哲文在第三届中国传统村落保护与发展国际研讨会上就表示："新农村建设对中国传统村落的保护是挑战，更是机遇。如果规划有序、措施得当，新农村建设将大大促进传统村落保护工作。"可见，新农村建设的目标对传统村落的保护和发展具有指导性意义，但对于民族地区的传统村落来说，文化传承、乡愁永续也是需要考虑的重要问题，因此笔者认为其发展可以确立为以下目标。

一 风貌完整，村容整洁宜居

传统村落是一个有机整体，是一个完整的生活空间，只有保护其完整性，延续乡村聚落的历史发展脉络，才能更加有效地展示它的价值。湘鄂西地区传统村落中保存着许多老房子、老院子，因常年失修，到处是残垣断壁。为了保护村落历史风貌的完整性和原真性，要立足"天人合一"的生态观，把田园、山水、村落作为一个有机整体来规划、保护和建设，不做破坏性的建设和建设性的破坏，不过度商业化。村落核心区严控建新房，要"修旧如旧"。外围区域建房也要注重建筑布局、高度、风格、色调上与村庄传统风格相协调。政府要引导和帮助村民对原有住房进行修缮和改造，科学解决通风、采光、隔热、防潮、卫生等问题，就地改善老百姓居住条件，提高居住的舒适度。传统村落在修葺中一定要处理好"旧"与"新"的关系，一方面，传统村落保存了大量历史文化信息，需要在"修旧如旧"中保持原有风格；另一方面，作为村民的居住地，传统村落又是人们生活的场所，需要为村民提供方便、快捷的生活方式，跟得上时代的步伐。

村容整洁是指"村落布局合理、基础设施完善、服务设施齐全、生态环境良好"，实现民居美化、街院净化、道路硬化、环境绿化的面貌，使农村脏、乱、差的状况从根本上得到治理。① 村容整洁是展现农村新貌的窗口，是农民安居乐业的必然要求。由于山区经济发展滞后，传统村落大多没有垃圾处理和污水处理设施，靠近集镇的河流往往成为垃圾和污水的排放处。许多村民卫生习惯也比较差，人畜同厕，很不卫生。很多村落鸡鸭到处跑，牛羊随处放，粪便、污水肆意横流，生活用水也不卫生……俗话说："世界上没有垃圾，只有放错了地方的资源。"其实很多"废物"都是可以利用的，例如玉米秸秆可以做青贮饲料，畜禽粪便可以制作沼气，沼液可以用作肥料，等等。村容整洁是一项长期而系统的工程，需要积极倡导勤俭节约、绿色低碳、文明健康的生活消费方式，推进厕所革命和垃圾污水治理，建设生态循环产业，逐步普及沼气使用，减少柴薪需求量，减少化肥和农药的用量，改善农村人居环境。此外，村落里还可以建立环境卫生治理领导小组，成立环境卫生清扫队，每户购买垃圾桶，每个小组设置垃圾点，村落建设垃圾处理场，垃圾实行户集、组拖、村处理，不留盲点、死角，努力实现村容村貌卫生整洁。

二 产业发展，村民生活小康

经济发展是传统村落保护的物质基础，提高村民生活水平和生活质量，缩小城乡差距是传统村落建设和发展的重要目标和具体表现。湘鄂西地区处于武陵山区，这里生态脆弱，自然灾害频发，生产方式比较落后，农业现代化程度比较低，还有相当一部分传统村落处于传统的耕作阶段。很多传统村落除了农业就没有别的产业，经济水平落后。据向德平和张大维对武陵山片区8县市的调查，近五年来，124个样本村共发生水灾366次、病虫害290次、风灾281次、旱灾280次、山洪泥石流169次、冰雹121次、霜冻117次、山林火灾66次，其他灾害28次。自然灾害致贫、返贫现象非常突出。②

农业是传统村落的经济基础，经济发展首先指的是农业科学化和现代化。"绿水青山就是金山银山"，湘鄂西地区要发展必须走生态之路，

---

① 王钟健：《新疆新农村建设：村容整洁》，新疆美术摄影出版社2009年版，第1页。
② 向德平、张大维：《连片特困地区贫困特征与减贫需求分析——基于武陵山片区8县149个村的调查》，经济日报出版社2016年版，第226页。

要充分利用当地的资源禀赋大力发展绿色生态产业,努力培育以富硒产业为龙头的绿色产业体系,因地制宜地发展茶叶烟叶等经济作物,在适宜的地方种植果树和中药材。同时可以全力构建大健康产业体系,大力发展医药保健、康体运动、养生休闲等健康产业,发展绿色食品加工业和生物制药。

此外,传统村落产业领域也需要拓宽,支持村落物质文化遗产不被破坏的前提下适当发展工业和第三产业,实现一、二、三产业融合。民族地区经济贫困,迫切需要政府增加人力、物力和财力的投入,加大基础设施建设和产业转型步伐。但是单靠政府的支持和投入来推动村落的保护与发展显然是不够的,必须调动各种社会力量来实现。政府可以在土地、税收等方面采取一定的优惠措施鼓励个人或企业团体投资的积极性。凤凰县山江镇黄毛坪村在旅游开发中探索出"政府引导、公司运作、群众参与"的市场化路子,将所有权、经营权、管理权分离,大胆引进投资商和吸纳民间资本,投资开发旅游业,把景区景点推向市场,通过几年的发展,山江的旅游业在发展中不断进步。

三 教育回归,文化传承有序

"今天的古村无论建得多么好,如果缺失乡村教育,这个古村是没有生命力的。"[1] 2006 年国家实行学校布局调整后,很多乡村小学都撤了,孩子们上学的路程越来越远,乡村的寂静让你再也听不到琅琅书声,家校联系松散,孩子们的营养、心灵和生活也令人担忧。政府实施的拆点并校政策对中国乡村造成了重大伤害,现在很多乡村人不爱乡村,缺乏乡土情结。要留住传统村落,留住乡土记忆,一定要让教育回归乡村,传递"本土文化"教育的功能。俗话说"再苦不能苦孩子,再穷不能穷教育",小学生特别是三年级以下的孩子自理能力较差,寄宿制学校生活无法适应,到镇上去租房又会增加家庭负担。因此有条件的村落可以让这部分孩子回归乡村、就近上学,让孩子从小接受乡土文化的熏陶。很多传统村落以前都修建了小学,可以把这些学校整修利用起来,节假日

---

[1] 张孝德:《生态文明时代的古村价值活化与再生》,载《看山、看水、记乡愁——生态文明视域下传统村落保护与发展论坛文集》,文物出版社 2017 年版,第 96—97 页。

邀请村里的退休老教师或大学生辅导孩子的功课，传授乡土知识和民间文化。

　　文化传承是传统村落发展的重要目标。传统村落中的民俗文化和农耕文化是本地区祖祖辈辈传承下来的，是宝贵的非物质文化遗产。但随着社会经济的发展和外来文化的入侵，传统村落文化正在不断消失。一方面，民俗文化在现代化、工业化的冲击下，无人传承而日渐萎缩；另一方面，有的村落为了发展乡村旅游，对民俗文化资源实行掠夺式开发而使其遭受到严重破坏。此外，随着村民经济水平的提高，一些不良风气也在慢慢滋生，有的村落在建房、婚事、丧事中相互攀比，甚至还出现价值30多万元的豪华墓碑。这些现象都不符合传统村落文化传承的要求，当务之急是要挖掘村落传统文化资源内涵，有针对性地采取措施实现文化的传承与发展。

　　湘鄂西地区的传统村落具有很强的历史性和地方性。不同的传统村落拥有不同的村落文化，因此文化传承和保护的方式也应该因村制宜。湖南省张家界市永定区马头溪村为了保护村落历史文化风貌专门制定了村规民约，他们的保护措施值得借鉴：

　　一、土家吊脚楼保护。对全村土家吊脚楼造册登记，建档立卡，签订村、组、户保护责任状，挂牌保护，严禁修建砖房，杜绝拆楼房建砖房。

　　二、对明清以来损坏的吊脚楼，修缮加固，扳爪翘角、粉檐垛脊，对原建砖房穿衣戴帽，突出土家民居建筑特色，融入村落整体风貌。

　　三、民俗建筑保护。境内的风雨桥、水碾坊、木榨油坊、旱碾坊、古槽门等民俗建筑和碓码、磨子、老水井等民俗设施登记造册，建立文字、图片、视频档案，责任到组、到户、到人挂牌重点保护，等级很高的申报文物部门特殊保护。

　　四、民间艺术保护。抢救、挖掘、整理、传承土家民歌、舞蹈、戏剧、农耕文化艺术，傩技巫术，保护民间老艺人，成立传承队伍，培养土家文化艺术人才，弘扬光大土家民间艺术。

　　五、土家生产生活用具保护。对传统犁、耙、水车、筒车等农耕用具、蓑衣、斗笠等雨具，筛箩簸箕、锅火碗砧，陶罐土钵，风车斗垫等生产生活用具一是使用，二是收藏陈列。

六、农耕习俗保护。传承保留土家糊仓、薅草锣鼓、土家打夯、打草上树、鸡罩捕鱼等农耕文化习俗。

七、年俗保护。传承一年一度的写春联、贴春联、杀年猪、炕腊肉、灌香肠、打粑粑、炒炒米、推豆腐、顿猪脚、熬猪头、祭祖上坟等土家年俗。

八、婚俗保护。传承订婚发八字、配鸾书、拦门下马、花轿迎亲、告祖上花、讲茶禀席、升神匾、升号匾等土家婚俗。

九、土家工匠工艺保护。开展民间工匠、工艺普查，登记造册，保护土家工匠老前辈，传承土家民间工艺，培养土家民间工匠工艺新人。

十、生态环境保护。全村范围内山上禁伐，溪河禁渔，成立森林、渔业资源保护组织，建立禁伐禁渔巡查队伍。[①]

传统村落文化保护涉及的内容比较多，不仅仅传统民居和古建筑需要修葺，传统农耕用具需要收藏，村落里的非物质文化遗产包括节俗、婚俗、手工技艺、农耕习俗也是需要传承的，这些都是宝贵的村落遗产。

四 "三治"融合，管理平等民主

党的十九大报告提出了健全"自治、法治、德治"相结合的乡村治理体系。"三治"融合，是当代社会乡村治理模式的重大理论创新。自治、法治和德治代表治理乡村的三种不同思路，每种思路都具有显著优势，但各自的短板也不容忽视。只有"三治"融合，才能更好地促进乡村的振兴，最终实现乡村善治。湘鄂西民族地区传统村落过疏化的治理有赖于法治、德治和自治三者有机的融合。

"法治"被称为乡村的"硬治理"，它依靠法律文本和典范对乡村进行治理，办事依法，遇事找法，化解纠纷和矛盾靠法，只有这样才能确

[①] 来源于马头溪村村委会《马头溪村古村落保护村规民约》。

保良好的乡村社会秩序的建立。新时期，由于劳动力的大量外流，传统村落中涌现出许多新的问题，特别是婚姻纠纷、离婚问题比较普遍，这些问题只有依靠有形的法律才能得到解决。同时，这些规则还可以对村落自治组织的行为进行规范和约束，防止出现违法乱纪行为，保障乡村社会公平正义的实现。

"德治"以伦理道德规范为准则，是社会舆论与自觉修养相结合的"软治理"。传统道德是净化农村社会风气和凝聚人心的重要力量，是传统村落治理的灵魂。开展"德治"可以帮助村落重新形成一套符合现代社会发展诉求的道德约束体系，借助文化感召对行动者进行自我约束。传统村落要开展德治，就要充分彰显乡贤的价值，特别是"德乡贤"的道德引领作用，要发动群众积极参与"文明村""文明家庭"等文明创建活动，推动文明乡风的形成。此外，还要重视村规民约的规范作用。

"自治"是乡村社会治理的基本目标。村民自治的根本目的，就是要保证村民当家做主。目前，精英人才大量外流，乡村治理人才缺乏，主体自觉缺位，自治主体对乡村各项工作参与不足，许多外出农民往往直接放弃了自身的选举权利。为此，政府和村级组织应该采取一定措施帮助他们正确认识行使自治权的作用，让他们以各种方式参与到村民自治中来，促成自治主体的行动自觉。

新时期，湘鄂西地区的传统村落不断从封闭走向开放，每个村落都会遇到各种各样复杂的社会问题，从前单一的村落治理手段很难应对差异化、多元化的社会变迁。只有以法治为保障，以德治为引领，以自治为核心，尊重群众意愿，"三治融合"才能实现管理的民主性，推进传统村落的建设和发展。

五 乡风文明，乡愁乡情延续

乡风文明可以展现农村的精神文明建设风貌，是推进农村经济发展的软实力。随着家庭联产承包责任制的实施，传统村落中人与人之间的关系开始疏远；市场经济体制下的利益驱动，利益至上逐渐成为村民的行为准则……民族地区长期保留的许多传统美德受到了挑战，乡风民俗也在发生着根本性变化。在调查中发现，传统村落村民的社会生活出现了不少值得注意的突出问题，有的村民是非善恶不分，不赡养老人，不养育子女；有的村民为了第三者抛妻弃子，不再归来；有的村民在外和多名女子相恋，不结婚不承担养育孩子的责任……在山江苗族地区，婚丧嫁娶仪式村民追求排场、相互攀比，不顾家庭的实际经济状况，耗费大量的人力、物力和财力，人情"礼金"也不断上涨，很多家庭因此负债累累。建始田家坝甚至出现32万元的豪华墓碑，这些不良风气严重影响村落的健康发展。传统村落的乡风文明建设，既需要保护传统，也需要移风易俗，倡导文明、和谐的社会主义新风尚。

"乡愁"本质上是由于情感孤独、心灵失依而自内心生发出来思念家乡的一种忧伤，是故园之思与传统之恋。习近平总书记曾多次提到乡愁，他说："每个地方都有让大家留念的东西，不要小看这种幸福感，因为这种幸福感留得住人。"[1] 陕西梁家河曾是他下乡插队的地方，他说："梁家河唤起的乡愁，是一碗美味的酸菜，是质朴善良的村民，是共同劳动的记忆。"并用"几回回梦里回延安"形容对梁家河的思念。传统村落应该是可以牵得住乡愁的地方，只有留住传统村落，才能守护奔波在外的儿女们内心坚守的精神世界。虽然湘鄂西地区传统村落外流人口很多，但对于大多数村民而言，乡村生活有他们抹不去的生活记忆，从小生活的场景和体验是一个人一生也无法忘却的情愫源泉。现在，很多在外找不到稳定工作的年轻人仍然愿意留在城市，他们不愿回到家乡创业，不喜欢传统村落里的耕作方式和生活方式，他们的后辈更是如此。我们需要采取一定手段重新唤起这些村民的乡愁，唤起他们对家乡的认同。乡愁的重要情感源头是乡土记忆和地方文脉，我们在传统村落的可持续发展建设当中，可以以"乡愁"为切入点唤起人们回乡发展的动机。

第二节　过疏化村落发展的基本原则

随着城镇化的快速推进，湘鄂西地区传统村落里的青壮劳动力纷纷进城务工或安家落户，导致村落发展困难重重。过疏化村落的发展和治理应该遵循一定的原则，主要包括科学规划、逐步推进的原则；生态为本、绿色发展的原则；村民主体、多元参与的原则；因地制宜、多样发展的原则。

---

[1] 刘文学：《总书记的乡愁》，《中国人大》2014年第4期。

一 科学规划、逐步推进

湘鄂西地区很多传统村落在开发建设前都意识到规划的重要性,他们一般都是请城市规划设计院的人过去做的,由于这些人并不熟悉乡村,往往是简单地把城市的规划照搬照抄到乡村去,只注重形式,不注重内容,农民看不懂,实用性极差,很多村落的规划都是大同小异。因此有些学者认为乡村规划没有用,他们认为自古乡村就没有规划,乡村就需要自然发展,不用浪费钱去做规划。乡村规划到底有没有用呢?中国城市科学规划设计研究院院长方明认为"乡村不是不需要规划,而是不需要存在各种问题与不接地气的规划"。他认为当前的乡村需要的是"能解决问题的规划,能带来发展的规划,能改善生活的规划",村庄规划一定要能够直接指导乡村的建设。① 现在传统村落人口大量外流,要借鉴国内外空心村发展的经验,以需求为导向,防止千村一面的无序开发。只有对村落进行科学合理的规划,才能防止破坏性建设和重复性建设,少走弯路。具体来说,湘鄂西地区传统村落的规划要注意以下几个方面。

(一) 摸清传统村落的家底

深入的调查研究是搞好村落规划的前提。传统村落里有自然山水、历史文化、民族习俗、农耕传统、古建筑、森林土地资源,还有各种社会、行政资源。超越经济发展水平,违背自然环境条件,不符合历史文化传统都会导致规划无法落地。台湾的"社区营造"认为社区资源主要来源于人、文、地、产、景五个方面:"人"就是居民,特别是当地名人或工艺大师都是重要的资源;"文"就是当地的文化传统,特别是一些重要的民俗节庆祭典文化活动;"地"就是当地的地理环境、气候条件、动植物生态等,看看有什么优势;"产"就是当地有什么产业,不管是农、渔、牧、工、商的产业活动还是产品,都是村落发展的资源;"景"就是景点,指的是一些自然景观或者人文景观。只有通过深入调查把这些家底摸清楚,才能了解村落现状,也才能因地制宜地编制出合理的规划。

(二) 以乡镇为单元编制村庄规划

湘鄂西地区传统村落数量众多,如果每个村都单独编制村庄规划代

---

① 方明:《乡村规划到底有没有用》,见道客巴巴:http://www.doc88.com。

价会比较大，地方政府往往没那么多资金，也没有必要花这么多钱编制。同一个县或乡里的村落自然地理环境类似，民俗文化特征相同，社会发展水平也大体相当，村落差异并不大，因此在编制规划时60%—70%的内容都可以是一样的，以乡镇为单元编制村庄规划是最经济划算的。相同区域的村庄一起来编制规划非常经济，针对性也更强，只需把每个村30%的特色体现出来就足矣。

（三）村落规划要翔实接地气

传统村落规划不需要像城市规划那样强求成体系、成片区的编制，要多提供一些具体做法和选择。如农田怎么整治、农村住房怎么建、村庄入口怎么布置、树木花草怎么栽、路灯选用什么形式……只有具体的规划才能指导乡村具体建设，才是对村民有用的规划。传统村落的规划需要政府和村委主导，聘请规划、建筑等专业设计师作为负责人，另外还需要充分听取本地乡土精英或退休老教师的建议。规划文本形成后，需要组织村民充分发表意见，经村民会议或者村民代表会议审议通过，确保规划符合村民意愿。

（四）村落规划要体现中长期的差异

从现阶段来看，以小农户为主的家庭经营是传统村落农业经营的主要形式。但从长远来看，我国建设现代农业的必然之路是发展多种形式的适度规模经营。做规划时既要考虑当前又要思考长远，对不同类型村庄应采取不同的发展建设标准和不同的发展建设时序。

二 生态为本、绿色发展

随着全球生态环境污染问题日益突出，追求人与自然的和谐成为全人类的共同目标，党的十八大报告明确提出要建设"美丽中国"，把生态文明建设放在突出地位。2013年中央一号文件作出了"建设美丽乡村"的工作部署。习近平总书记曾指出："中国要强，农业必须强；中国要美，农村必须美。"[1] 美丽乡村承载着广大农民的期待与梦想。湘鄂西地区所处的武陵山区是我国重点生态功能区，也是人与自然和谐相处的示

---

[1] 中共中央文献研究室编：《十八大以来重要文献选编》（上），中央文献出版社2014年版，第658页。

范区。优良的生态环境、古朴的民风民情是山区最具优势的资源所在,因此要努力把低碳、环保的生态文明理念融入乡村生产生活,着力建立生态循环链,积极营造生态、低碳、亲近自然、回归自然的乡村生活。

湘鄂西地区虽然青山绿水,但也存在许多生态脆弱环节,必须注意维护生态平衡,大力发展生态农业、循环农业。目前,该地区使用化肥、农药、杀虫剂仍然比较普遍,农村土地污染、水源污染没有得到有效遏制。根据目前传统村落的实际状况,一定要用绿色发展理念引领村落的保护和发展,把尊重村落自然、历史和人文的责任融入"绿水青山就是金山银山"的理念中,大力发展绿色产业。该地区山多田少,传统的粮食作物生产在这里没有优势,因此必须以绿色资源为依托,大力发展绿色产业,大力开发绿色产品,构筑以绿色产业为支撑的经济结构,变资源优势为竞争优势。

传统村落要坚持走生态循环之路。自2000年以来,湘鄂西地区开展了以沼气池为中心的生态家园建设,人们用猪粪生产沼气后照明、煮饭、烧水,用沼液浸种、防虫,沼渣作肥料,当地农民减少了对薪柴的需求,从而减少对森林的砍伐。他们走出了一条以沼气为纽带的循环经济生态农业模式,在水果基地建立了"猪—沼—果"模式,在蔬菜基地建立了"猪—沼—菜"模式,在粮食基地建立了"猪—沼—粮"模式,在茶叶基地建立了"猪—沼—茶"模式,这一生态循环模式改善了人们的居住环境,也提高了农产品的价格。如宣恩"伍家台贡茶"一开始就采用"猪—沼—茶"模式,通过喷灌方式给茶树施沼液,实行农药不进园,不用任何杀虫剂,都采用物理和生物防治手段,他们的有机茶基地通过了世界上最严格的有机食品认证——欧盟认证,茶叶身价陡增,亩产可达5000元,是普通茶园产出的一倍以上。

此外,传统村落还要倡导绿色生活方式,把勤俭节约、绿色低碳、节能环保的生活方式作为村民的价值取向,让历史文化厚重美、宜居宜业环境美成为传统村落保护的主题。

三 村民主体、多元参与

村民是传统村落保护和发展的主体,只有动员全体村民的参与热情,培养村民的内生动力,才能实现村落的可持续发展。冯骥才先生曾专门指出:"传统村落的保护不能只停留在政府与专家的层面上,更应该是村民自觉的行动。"① 如果村民都不珍惜自己拥有的传统文化,不热爱自己的村落,保护与发展工作就会非常困难。传统村落的村委会干部和党员要引导全体村民自觉参与到传统村落的保护和发展中,自己来设计和规划,自己决定村落将来要走到一个什么样的方向。只有村民具有参与意识,认为村寨的发展是自己的责任,才能促使他们真正投入到村落的保护和发展之中。

要发挥村民的主体地位,就要调动村民的积极性,全面掌握村民的生产生活状况,要对直接关系村民切身利益的各种问题加大解决力度。重点解决由于农村过疏化和公共服务供给不足造成的生活环境脏乱差的问题,解决由于人口减少所导致的自我发展能力趋弱的问题,这些都是关乎村民日常生活和命运的核心问题。传统村落的整治应该保障广大村民的既得利益不受损失,最大限度为农民创造利益增值空间。我们要保护传统民居,但也要尽可能满足村民的现代化需求。有的传统村落如永顺双凤村、宣恩彭家寨都面临人口增加住房紧张等问题。人口增长带来居住面积的增加,但重新盖房必然会损害村落原貌,在此情况下,政府部门可在传统村落附近特批一些宅基地,让那些要结婚、要分家的年轻人外迁,在新宅基地盖房,这样就可以减少对原民居拆毁的可能,让传统村落的面貌得到有效保护。

关于传统村落的保护和发展,有学者主张学、民、官、商四位一体的保护与利用机制,因为学者与民众缺乏经济能力去实现他们的保护主张和发展诉求,而政府和开发商具有强烈的政绩意识和利益追逐欲望。② 如果仅依从学者的要求,许多村落只能停留在不断的呼吁声中,因为缺乏资金而无法实施蓝图;如果仅按照政府官员和商人的欲望,古村落可能会在快速的开发高潮中速亡。传统村落的发展需要多重主体的参与,它不仅是政府的"独角戏"或村民自发的行动,还需要充分调动专家学者、社会组织、市场力量等多元主体一起合作。村落建设和发展中需要

---

① 冯骥才:《传统村落的困境与出路——兼谈传统村落是另一类文化遗产》,《民间文化论坛》2013 年第 1 期。

② 罗杨:《守望古村落》,中国文联出版社 2012 年版,第 278 页。

政府政策的支持和各部门的配合，需要商人的资金支持，也需要学者和当地乡土精英的建议，只有多元主体共同参与才能更好地推动村落的保护和发展。

四　因地制宜、多样发展

目前国内很多过疏化村落治理的典型做法都是撤村并居、项目进村、农民被上楼等，实践效果不是特别理想。湘鄂西地区传统村落的治理一定要坚持因地制宜的原则，根据各地的实际情况采取不同的方法。因地制宜意味着此"地"与彼"地"不同，每一个村落都有自己的特性。对于过疏化村落里闲置的农地和民居要采取灵活多变的措施适度盘活，可以重点建设一批核心城镇，吸纳劳动力主体回流，实现城乡融合，就近转移乡村剩余劳动力；也可以集体外包，提供优惠政策及待遇吸引精英人士经营和管理，避免不必要的资源浪费。

传统村落的发展普遍存在"千村一面"的问题，村落受到建设性破坏，村落原有价值大大降低。俗话说"十里不同风，百里不同俗"，湘鄂西地区的传统村落虽然存在一些共性的特征，但每个村落还是有自己的独特性。因此在规划过程中要深挖村落独特资源和特有的文化元素。湘鄂西地区有的传统村落民族特色文化浓郁，生态环境优美，村落格局和古建筑保存完整，可以规划为乡村旅游地，让村民参与到旅游活动中；有的传统村落手工艺传承良好，如刺绣、织锦、银饰加工等，可以依托这些传统手工艺进行适度创新，加入一些文化创意打造民间工艺精品；有的传统村落交通偏远，但发展特色产业具有一定优势，如黑猪养殖、猕猴桃、核桃、茶叶等，可以按照"宜农则农、宜林则林、宜牧则牧"的原则大力培育主导产业，激发传统村落的生机与活力。

第三节　过疏化村落治理的具体措施

村落过疏化是社会发展和城镇化的必然产物，越是偏远落后的山区，过疏化程度越严重，因此带来乡村的急剧衰落，影响了村落的可持续发展。结合湘鄂西地区传统村落的调研情况，笔者认为要应对山区传统村落的过疏化问题，可以从以下几个方面去努力。

一　采取各种途径吸引精英人士返乡

福建省永泰县政协副主席、古村落古庄寨保护与开发领导小组办公室主任张培奋指出："乡村振兴没有文化的支撑是走不远的,没有村民的参与是走不稳的,没有大咖的助推是走不快的。"① 历史上很多成功人士都经营了乡村,他们在外面做了官、赚了钱,视野大大扩展,后来携带着巨大的财富和丰富的文化信息回到家乡,极大地改善了乡村生活环境,留下众多令人惊叹不已的文化遗迹。传统乡土社会的治理离不开精英,新时代的乡村振兴更是离不开精英,有些传统村落因为有乡村精英的带动而发展迅速。

> 个案 14：康 M,恩施市盛家坝二官寨村康氏家族族长。他早年外出经商,致富后醉心于守护家乡,2016 年被评为"全国传统村落守护者杰出人物",为了村落修路架桥他先后投资 100 多万元。他打造旧铺康家大院,创办古寨农家乐,成立旅行社,积极推动了旧铺乡村旅游业的发展。此外,他还成立了木材加工厂和"恩施市盛家坝康 M 林业合作社",村里有 40 多人在厂里长期任职。为了美化环境,康 M 带领村民在公路两边植树种花,每日给村民发放工资。2006 年,康 M、康 Y 等乡村精英还组织成立了义务护河队,旨在保护河流生态环境。四、五、六月是护河队最忙碌的时候,因为常常有外地人过来毒鱼电鱼,护河队常常巡逻到凌晨三四点,辛苦且没有任何报酬。
>
> 传统村落 E 村胡家院子、康家院子的古民居多为木质结构,由于历时久远,很多房屋破败不堪,严重影响着人们的安全和正常使用。富裕起来的农民不再满足老宅的破旧昏暗与潮湿,他们希望拆旧换新,致使古民居面临"危机"。具有远见卓识的康 M 为了保护这些民居做了大量动员工作,他认为这些木房子是别处少有的宝贝,一定要修复保护下来。现如今,这些古民居成了珍贵的旅游资源,很多闲置的房屋被改造为具有传统特色的客栈和民宿,为村民带来

---

① 张培奋：《乡村振兴是要通过精神吸引人回家》,《人民日报》2019 年 3 月 7 日。

了收益。康 M 还自己出资从村民手中购买了很多古老的农耕用具，建起了民俗博物馆。

作为康氏家族的族长，他正直善良，在村民心中口碑好，经常教育族人团结向善。康 B 家遭遇火灾，康 JR 的妹妹患重病，他都带头捐款，族人们也纷纷出钱出力。他通过调节邻里矛盾和纠纷，弘扬优良家风，营造了良好的乡村社会风气。

个案 15：龙 ZD，恩施州鹤峰县铁炉细杉村村支书。2003 年秋，刚从税务部门退休的龙 ZD 回到家乡担任村支书，他根据村里的实际情况确定了"茶林兴村"的特色产业发展思路，他逼茶叶下"水田"，促山地披"绿装"，大刀阔斧地推进"绿色繁荣"，促进了村落的产业转型。现在全村茶叶面积累计达到 4500 亩，种茶在 10 亩以上的农户有 100 多户，兴建茶叶加工厂 15 家，其中产值在 100 万元以上的有 8 家。如今，他又与外面企业合作，为农户免费提供生物农药和农家肥，号召村民使用杀虫灯和黄板，实现了传统茶向"全域有机茶"的转型，带动了村民致富。在过去村落经济能力有限、无力聘请清洁工人的情况下，为了做好村落卫生工作，他开三轮车义务做了 5 年垃圾清运工作，被别人称为"垃圾书记"。为了丰富村民的生活，他在村里组建了"新天地"文艺宣传队、杖鼓舞演出队和"民家人"围鼓表演队，建立了文体娱乐场地和老年健身场所，添置了一些白族服装和民族音乐器具。他自己率先垂范，积极参与到文体活动中来，带动村民一起自娱自乐。农闲时节，他还组织临近的几个村一起举办文娱晚会，开展篮球、羽毛球、乒乓球、老年健身等活动，弘扬和传承了民族文化，也丰富了村民的生活。

从以上两个个案可以看出，乡村精英可以为传统村落的发展做出重要贡献。由于乡村精英内生于乡土社会，熟知本地村庄的公共事务，地方性知识丰富，在当地具有一定威望。此外，他们具有一定的经济基础，视野开阔，拥有广泛的人脉关系网，可以利用自身掌握的资本参与家乡建设。乡村精英是村落里的佼佼者，应该充分发挥他们的功能，建立村庄内源式发展机制。

对于乡村的可持续发展建设而言，人口的过疏化导致的乡村劳动力短缺已经成为我国广大落后地区的通病，要想解决这一问题，只有将劳动力吸引回乡，才是根本的解决办法。但我们不能像20世纪60年代那样把城市户口"下放"到农村，也不可能强迫千百万知识青年"上山下乡"①，这些措施都不利于社会稳定。要召唤人们回到乡村，首先要做的就是恢复和健全农村社会的社会功能，不断缩小城乡差别，让乡村具有足够的吸引力，最终打破"农村人"与"城里人"的社会隔阂。

（一）鼓励大学生回乡创业，完善大学生村官制度

在鼓励大学生回乡创业方面，国家要针对已毕业或即将毕业的大学生进行大力的宣传，使他们充分了解回乡创业的各项优惠政策以及广阔的发展空间。对于有回乡创业计划的大学生，地方政府可以在政策、土地使用、资金方面给予一定的支持和优惠，为他们提供帮助。当今社会每个传统村落都走出了一些大学生，他们在毕业后大都面临找工作难的问题，可以采取措施吸引他们回来。目前国家虽然选派了一些大学生村官，但大多不是本乡本村的人，他们对所服务的村落的感情有一个逐渐培养的过程。两三年后他们可能刚刚熟悉情况，却又被选调到其他行政事业单位，对乡村建设没有发挥到应有的作用。政府如果鼓励大学生回自己所在的家乡发展，效果可能会更好一些。恩施市二官寨村现任党支部书记康S就是一个典型的例子：

个案16：康S，二官寨村党支部书记，2012年毕业于湖北民族学院。刚毕业的他选择成为一名大学生村官，回到了心心念念的家乡，成为一个从村子里走出去后又一头扎回来的人。"我知道这里穷，就是因为穷，我才更应该回来！"很多人不理解他为什么要回来这个小山村，但是从决定回来的那一刻开始，带着乡亲们脱贫致富就是他的最大愿望。他是恩施市唯一一个任期满了6年的大学生村官。

刚回村时，康S主要负责精准扶贫工作。由于阅历不足、经验欠缺，精准扶贫文件资料多，上任后的他深感压力巨大。他白天下

---

① 谭宏：《从"二元"到"一元"——发展人类学视野的农村"空心化"问题分析》，《社会科学家》2014年第1期。

乡，晚上回村整理归纳资料，还抽时间用于业务学习，常常通宵达旦。通过村支两委共同努力，2016年年底二官寨村通过了州、市验收，实现了贫困村出列。他辛勤的工作得到了组织的认可，2017年被市扶贫开发领导小组评为"2016年度最美扶贫人"。

2016年，康S分管旅游开发工作，因为修公路所占的山和田土、拆除的4栋房屋、环境整治拆除的9栋猪圈，他都是逐户逐户去做村民工作的。在协调中，少部分人还是不愿意让出来，有几家他去拜访了不下10次。最多的一户他去了15次，每次都厚着脸皮，不厌其烦和户主交流沟通，最终这些农户被他的真诚打动，思想发生转变，自愿签订了无偿让出承诺书。

2015年4月，康S发现一个商机：二官寨油菜种植面积1200多亩，森林覆盖面积达到85%以上，蜜源丰富，是一个养殖蜜蜂的天然场所。于是他前往恩施屯堡拜师学艺，专心研究蜜蜂养殖技术。9月，恩施市小溪古村落特色养殖专业合作社正式成立了，合作社免费为贫困户发放蜂箱、蜂种，并提供技术培训。蜂蜜的销售由合作社负责，收益采用"五五"分成的办法，带动当地村民们共同致富。2017年合作社养殖蜜蜂158箱，总产值达到了20万元，带动5户贫困户脱贫。二官寨村以蜜蜂养殖为突破口，大力发展有机水稻种植及清水养殖等相关产业，加快了全村百姓致富的步伐。

康S是二官寨村人，对家乡的一草一物都非常熟悉，对父老乡亲也有深厚的感情，因此他成为恩施市唯一一个任期满了6年的大学生村官，届满之后他也一直坚守在家乡，不愿再离开。他为家乡的发展做出了重要贡献，也因此赢得了村民的欢迎和支持，传统村落的发展非常需要这样的返乡大学生村官。政府要完善大学生村官制度，让大学生尽可能回到自己的家乡任职，为家乡的发展贡献自己的智慧和汗水。

（二）积极创造就业机会吸引优秀青年回流

当前形势下，由于国际经济疲软，外需不振，沿海很多劳动力密集型产业和出口加工业出现较大规模停产、半停产现象。2020年的新冠疫情也导致很多企业经济不景气，很多农民工受疫情影响一直待在家中找不到合适的工作岗位。可以在传统村落推进"三产融合"，利用"互联网+"的技术建立电商平台，因地制宜开展多种样态经营，积极为乡民创造就业机会。目前，湘鄂西地区的农民主要以出售初级农产品为主，农产品价格远远低于市场平均水平，所以农业收益很低。为此，有必要在传统村落里创办一些小型农产品加工企业，主要加工本地的特色农产品，如茶叶、药材等，加工后的农产品价格更高，可以提高农产品的附加值。加工企业如果做得好，慢慢可以形成一定规模的公司经营模式，形成当地极具特色的农业品牌，可以为当前经济下行背景下返乡的农民工提供一些就业机会，让他们摆脱"离土又离乡"的务工模式。

村落里有些优秀青年希望返乡创业，他们对农业有兴趣，在外面打工增长了见识，开阔了视野，可以将其重点培养为新型职业农民，让他们成为农村合作社带头人、农民企业家和农村致富能手，为传统村落的发展注入活力，带动乡民共同致富奔小康。一方面可以为那些优秀返乡者提供有效的政策支持和发展平台，引进外资，发展村落企业或项目；另一方面可以设立技能培训班，加强村落建设继承人的培养。挑选部分优秀者进行实用的技术技能培训，或者组织他们到其他发展情况比较好的村寨去观摩，借鉴吸取经验。

（三）鼓励离退休公职人员"告老还乡"

加强农村基层组织建设，还需要发挥那些出自本村、成年后外出在城市党政机构、文教单位、企事业单位任职并退休的那些人的积极性。要鼓励这些成功人士退休后举家回到家乡，建设自己的乡村。古代乡贤中有许多退休官员，他们告老回乡之后对当地产生了重大影响，费孝通曾经指出说："中国落叶归根的传统为我们乡土社会保持着地方人才。"[1]但在当代社会，从村落走出去的离退休公职人员很少回乡居住，他们对乡村建设的直接贡献非常有限。在田野调查中，笔者曾遇到回乡探亲的退休人士，从访谈中了解到他们现在很希望回到家乡继续发光发热，让退休后的生活过得有意义，但是在家乡已经无房无地，没有办法居住和生活，心有余而力不足。

政府可以采取一定措施鼓励"回乡光荣"，让那些已经退休的官员、知识分子和工商界人士"告老还乡"，回到生他养他的家乡去，恢复中国

---

[1] 费孝通：《乡土重建》，岳麓书社2012年版，第59页。

几千年来的乡贤文化，他们已经完成自我奋斗的历程和培养后代的重任，少了现实的羁绊，现在可以凭借自己的学识、阅历和人脉关系，返乡带动农村经济社会的发展，特别是他们当中的专业人士，比如医生、教师等，亦可以一己之力造福一方百姓。

二　加强对外流人员的密切联系和管理

在现行的户籍制度下，传统村落外出务工的村民一方面不为城里人所认同，他们很多时候都面临被驱赶和被歧视的可能；另一方面，他们没有携家人一起同住而无法享受亲情，因此他们在外面的生活并不像人们想象得那样光鲜，外出对多数人来说都是迫不得已的选择。村委会要加强对外流人员的密切联系和管理，让他们体验到家乡的温暖，引导他们为家乡的发展出谋划策。

（一）重视农民工职业技能培训

湘鄂西地区的外出农民工基本上都没有经过培训，他们没有一定的谋生技能，到城市去之后只能从事苦、脏、累、险的工作，收入低又没有任何保障。随着我国现代化的不断发展，劳动力市场对劳动力素质的要求也不断提升，农民工自身的知识和技能对农民工能否在城市立足、能否找到工作越来越重要。因此，政府应该加大农民工的职业技能培训，要按照市场需求和实用原则合理设置培训专业和课程，切实起到实效，也可以跟一些公司或厂家合作，根据他们的需求提供特色培训服务。

现代社会做任何一项工作都需要特定的技能和要求，如木工、瓦工、汽车驾驶、计算机操作、家电修理、家政服务、摆摊售货等，建议农民工向有经验、有技术的人学习，拜他们为师，向他们学习是最有效率的。职业学校的培训也很重要，除了要让农民工学到一些技能以外，还可以为他们提供一些重要的就业信息，帮助他们掌握求职方法，确定择业方向。

（二）建立农民工动态管理机制

传统村落里的外流人员在城市的处境十分艰难，如果他们长期受到不公正待遇，将会积累成严重的社会问题。流出地党委政府要建立和完善相关的流出人口管理制度，如行前教育制度、回访制度、联系卡制度等，针对流动人员的特点建立人员档案，建立农民工双重管理、动态管理的机制。村委会可以指定一个联络员，实行每月一次的通信联系制度，将流出人员的情况综合反馈到当地公安机关。政府要对外出农民工进行有组织的劳务输出，让他们在城市找到更好的职业和住所，减少盲目流动。

流入地党委政府需要与流出地党委政府加强联系和沟通，密切配合，废除对农民工的歧视性规定，为他们做好人事、社保、法律维权等方面的服务，帮助解决一些实际问题，为农民工更好地融入当地社会创造一些条件。虽然目前国家的社会医疗保障政策覆盖面较广，但保障水平不高，外出务工人员更是受限。很多外出务工人员的医药费用都没有办法报销，令社会医疗保障的效用大打折扣。在动态管理机制之下，要尽可能简化外出务工人员的费用报销手续，真正让他们享受到医疗保障的实惠。

（三）利用各种媒介密切联系

传统村落村委会可以通过建立村微信交流群、QQ群、家族群等来加强与外出打工人员的联系，通过大家的聊天内容获取在外务工人员的工作和生活状况，及时地给予关心和帮助，让外出务工人员从中感受到家乡的温暖和情怀。对于村落发展的重大事宜也可以通过这些网络平台征询外出务工人员的意见，调动人们参与乡村建设的积极性。节假日通过短信祝福、抢发红包等方式联络感情，使漂泊在外的乡亲们能够时刻感受到家乡情、故乡愁。

建始县田家坝村中就有村民的微信群，平时大家都可以在群里畅所欲言、互拉家常，使处于不同打工地区的村民们可以随时得知村里的各种大小事务。据村民介绍，他们虽然外出打工，但是村里谁家有婚丧嫁娶的事情时，都会通过电话或微信的方式互相告知，以前都是让留守在家的人先帮忙"上人情"（给礼金），现在可通过直接发红包的方式来完成，更加方便。从中我们可以看出，外出打工的村民们虽然平时不在家，但是人与人之间仍然需要保持联系。

此外，政府还要深化户籍制度改革，促进务工人员更好地融入城市。由于历史原因，户籍制很多附加功能制约了城乡人力资源的自由流动。深化户籍制改革，必须把户籍制一些附加功能（如住房、教育、医疗等）与户籍本身相分离，完善相关的社会保障制度，促进农村人口更好地融入城市。

三 关注留守人群兴建公益建筑和文化空间

传统村落虽然有很多人外流,但还是有相当数量的老人、小孩和妇女依旧生活其中。逢年过节,在外地打工的年轻人一般也会回乡生活一段时间。目前传统村落公共生活的缺失让村落缺乏生气和活力,如果修建一些公益建筑和文化场所,如"老人幸福院"、儿童托管园、民俗博物馆、文化活动室等,让不同的群体都有公共活动的地方,一方面可以满足村民的生产生活需求,另一方面又可以聚拢人心,激发地方文化自豪感,让村落重新找回集体凝聚力。2019年政府工作报告中提到"一老一小"要成宝,因为父母和孩子这"一老一小"是年轻人最深的关切。现在很多家庭迫于生计外出务工,短期内返乡可能性不大,家里的老人和孩子无法照料,生活困难,政府应该重点关注这些留守人群,努力健全村落公共事业,提升村民的满足感和幸福感,避免因外出打工而造成的幼无所教、老无所养的人伦悲剧。

(一) 建立老年人"幸福院"

湘鄂西地区传统村落里有很多留守老人,有的老伴过世早,一个人孤苦伶仃的,他们不能跟着儿女们远走他乡,但独自生活在老家又感觉孤单无依。如果村委会能让这些老人住在同一个小院中,大家聚集居住在一起,一来可以相互照应,二来也能多些人说说话,不会感到孤单。平时身体好的老人可以结伴去田间劳作或是户外健身、娱乐,生病了大家相互照顾,如果发生了什么意外也可以及时通知老人的儿女,这样子女在外也能安心。有条件的村落可以发展社区养老服务业,为生病的老人提供日间照料、康复护理、助餐助行等服务,让老年人拥有更加幸福的晚年生活。

鹤峰县铁炉细杉村就为五保户和留守老人创办了"幸福院"。虽然该乡镇很早就建了福利院,但为了生活上更加方便,以前五保老人或孤寡老人都留在家中(危房内)或亲戚朋友的家中,生活困难,矛盾不断。后来村里决定在村委会旁边修建"幸福院",集中安置这些老人,提供住宿,一共11户14人。"幸福院"里建有食堂,每家每户也建有食堂,这些老年人可以自己做饭,也可以到食堂去吃。村委会旁有娱乐场所,基本上每天都有文化体育活动，老年人精神生活很丰富。有的老人体力好还可以帮助别人做农活，获取一些雇佣劳动收入。为了"幸福院"正常运营，村委会颁布了具体的饮食住宿管理办法（附录如下），"幸福院"的修建保证了空巢老人老有所养，幸福生活。

细杉村幸福院饮食住宿的管理办法[①]

细杉村幸福院，有十四人的居住房屋，除分散供养五保户外，还可以随时入住因儿女外出务工而没有子女照顾的老人，为使他们在生活及住宿上得到保障，特制定以下管理办法：

一、幸福院的入住条件为分散供养五保户、特殊困难低保户，以及儿女外出务工而没有子女照顾的老人。

二、如有入住人员需要入住者，需自带衣服、被褥和简单炊具等。

三、食堂必须保证随时有饭吃，并保证食品质量。

四、儿女外出务工而没有子女照顾老人，每月需交900元的食宿和服务费用；五保户人员的吃饭问题不强迫安排统一就餐，可在幸福院设立的食堂就餐，费用自理，为了节约吃多少打多少。吃饭地点在指定的地点或各自的家里。

五、为了改善伙食，院里有菜地可种，入住人员可单独一人或多人种用一块菜地，自行种植蔬菜，不得拔用他人的蔬菜。

六、剩菜剩饭不得乱倒，讲究节约。

七、私人有盛产的蔬菜，可作价卖入食堂。

细杉村幸福院

留守老人随着年龄的增长，他们会慢慢遇到很多生活困难，如果子女不在身边，他们的日常生活起居无人照料，精神生活也缺乏慰藉。只有为他们搭建"幸福院"，实行互助养老，才能让他们安度晚年。

[①] 资料来源于细杉村村委会调研。

(二) 设立留守儿童托管园

湘鄂西地区传统村落中有很多留守儿童,为了农民工留守子女的健康成长和教育管理,解除农民的后顾之忧,可以在村落中设立留守儿童托管园,主要负责监管留守学生的日常生活、行为、思想品德及学习,为他们营造和谐的家庭氛围,使其养成良好的生活、学习习惯和健康心理。

> 个案 17:湖南省慈利县溪口镇 90% 的年轻父母都在外地打工,全镇有留守儿童 525 人。溪口镇关工委创办了留守儿童之家,目前留守儿童之家有 182 名儿童,设置全托班 1 个,半托班 6 个,周末辅导班 11 个。留守儿童之家邀请"五老"人员义务担任爱心辅导员,他们在这里奉献余热,关爱后代,做到对留守孩子在思想上教导、心理上疏导、生活上引导、学习上辅导。留守儿童之家还会带着孩子们开展校外活动,对他们进行红色革命教育,让孩子们健康成长。留守儿童之家聘请的"爱心妈妈"对他们关怀备至,不仅安排她们的生活起居,还教他们自立自强,养成良好的生活习惯。

溪口镇留守儿童之家采取半公益模式,常年招收 1—9 年级学生,采取全托、半托、周托的形式辅导留守儿童。家庭条件较好的孩子,每学期交 400 元生活费。家庭条件不好的留守儿童则全部免费,相关经费则由县关工委和镇政府补贴,以及社会爱心组织和爱心人士捐助。留守儿童之家为农村留守儿童健康成长创造了良好的社会环境,留守儿童也在这里感受到了家的温暖和关怀。

> 个案 18:恩施市盛家坝乡二官寨村于 2013 年 7 月正式建立了乡境内第一所留守儿童托管中心,它是原幼儿园改造成的,由乡民政办直接监督管理。该中心坚持让"学生安心家长放心""家长自愿、受托自主"的原则,现有受托管儿童 33 人,其中留守儿童 15 人,孤儿 1 名。托管中心理事刘万年心系儿童,除了配齐托管中心设备和孩子用品外,每年"六一"期间还给全园孩子添置服装,每年支出经费约 6000 元。孤儿周启佳父亲去世、母亲改嫁,生活无依无靠,

刘万年从 2013 年孩子两岁开始义务抚养，天天带在身边，一带就是 4 年，实行真正意义上的全托管，每年为其缝制衣物 3—4 套，每年为这个孩子储蓄存款 5000 元，主要用于孩子的初中上学费用攒集。留守儿童帮扶协会给托管中心建了一个爱心水池，耗资 8000 元，购买旋转木马 2000 元，还有练习本和铅笔。该托管中心分大中班、复式班和小班，课程主要包括看图认字、看图识蔬菜、看图识动物、着火了怎么办等内容，增强学生自我保护意识，教育孩子树立团结、友爱、不自私、坚强的理念，孩子长大后可以由家长转送教学点或其他学校就读（见图 6-1）。

图 6-1　二官寨留守儿童托管中心

图片来源：笔者摄于二官寨村。

由于教育资源的调整，湘鄂西地区闲置的小学和幼儿园很多，建议政府有计划地将其改造成"留守儿童托管中心"或"留守儿童乐园"等场所，让留守儿童放学、放假离校不离教，离校不离管，开展"代理父母"等关爱活动，为留守儿童成长创造有利条件。

（三）再造公共文化空间

湘鄂西地区过去有很多公共活动场所，如摆手堂、古戏台、风雨桥、凉亭、祠堂、庙宇等，是村民诉说家常、交流情感、信息沟通的重要场所。这些公共空间培育了乡民对乡土的喜爱和依恋，承载着村落文化传统。但现在随着人口的大量外流，一些公共活动空间渐渐失去了原有的功能，有些场所被村民废弃或改造，急需对这些公共文化空间进行再造，重新唤起人们的记忆，增强村落认同。

传统村落还应该修建一些公共文化建筑，或者把历史上遗留下来的老屋进行改造，打造民俗博物馆、文化活动室、图书室和村民中心等。此类建筑可以聚拢人心，激发地方文化自豪感，让村落重新找回集体凝聚力。民俗博物馆里可以展示古文物、传统服饰和生产生活器具、村落名人画像和村落老照片等，村落老照片要进行扫描，装成册，编成故事进行展览。村落图书馆也是非常有意义的，特别是儿童读物应该更多一些。乡村的教育资源和水平远远落后于城市，可以让留守儿童在周末和寒暑假到图书馆来看书。总之，要通过这些公共活动空间的打造让老百姓有更多的机会聚在一起，满足他们多方面的精神需求。

这些公共活动场所还可以经常举行一些活动。比如在各种节日里开展一些特别的活动，端午节比赛包粽子，元宵节比赛吃汤圆，春节一起跳摆手舞，每家做一道最拿手的菜，大家聚在一起分享，互相尝尝大家的手艺……另外还可以复活一些传统游戏，如跳皮筋、踢毽子、滚铁环、玩沙包等，这些游戏注重人与人之间的互动，还能锻炼自己的动手能力。这些活动让村民们在联系情感的同时，也提升集体意识，可以增强他们对村落和家庭的认同感。

四　积极探索过疏化村落经济发展新模式

中国农村千差万别，各地的地理环境、自然资源、文化传统、经济水平、社会现状各不相同，适合此地的模式可能在彼地会水土不服，因而不可能有统一的放之四海而皆准的发展模式。朱镕基总理于2001年考察完湘西州后指出："要根据当地的实际大力发展特色农业，现在就是要帮助和引导农民什么东西赚钱就种什么，什么东西市场需要就发展什么。"湘鄂西地区集"老、少、边、穷"于一体，必须因地制宜探索山区村落可持续发展的路径，每个村落应该根据自身实际特点探寻最适合自己的特色发展模式。

（一）促进农地集中，倡导适度规模经营

随着农业生产的发展，小规模、分散经营的家庭承包制越来越难以适应新形势下农业发展的需要。农村人口的外流缓解了人地关系，为土地规模化经营提供了有利的条件。为了适应现代农业的发展需求，必须促进农地资源的集中，倡导适度规模经营，这样可以提高农地的利用效率与产出收益。由于湘鄂西地区农村劳动力大量外出务工，致使从事农地生产的劳动力大量减少，很多家庭因无力耕种造成农地的抛荒或低效利用。只有大力培育新型农业经营主体，通过经营权流转、代耕代种、土地托管等多种方式，形成土地规模化经营，才能实现土地效益的最大化。一方面，可以利用政策优势，催生家庭农场、农民合作社等新型经营主体的出现，通过流转或托管等方式将村落中闲置的土地集中起来，实现小农经济生产方式向现代化转变。另一方面，对于乡村里留守人员或愿意留乡村发展的人员，可以将其转为新型的专职农业人，他们可以到农场来劳动领取工资。这样既可以将土地资源得到合理的优化配置，又可以增加村民的土地外租收入及劳动收入，从而带动农村的经济发展。

>个案19：凤凰县麻冲乡老洞村老支书唐书记曾在村里做过20多年干部，他现在成为村里种植业大户，他把很多外出务工、没有劳动力的抛荒土地流转过来，和他们签了15年协议，每年一亩地给他们200元收入，现在共发展了70亩烟叶、30亩水稻，另外还有50亩猕猴桃。他说种烟叶工序很多，忙不过来，除了儿子在家帮忙外，他还请很多村民（50岁以上的中老年人）来帮忙做工，每天发80元工资，那些村民都很乐意。虽然农业各种支出及村民的开支都比较大，但他精明能干，每年还是有15万元左右的收入（见图6-2）。

从以上这个案例可以看出，土地流转的双方都增加了一定的经济收入。实现了双赢土地流出方一方面获得了租金，另一方面被种植大户聘请劳动也获得了佣金，他们通过土地流转减轻了劳动强度。土地流入方通过扩大生产规模，改善了耕作条件，提升了农业科技应用水平，让一些荒芜的土地重新得以复耕。由于唐书记头脑灵活，善于经营，他和烟草公司也建立了长期合作关系，因此降低了市场风险，增加了农业收入。

目前，湘鄂西地区土地流转区域分布不均，一些地势平坦、交通便利的地区土地流转较好，因此形成了一批特色产业。但在一些地理位置

图 6-2　老支书唐书记

图片来源：笔者摄于麻冲老洞村。

偏僻的地方，由于土壤贫瘠且不能采取机械化作业，相当多的土地即使不给租金也流转不出去，所以土地流转并不适合所有村落。绝大多数流转出去的土地都是发展烤烟、反季节蔬菜和经济林木，压缩了玉米、土豆等传统农作物的生长空间。但是，因为这一区域不是粮食主产区，这里发展粮食作物没有优势，所以对农业影响不大，土地流转有利于促进该地的农业结构调整和土地的合理利用。

（二）鼓励"市民下乡"，发展定制农业

大地风景建筑设计有限公司董事长王珏博士曾指出，中国的乡村发展必须是一个结合现代技术，与城市互相融合的发展过程。城市与乡村的连接最直接和广泛的四种方式是：城市人消费乡村产品，乡村消费城市商品，城市人到乡村旅游，乡村人到城市务工。中国农村的劳动力和资本外流造成农业低效和农村衰败，鼓励城市市民下乡进行消费和投资，不仅可以增加农村的人气，还可以促使城市资本向农村流动并带来收益。随着生活水平的提高，很多城市市民对食物的安全和质量有着更高的要求，他们宁愿出高价买好食品，因此可以让他们下乡与农户达成定制化协议。

恩施市盛家坝二官寨村发展了定制农业，他们绿色无污染的大米可以卖到 50 元一斤，只喂玉米不喂饲料的猪可以卖 35 元一斤。农户在稻田、猪圈安装了监控器，外地市民不放心的话可以随时检测。有的市民还租用"外流"农民的土地自己种粮，假期过来自己劳动，一方面可以亲近自然，让身心得到放松，同时保障食品安全；另一方面也可以使土地资源得到充分利用不至于因农村劳动力不足而抛荒。

这种定制化和个性化服务，缩小了城市消费者与农业生产者之间的距离，降低了农产品"卖难"风险，也减少了市场流通所带来的成本增加问题。"定制农业"不追求产品数量，转向以质量和安全为根本导向，最大限度地减少了农畜产品生产中农药、化肥、饲料等化学品的使用，可以实现生态文明与经济发展的双赢。

(三) 发展养殖畜牧业，科学养蜂

随着生活水平的提高，人们对饮食品质的需求也在不断提升。传统方式集约化、工厂化养殖出来的禽畜类产品，不论在营养价值还是在口感上都相对较差，不能满足人们对健康饮食的需求。湘鄂西地区牧草品种资源丰富，有禾本科、豆科、菊科等400多种，具有一定载畜能力，可以适当发展养殖畜牧业。由于劳动力的大量外流，很多村民都把地处偏远的田土实施了退耕还林，这为养殖畜牧业的发展提供了广阔的空间。畜牧业是一种劳动付出较少、可以提供肉源又能带来稳定收入的生计方式，理应得到重视。

湘鄂西地区群众过去曾有饲养猪牛羊的传统，他们把猪与牛羊一起进行放养，由于山羊主要吃树叶，牛主要吃青草，而猪主要吃块茎植物，不同的取食方式有利于合理利用资源且不会对生态造成破坏。鹤峰县白果村侯主任利用村中闲置山林开办了养殖场，现在喂养有40多头牛、30多头猪，猪和牛都实行放养，每年有十多万元的收入。建始县田家坝村中有一户村民在山中散养的藏香猪受到消费者的青睐，成品猪供不应求，其销售价格比普通市场上的猪肉高很多，很多客户都是提前预订。据永顺双凤村村干部介绍：

> 我们这里山上有很多野猪，但是野猪不吃家猪，对家猪没有任何威胁。有村民将猪放养在山上，后来发现刚出生的小猪里竟然还有野猪崽，它们在一起相处还挺好的。

从访谈资料来看,村民对"放养猪"这种饲养模式还是比较认同的。由于武陵山区生态良好,野猪较多,确实给人们带来很多不便。笔者在利川向阳村、山青村调研时,发现许多村民现在都不再养猪了,因为野猪与家猪争食,他们种的红薯、玉米等粮食作物都被野猪糟蹋了,家猪没有食物只能慢慢放弃喂养了。但如果转换传统养猪模式,让家猪与野猪一样放养,就不会担心这些问题了,这种养殖方式在铁炉细杉村也有村民尝试,取得了一定的成效,可以慢慢推广。

湘鄂西地区的传统村落森林覆盖面积广,各种花草很多,蜜源丰富,养殖蜜蜂具有得天独厚的优势,但大多是传统散养,不成规模,经济效益没有体现出来。恩施市二官寨村成立了养蜂专业合作社,合作社免费为社员提供蜜蜂和蜂桶,免费提供养殖技术,收入"五五分成",效益非常可观,也带动了很多贫困户脱贫摘帽。小小蜜蜂背后存在巨大的经济价值,所需劳力、资金投入都不多,这是山区的优势,不容忽视。

(四)种植药材,发展经济林业

从过去的开发历史来看,茶叶、桐油、生漆、烟叶、药材等土特产品历来是湘鄂西地区经济开发的优势所在,林业一直是当地经济发展的重要组成部分,恩施利川毛坝的"坝漆"、来凤的"金丝桐油"、恩施"老山紫油厚朴"都是名声在外。民国时期,湘西巡防军统领陈渠珍强调发展桑、麻、桐、茶,他常引用孟子的话对人们说:"五亩之宅,树之以桑,五十者可以衣帛矣。湘西万山重叠,山多田少,欲振兴经济,首在发展林业,特别要多种桑麻、油桐、油茶和杉木。"[①] 他提出"种育并举,采蓄兼顾"的林业发展方针,认为这样可以"受利无穷",是当地"长远之策也"。

桐、茶林在湘鄂西地区已有几百年的种植历史,过去民间广泛流传着"桐茶是个宝,吃饭穿衣不可少""家有千株桐,一世不受穷"的歌谣,这说明桐茶曾经是增加农民收入的重要来源之一。湘西州素有"桐油之乡"的美称,清道光年间,州内桐油经常德、岳阳、武汉、长沙、湘潭等口岸出口,远销欧洲、美洲等地。一些经贸集镇的繁荣都与桐油等土特产的开发有密切关系,例如芙蓉镇以前是桐油、茶油的集散市场,

---

① 孙锡华:《我所知道的陈渠珍》,载《湘西文史资料》(第四辑),1985年,第75—84页。

当地的大商人都是靠经营桐油发家的。清末民初,王村每年桐油输出量达 4.5 万桶,计有 250 多万千克。[①] 桐油和茶油用途很广,桐油是油漆、油墨、人造皮革、电气绝缘等工业生产的原材料,用桐籽提炼出来的洪油,桐籽壳加工制成的桐碱,也是玻璃工业、染色工业和国防工业的重要原料之一。随着人们对环境质量要求的提升,桐油可以提供的生态涂料开始引起人们的青睐。山茶油是人们日常生活所必需的食用油,富含维生素 E 和钙、铁、锌等多种微量元素,所含氨基酸的种类是所有食用油中最多的。此外,它还富含抗氧化剂,可以消炎、抗癌,是化妆品和医疗用品的重要成分。桐茶林是一种经济价值大、收益快的经济林,如今随着年轻人大量外出务工,劳动力不足,从前开垦的田土荒芜现象越来越严重,只有发展林木产业才能使有限的资源更好地发挥出应有的效益。

湘鄂西地区的传统栽培药材主要有黄连、党参、当归、贝母、厚朴等,药材生产历史悠久,恩施的黄连在唐代就被列为贡品,它主产于高山地区,"山民以种此为业,以为生计",利川黄连称"鸡爪连",品质上乘,过去出口日本和欧美。党参栽培始于明,发展于清,嘉庆年间"板桥蒿坝百余家,大半药师兼药户",板桥党参在国内外享有很高声誉,远销东南亚各国。当归亦产高山,以恩施石窑所产最多、质量最好,商界称"窑归"。贝母产海拔 1400—1800 米的高山,利川团堡、恩施板桥和大山顶等地较集中。

(五) 艺术师下乡,打造特色乡村旅游

湘鄂西地区很多村落文化底蕴深厚,自然景观优美,农业经营类型多样,发展乡村休闲旅游具有优越的条件和广阔的前景。可以依托本地民族特色文化、历史文化、红色文化、乡土文化和非物质文化遗产资源,通过新奇创意打造出不同主题的特色休闲农庄品牌,因地制宜发展乡村旅游。

1. 村落观光游

观光游是旅游者通过对"异地的自然风光、名胜古迹和民俗风情等

[①] 龙先琼:《略论历史上的湘西开发》,《民族研究》2001 年第 5 期。

的游览和欣赏"而获得审美体验和享受的一种旅游方式。[①] 观光游适合交通条件相对便利,各项基础服务设施相对完善的传统村落,以方便大量游客的流动。湘鄂西地区传统村落里的观光游可以发展"田园农业观光"和"民俗风情观光"两种形式。

"田园农业观光"主要依托村落里的田园美景、农业生产活动和特色农产品为休闲吸引物,发展观光果园、观光茶园、观光菜园、观光花园、观光瓜园等形式。村民可以在不同的季节摘种不同的作物和瓜果,让游客可以欣赏山区田园风光,观看传统农事活动,学习和了解传统农业技术。村落中可以放置一些传统农耕用具,如水车、织布机、斗笠、竹编、鱼篓等,通过专业导游的介绍,让游客获得更深一层的观光感受。在吸引游客观光的同时,也可以在农作物成熟的季节增加采摘体验活动,带动农产品的销售,让游客体验更多的采收农特产的乐趣。

"民俗风情观光"主要依托民族传统文化,开发民族歌舞、民间技艺、节庆活动、时令民俗等旅游项目。一方面可在村落里建立民族文化展馆,图文并茂地展示本村的农耕文化和民族文化,辅以一定的影音视听设备进行解说,也可以配备专业的导游,使游客通过观光旅游加深对民族文化的了解。另一方面,可通过大型的民族歌舞表演、观看传统技艺制作、试穿民族服饰等方式让游客从视觉和身体上感受湘鄂西地区独特的民俗文化风情,晚上为了留住游客还可以举办乡村夜话、篝火晚会、帐篷节等活动。

2. 农耕体验游

体验游注重游客在旅行过程中对各项旅游产品的参与程度。在传统村落,游客可以参与当地村民传统的劳作中,如编竹篾、插秧、放牛、采茶、种豆等,通过亲身参与获得更加深刻的旅游体验。在互动体验的过程中,游客成了民俗文化舞台的表演主角,他们更加有兴致(见图 6-3)。

体验游要针对不同游客群体的需求设计特别的体验产品,如针对儿童和青少年可以设计教育体验游项目或亲子游项目。当前城市里的孩子

[①] 曹昌智、姜学东:《黔东南州传统村落保护发展战略规划研究》,中国建筑工业出版社 2017 年版,第 256 页。

图 6-3　二官寨农耕文化节

图片来源：恩施市二官寨村民康 Y 提供。

的知识大多来源于书本和电子产品，通过开展乡村体验游，可以提高孩子对乡村的认知能力、增长见识见闻。教育农园里各类树木、瓜果蔬菜都需要添加标牌，另外还要规划设置一些儿童喜爱的具有文化教育功能的场所和设施，如浪漫花屋、可爱动物区、昆虫生态馆、植物标本区等。寒暑假可以与城区中小学或培训机构联系组织夏令营或冬令营活动，让城里的孩子与村落里的学生结伴，吃住在村落中，共同体验摸鱼、择菜、拾柴、打猪草、采摘等农事活动，组织他们捕蝴蝶、捉萤火虫，体验乡村生活的乐趣和辛劳，为城市的儿童和青少年了解农业和民族文化创造了条件（见图 6-4、图 6-5）。

在传统村落发展户外运动体验游也是一个不错的选择。湘鄂西地区的传统村落身处大山之中，因此可以适度策划野外求生游和户外运动游，开发秘境探险、漂流、爬山、露营、探洞、攀岩等项目，在保证安全的前提下吸引一些爱好者的到来。不过这类项目需要聘请专业的旅游探险人才担任导游，安全第一位，同时还需要一定的医疗服务以应对突发状况。

3. 养生度假型

随着生活水平和物质条件的不断改善，人们越来越关注健康和养生，

图 6-4 插秧活动　　图 6-5 摸鱼活动

图片来源：恩施市二官寨村民康 Y 提供。

远离都市去乡村度假成为人们缓解压力的有效方式。湘鄂西地区传统村落发展养生度假游拥有很好的条件，这里不仅有大片的森林、美丽的田园、湿润宜人的气候，还有浓郁的民族风情，可以依托传统村落特色文化资源生态资源打造养生度假区，吸引城市游客回归自然。

利用村民外出后的闲置房屋发展乡村民宿也是一种很好的选择，因为村民的传统木制民居如果长期无人居住就会加速房屋破坏。拥有旅游发展条件的传统村落可以鼓励外出的村民对传统民居进行整治修缮，民居内部按照现代化要求进行装修，满足游客对现代文明的需求，让游客愿意住下来，真正融入传统村落中。恩施市盛家坝二官寨村旧铺动员村民将闲置的房屋改造为具有传统特色的客栈和民宿，专门成立了乡村民宿合作社进行管理，统一安置游客，统一定价，避免了商业活动中的恶性竞争等问题，每年 5—10 月客源很多，住房供不应求。

传统村落的旅游发展既可以为当地村民提供就业岗位，也可以带动当地经济发展，但在开发过程中要尽可能避免过度景区化、旅游产品同质化等问题。"景区化"是指村落在开发过程中从一个以居住功能为主的空间单位转变为以旅游等商业用途为主的空间单位。如咸丰县唐崖村、凤凰县老洞村为了开发旅游，都将村民迁出原村落搬到集中居住区，外地游客进入需要购买门票。殊不知"传统村落"脱离了"民"就难免会失去其原本的文化积淀，只剩一个热闹的空壳。凤凰县十年前很多苗族村落都自发开发乡村旅游，由于村民开发能力有限，大多只会模仿，开发的旅游产品严重雷同,景区基础建设简单粗放。很多游客后来丧失了新鲜感,去了一个村落就不再对另外的村落有兴趣。部分村寨之间当时还发生恶性竞争,游客投诉现象非常多,凤凰县旅游部门不得已取消了所有乡村自办的旅游,最后委托山水公司统一管理,目前已开放几条乡村旅游精品线路,包括苗人谷、山江苗族博物馆、老家寨、"凤凰之窗"等。总之,只有认真对旅游资源、旅游线路进行梳理和整合,依托特色打造精品,才能凸显优势,促进乡村旅游业的可持续发展。

(六)盘活民族文化资源,发展文化产业

湘鄂西地区传统村落里有银饰加工、土家织锦、苗绣、蜡染、石雕、竹编等多项民族特色工艺,这些民间手工艺资源是富有地方文化特色的经验和技能,应该盘活这些土生土长、代代传承的文化资源,依托这些传统特色工艺打造民间工艺精品。可以加入一些文化创意,既要反映地方文化传统,体现人文风土特色,还要融汇当下进行创新,拉伸延长产业链。

这种模式在国内早已屡见不鲜,积累了丰富经验。如河南省商丘民权县王公庄就是一个闻名全国的画虎村,该村有800人从事绘画产业,村落里的夫妻画家、父子画家、姐妹画家及三世同堂的作画者比比皆是,他们以工笔画虎为主,也画人物、花鸟、山水等,品种繁多。现在该地区已经辐射带动周边数千名农民从事或经销绘画作品,形成了庞大的农民画家群,年销售画作4万余幅,创产值2500余万元。大约有30%的画作销售到孟加拉国、新加坡、日本、韩国、美国等国家和我国港、澳、台地区。刘云山部长盛赞他们"画虎画出了一片新天地,画虎画出个新农村"[①]。山西广灵染色剪纸被誉为"中华民间艺术一绝",在当地"公司+基地+农户"的经营模式下,他们将剪纸产品精心打造,产品由传统的装饰品发展为时尚的美术工艺品、旅游纪念品、剪纸挂历、剪纸贺年卡、剪纸邀请函等具有观赏、收藏、实用价值的艺术珍品、国家级馈赠礼品和外事礼品,产品远销日本、新加坡、意大利、英国、法国、美国和其他地区,带动了广灵县1480户农户、2500多名农民从事剪纸产

---

① 曹昌智、姜学东:《黔东南州传统村落保护发展战略规划研究》,中国建筑工业出版社2017年版,第178页。

业，户均收入达到8000多元。这些宝贵的经验可以学习和利用。

总之，我们要解决湘鄂西地区过疏化所带来的农村凋敝问题，就应该因地制宜发展多种经营模式，宜农则农，宜林则林，宜旅游则旅游，采取各种措施努力改变农民的贫困状况，改变农业生产的低收入劣势。只有农民在传统村落里能够找到谋生出路，他们才能留下来，村落的未来发展才有希望。

五　吸取国内外过疏化村落发展经验

村落过疏化现象不仅仅存在于湘鄂西地区，国内外很多地区都曾遇到过，他们的村落治理实践比我们开始的早，积累了很多宝贵的经验，这些经验值得学习和借鉴。

（一）日本："造村"运动

发达国家中，日本的农村国情与我国非常相似，如人均土地面积较少、人均资源贫乏等，日本的村落治理经验值得我们借鉴。第二次世界大战以后，在经济重建中，很多农村人口举家离村进入城市，导致农村人口锐减，出现了严重的过疏问题。为了振兴乡村，日本政府推出了一系列过疏对策，大分县前知事平松守彦率先发起以"立足乡土、自立自主、面向未来"的造村运动。在政府的大力支持下，每个地区都根据当地实际培育富有特色的农村发展模式，形成了为世人所称道的"一村一品"，极大地促进了乡村的发展，其经验为其他国家提供了有益的借鉴。

1988年到1989年，日本政府对全国各自治体（市区町村）支付1亿日元，鼓励地方开展振兴活动，俗称"故乡创生1亿日元事业"。当时正值日本经济大泡沫时期，日本政府通过政府财政转移支付的形式拨给各地方，不对钱的使用方式进行干预。各地方自治团体拿到钱后，积极投资基础设施建设，激活了当地经济。2017年前后，安倍政府提出"地方创生"计划，他们针对国内少子化、老龄化问题以及由此引发的产业衰败等问题，为未来发展设定了发展目标，即人口要维持在1亿人左右，要让人口回流到地方，其中从东京向地方迁移12万人。他们通过政府机关向地方迁移，引导人才和资源向地方流动，另外派遣政府决策顾问、国家公务员、大学学者、民间智库等参与地方创生，了解地方的人才需求。

日本的造村运动为湘鄂西地区的村落发展提供了以下启示：其一，要因地制宜发展乡村特色产业。日本政府设立了专职部门支持农产品生产和特色产品研制，他们根据村落自身资源禀赋进行设计，不断整合和开发传统资源，打造出了富有地方特色的品牌产品；其二，要动员村民的参与热情。日本的"一村一品"运动是一项自下而上、乡村社区主导的运动，政府鼓励村民选择自己感兴趣的、所关心的各种事物进行相关的提案，并让村民参与到村落建设中，提高了村民参与事务的自觉性与积极性，提升了村民的能力；其三，重视乡村人才的培养。日本的"一村一品运动"和地方创生都鼓励人才培养，"一村一品"强调发掘培养区域内人才，地方创生则侧重从外部吸引人才。具体措施主要包括：（1）开办地方创生学院，培养和确保地方战略实施所需要的人才。课程讲师主要由区域产业振兴成功人士、居民自治及社会教育领域的指导人员担当。（2）设立市町村长助理。派遣国家公务员和大学的研究人员、民间智囊团的人员，支援有振兴热情的市町村来推进综合战略的实施。（3）设置地方创生顾问。地方创生顾问承担国家政策咨询工作，其由各都道府县政府的有工作经验的人员担当，对应中央各省厅。（4）培养专业人才。在各地企业和都市部门设置有商品开发等各种领域专业知识的人才，为促进区域活化的良性循环，通过开展地方企业的革新和新商品开发等，积极转变经营方式和体制。（5）培养区域发展专家。安排专家传授当地居民农业生产及旅游观光领域的知识，并负责人才培养工作。[①]

日本的"一村一品"走过一些弯路，湘鄂西地区现在很多地方也在推行"一村一品"，就要充分吸收他们的教训，特别注意避免一村一品过程中产品难以规模化、销售困境等问题。不过，现在时代不同了，新时代可以借助互联网、电商等方式，这是当年日本开展"一村一品"所不具备的条件。乡村建设中人才是最重要的因素，因此一定要注重人才的培养，坚持本地培养和外部引进相结合。

---

① 资料来源于 2019 年 5 月 22 日下午清华大学社会创新与乡村振兴的学术沙龙，日本财团法人、福冈亚洲都市研究所主任研究员唐寅博士分享了日本乡镇建设经验。

（二）韩国：新村运动

20世纪60年代，韩国在快速工业化和城镇化的进程中，城乡发展失衡。农村人口大量外流，农村劳动力老龄化、弱质化，农业生产后继乏人，部分地区的农业生产几乎陷入崩溃的边缘。70年代，韩国政府在全国实行"勤勉、自助、协同"的新村运动，通过政府扶持与农民积极参与共同推动了乡村的发展。

韩国政府在乡村实施了"农户副业企业"计划、"农村工业园区"计划和"新村工厂"计划，他们积极"增种经济类作物，推广水稻新品种，建设专业化农产品生产基地"，以此优化农业产业结构，增加农民收入。政府在农村培育和发展互助合作型农协，通过对各类农户提供专业服务和生产指导，以此促进城乡实现共赢。此外，政府还在农村开展了国民精神教育活动，努力提高农民的文化素质和参与热情，让农民可以自己管理乡村和建设农村。新村运动的开展改变了韩国落后的农业国面貌，实现了农业现代化的目标。

韩国的"新村运动"为我们提供了范本，它启示我们：

第一，政府的作用不容忽视。为了加强对"新村运动"的领导，韩国政府组建了新村运动中央协议会，他们各道、郡、邑也都设有协议会，实行垂直领导和指挥，因此形成了一个自上而下的全国性网络。[1] 韩国政府还批准成立了"新村运动"中央研修院，主要目的是培养大批新村指导员，由他们组织带领村民进行村里各项建设活动。传统村落在建设的整个过程和未来都离不开政府的政策导向作用，必须建立长效机制，一张蓝图绘到底，为村落建设提供财政和技术、人力、物力方面的支持。

第二，充分发挥村民的主体作用。韩国的"新村运动"之所以成功，主要原因在于最大限度地调动了村民的积极性，发挥了他们自主、自助、自强、合作的精神和力量。在运动初期他们就让农民上台讲述自己的事情，不分身份组织大家一起讨论、一同参加培训和劳动。基层"新村运动"的组织者都是在农民中民主推选出来的，真正让农民当家做主，成为农村建设事业的主体，政府在推行一些政策前都会先征求农民的意愿

---

[1] 孔凡河、王潇洁：《它山之石，可以为错——韩国"新村运动"对我国建设"社会主义新农村"的启示》，《北方经济》2016年第10期。

和建议。

第三，多方力量协同推进新村建设。韩国的"新村运动"是全体官民共同促进的运动，在推进城镇文明建设过程中，多元化力量的共同参与发挥了重要作用。首先，政府各部门形成合力，共同推动农村现代化。农村的电力供应、电话安装、医疗服务、道路修建等工程设施，分别得到了政府各部门的大力支持。其次，新村中央研修院为培训中心积极开展育人工程，他们举办了骨干农民培训班、新村指导员班、农协组合长班、妇女指导员班、农村教育骨干人员班等24种培训班，不仅培养了大批乡村建设的骨干，还对农民进行了技术技能培训，为"新村运动"的顺利实践打下了坚实基础。此外，韩国还实施了"志愿指导员"制度，志愿义务工作者大多数来自大学教师、大学生、公务员等素质比较高的群体，他们在做好自身本职工作的同时，还利用休假到农村社区无偿服务。据统计，在1970—1978年，"参加新村运动的指导员就达到了278万人，公务员30万人，190多所大学的学生参加了志愿者服务活动"。[1] 各大学和研究所纷纷成立了"新村运动"研究会，他们通过农村社会调查，针对农村存在的实际问题进行研究，再把研究成果带到实践中验证，同时也推广了一些好的技术和经验。

韩国"新村运动"是一场由政府主导、群众广泛参与的运动，运动的成功开展与韩国政府的高度重视密不可分，他们鼓励农户创业脱贫致富以增加农家收入，提高农民建设家园的热情和自觉性，通过各大学、研究机构和各种社会力量的实际参与，最终取得了新村运动的胜利。

(三) 台湾：社区营造

20世纪90年代，随着工业化和城镇化的发展，台湾的乡村社区出现了城乡发展失衡、自然环境遭到破坏、地方文化个性丧失、教育与地方分离、一元化自上而下的社区治理模式等一系列问题。为了解决这些问题，台湾相关机构提出了"社区营造"的措施，取得了较大成效。

将"社区营造"方法总结和归纳最完整的是台湾的曾纪平老师，这些方法在"社区营造"领域被广泛学习和使用，其内容包括：

---

[1] 中共中央组织部干部教育局组织编写：《五大发展理念案例选：领航中国》，党建读物出版社2016年版，第103—105页。

（1）居民要参与设计；（2）发行社区刊物；（3）社区读书会；（4）推行环保运动；（5）守望相助；（6）社区的绿化、美化；（7）开社区研习班；（8）社区言论广场；（9）社区生态学习；（10）恢复传统祭典；（11）设置社区广告牌；（12）街角观察游戏；（13）撰写社区历史；（14）社区宝贝地图①；（15）社区资源调查；（16）私房菜；（17）小学社区化；（18）社区交流参访；（19）社区人生游戏；（20）社区合作社；（21）跳蚤市场；（22）开垦社区农园；（23）设立口袋公园；（24）传统游戏的复活；（25）设计活动海报；（26）设计文化"宪章"；（27）地方工艺传授；（28）社区纪录片；（29）安全通学道路；（30）社区寻访游戏；（31）溯溪探源；（32）社区网页；（33）爱心妈妈联谊；（34）社区五老五访；（35）志愿者人力调查；（36）创新社区节日；（37）招募爱心商店；（38）制定景观条例；（39）制定社区公约；（40）社区小记者队；（41）成立社区剧场；（42）河川整治；（43）社区环境认养；（44）成立社区联盟；（45）托老托幼的服务；（46）恢复传统景观；（47）定期社区清洁日；（48）成立社区电台；（49）假日社区导览；（50）社区老照片展。②

　　这50个方法是台湾地区"9.21"大地震后发展出来的社区工作方法，它可以作为社会组织调动本地居民的方法，也可以作为本地居民自发行动起来的操作方法，具有一定普适性，我们今天要促进传统村落的可持续发展，实现乡村振兴也可以从中汲取一些经验。

　　台湾的社区营造非常强调"由下至上"的理念，他们认为无论是外来的社会组织，还是当地的基层政府组织，在社区营造开始之时，都需要动员居民走出家门，参与到社区活动中来，有了居民的参与就多了一份交流的感情。

---

① "宝贝"这里指社区能人，"社区宝贝地图"指绘图说明社区能人所居住的地方。
② 罗家德、梁肖月：《社区营造的理论、流程与案例》，社会科学文献出版社2017年版，第127—146页。

台南土沟村的社区营造

土沟村位于台湾的东南部，距离台南市市区60多千米，区域面积400多公顷，是典型的传统村落，人口总数1600多人，但是以前参与社区活动的人数大约只有200人，主要原因也是因为这里曾经遭遇过第一产业衰落，大量年轻人外出谋生，常年不回村落，村中多是留守的老人和儿童等"空心村"问题。

2002年，当地青年成立了"土沟农村文化营造协会"，2003年，台南艺术大学建筑艺术所研究生也加入到该村的重建和改造中来，形成了一场自下而上的社区营造运动。

营造协会和南艺团队通过创意文化与乡村的有机结合，使原先没落的乡村变成了艺术馆，将音乐、绘画、特色民宿等融入乡村建设和生活当中，不仅使环境得到了改善，生活中处处都有艺术的气息。他们根据村民的需求对当地的环境进行了整治，充分利用田园、果蔬等现有的情景进行艺术改造和加工，例如优雅农夫艺术广场、优雅农夫田园野趣等，通过农耕体验活动，使游客感受乡村生活的真正乐趣所在。他们还为仅有的水牛搭建牛舍，建立了社区认同感和本土特色形象。

通过台湾的"社区营造"行动，我们至少可以得出三点启示：一是乡村营造要考虑村民的意愿和需求，充分发挥村民的积极主动性，建设他们乐于参与、乐于居住的家园；二是要因地制宜，充分利用好本土资源特色，将文化艺术创意融入村庄生活中；三是永续发展的生态理念对传统村落的建设来说非常重要，要保护村落的绿水青山，坚持走生态循环之路。

（四）河南莫沟村："留住老家"

河南省莫沟村以前是一个贫穷落后的小山村，外出人员多，甚至过年返乡的意愿都不强烈，但现在很多村民都回来了，而且再也不想离开了。2017年的大年初一，中央电视台"焦点访谈"全程播放了《感恩的礼物：老家莫沟》，该村的村落改造经验也是值得学习的。

莫沟村是河南孟州市的小村，该村三面环沟，村民依托地形地势在岭畔、沟边挖窑洞而居。前些年因为穷，村民们纷纷外出打工寻找生路，这个小村庄变得非常冷清。随着越来越多的年轻人外出，村里只剩下老人和孩子。

2014年，为了工业园区的发展，莫沟村被列入该市整体拆迁的计划之中。俗话说，"金窝银窝，不如自家的草窝"，村民祖祖辈辈都生活在这里，再不好也是家。听说村子要拆迁，村民听说后心里都很难受。就在推土机轰鸣声即将响起的时候，孟州市委书记李YJ来莫沟村进行了调研，根据村民的意愿他们决定对该村进行就地改造，不再整体搬迁，市里还专门请来了设计师团队，村民们都很兴奋。

这些村民非常感激为他们留住"老家"的政府干部，为了重建乡村，很多人都不再外出打工了，他们选择留在村里默默当起了义工。如村民万QS是莫沟村一个普通农民，现在71岁了，他有40多年工匠从业经验，木工、泥瓦工、盖房等他都很精通，是莫沟村建工作的技术指导。以前老万带着自己的几个徒弟成立了一个小施工队，每年收入非常可观。现在他帮助村里干活，每天只有几十元钱补助，但老万说："算那账干什么，咱不算那账，政府号召让咱来组织这一圈人，我又不是为那钱。莫沟美丽乡村建设，我不来家出出力，能对得起老少爷们吗？"苗XZ是村里的支书，以前他在外面组织运输队跑运输，一年下来纯收入有五六十万，但是现在为了村里的建设，苗XZ把车停了、运输队也散了。村民们说，他们之所以这样有干劲，还有一个原因就是被倡议留住莫沟村的李书记感动了，一年半的时间，李书记来莫沟有230多次。

设计师在莫沟村的改造中秉承的目标是"让有家的人，保护好家；让忘记家的人，找到回家的路；让没有老家的人，得到家的温暖"。由于他们的精彩创意和匠人们的努力劳作，那些坍塌的窑洞和荒废的老宅子又有了生气。经过一年打造，莫沟村完全变了样，原来的垃圾场上盖起了村淘店，羊圈改造成了漂亮的甜品店，破败的窑洞变成了特色民宿……村民房前屋后的砖头瓦片铺成了村间的小路，自来水、天然气、养老院、卫生所，这些城里人享受的公共服务，莫沟村的村民现在都可以用上。生活虽然现代化了，但是老传统并没有丢掉，那些老窑洞被当成文物保留了下来，村里所有的建筑都遵循了当地建筑以前传统风格和特色，没有千篇一律贴着瓷砖的板房。

关于莫沟的变化，村民们都感觉越来越像一个家了，因此都不愿离开了。村民感激李 YJ 帮助他们留住了祖祖辈辈生活的家，而李 YJ 也同样感激村民对莫沟改造的支持，因为没有村民的支持，莫沟不可能有这么大这么快的变化。①

从莫沟村的改造实践我们可以看到，由于村落的整体拆迁激发了村民的情感，为了留住家园他们纷纷加入到村落的建设中来，有钱的出钱，有力的出力，发挥了他们团结合作的精神和力量。在政府干部和设计师团队的帮助和指导下，村落最后改造成功。这个成功实践同时也启迪我们，传统村落的建设一方面要改善村落人居环境，让村民的生活便利、环境优美、居住舒适；另一方面也需要保留传统建筑和文物，不能丢掉一些传统民俗文化。

（五）重庆山羊村：打造桃花源

重庆市酉阳县板溪镇山羊村几年前还是全县的深度贫困村，山重水复、山阻水隔曾长期困扰着这里。年轻人纷纷外出务工，是一个典型的"空心村"。由于人才外流，吊脚楼、四合院等古民居年久失修，破败不堪。但如今山羊村完全变成一个"桃花源"，四季都是风景，四时都充满了人气。山羊村能有如此崭新面貌，离不开 3 任驻村书记的接力攻坚。

2014 年，第一任驻村书记熊国饶来到山羊村，看到该村一片萧条，经过走访调研，决定将环境提升作为开启古村新篇章的"第一章"，因为环境整治能最快提升村民的幸福感。一年多的时间内，在驻村扶贫工作队带领下，山羊村修缮整治了 140 间古民居，拆除了 85 间牛栏猪圈，修建了 6 个冲水式厕所，整治了 3000 平方米的庭院，原本破旧的寨子变成了干净整洁的美丽家园。

产业兴则乡村兴。山羊村海拔上千米，山地特色明显、小气候

---

① 资料来自电视新闻。

多样,在这样的自然条件下,他们选择产业要慎之又慎。因为山羊村的土地大多是油沙地,产出的大米不仅颗粒饱满,而且油脂含量高、口感好、营养丰富。为了把好山好水的优势发挥到最大,山羊村选择了一条"稻渔共养"的生态种养之路,一水两用、一田双收,村民的收入不断增加。大米一上市就被抢购一空,稻田里养出来的生态鱼,外头的餐馆都抢着要。村里产业基础好了,不少原本在外打工的村民也回乡创业了。在扶贫工作队的带领下,山羊村村民都有了增收致富的门路,养牛的、养蜂的、养羊的……如今村里有1000亩稻渔养殖基地、500亩脆红桃基地、1000亩黄茶基地和1000亩猕猴桃基地。不仅如此,2018年,山羊村组建了村集体企业滋闰农业发展股份有限公司,流转村民承包地、林地,开始发展村集体经济,村民土地出租每年有租金,下地务工还有劳务收入,产品销售后还有股金分红。抱团发展的村民,干劲越来越足了。

随着村里基础设施越来越完善,特色产业发展良好,村子的名气也越来越大,到山羊村游玩的人越来越多。为了开发旅游,他们依据山形水势,在山上修起了蜿蜒几公里的"赏红叶步道",在山下的稻田旁也修起了观光步道。游客过来可以春看花、夏避暑、秋观叶、冬赏雪。曾经荒废的民宅,被打造成了古香古色的庭院;曾经破旧的房屋,被改造成古朴的民宿。山羊村还成立了乡村旅游专业合作社,试行"村企联合、户企联营"新模式搞民宿接待。如今,古寨里有了十几家农家乐,赶上旅游旺季的时候,村民为了做好游客接待,得全家齐上阵,忙得不亦乐乎。2020年秋天,到山羊村赏红叶的单日最高逾万人。空心村已经完全变成一个"桃花源"。①

从山羊村的成功改造实践我们可以看到,在空心村的改造过程中,政府的主导作用和村民的参与热情都是非常重要的,村寨变漂亮了,基础设施条件改善了,村民不出门也能够赚钱养家,自然就不愿意走了。空心化村寨的治理应当因地制宜,要根据当地的地理环境和自然资源探

---

① 邓俐:《"空心村"变"桃花源"——看重庆酉阳山羊村如何奔跑在乡村振兴之路》,《农民日报》2021年1月25日。

寻最优发展路径，要为村民返乡提供就业门路。

六 建立村落发展的保障体系

传统村落的建设和发展是一项长远的系统工程，它关系着村落文化遗产的延续，关系着村民物质文化生活的改善。如果保障体系建设不当，不仅阻碍传统村落当前的发展，使村落规划建设难以落实，而且会在未来很长一段时间内延误村落发展的正常运行。传统村落的保障体系具体包括以下几个方面。

（一）制度与法律保障

完善制度与法律保障，使传统村落纳入法制管理轨道是从整体上协调村落发展、统筹区域资源配置的基础。2012年12月，国家住房和城乡建设部、文化和旅游部、财政部和国家文物局联合印发了《关于加强传统村落保护发展工作的指导意见》，明确了传统村落保护与发展的基本原则和主要任务，认为传统村落要"坚持规划先行、统筹指导，整体保护、兼顾发展，活态传承、合理利用，政府引导、村民参与"。中国传统村落保护工作上升至国家文化战略层面之后也引起一些地方政府的高度重视，他们根据当地具体情况制定了一些地方性法规和乡约。湘西州于2019年6月1日开始实施《湘西土家族苗族自治州传统村落保护条例》（见附录3），该《条例》细化了传统民居、整体风貌、文物古迹、非物质文化遗产、生态环境保护措施，明确了传统村落保护范围内传统建筑物维护和修缮管理办法，对村落开发旅游、特色产业、保护性开发也作了规定。《恩施土家族苗族自治州传统村落和民族村寨保护条例》（见附录4）于2020年3月1日起开始实施，这是湖北省首部传统民族村落和民族村寨保护条例。该《条例》提出传统村落、民族村寨的核心区禁止破坏传统建筑、特色民居、历史环境要素、自然景观、文物古迹，禁止开山采石、新建和改建建（构）筑物、建造坟墓等；鼓励和支持各类市场主体依法利用传统村落、民族村寨资源，发展多种形式适度规模经营，开发休闲农业、乡村旅游、民俗文化等特色产品；鼓励和支持村（居）民利用空闲土地、闲置住房等资源，发展乡村民宿等特色产业。这两部法规目前都是刚刚实施，期待可以正确指导该地传统村落的保护与利用工作，提高村落的管理质量和水平。

目前，城乡二元对立的制度是造成乡村过疏化的制度性根源。推进城乡一体化发展，应该对户籍制、土地制度等城乡二元对立的制度进行改革。由于历史或现实的种种原因，户籍制很多附加功能严重制约了城市和乡村人力资源的自由流动。深化户籍制改革，应该把户籍制的附加功能（如住房、教育、医疗等）与户籍本身相分离，促进农村人口更好地融入城市。对于那些已经在城市买房、有条件在城市定居的人可以制定相关安置办法，完善教育、医疗等社会保障制度，引导他们释放农村土地资源，实现由农民向市民的转化。此外，还要进一步深化改革农村土地制度，严格农村宅基地报批制度，盘活土地资源，提高农业生产效益。

（二）资金保障

传统村落的可持续发展需要资金保障。村落基础设施建设、古文物和古民居的修复、公共建筑空间的打造等都是大工程，前期投入非常大，没有资金的支持是办不好的。每个传统村落虽然有国家投资的300万元资金，但由于村落全方位建设涉及面广，方方面面都需要资金，特别是传统民居改造和木质建筑维修费较高，所以仍然面临资金短缺的问题。各村落要努力实现投资主体多元化，采取措施尽可能主动吸纳外界资金，改变过去依赖政府财政投入进行建设和保护的观念。

为了争取资金，传统村落基层干部一方面要积极利用政府投资、民间投资、银行信贷和资本市场融资等多个融资平台，注重社会力量的动员，多方吸纳公益扶贫资金和外来捐助资金。如环保公益组织北京绿十字至今已有16年乡村建设实践，他们现在已摸索出一套乡村建设的软件系统，该系统一共分为八大板块：乡村环境、组织建设、内置产业、能力培训、智慧旅游、传统文化品牌、文创品牌和美丽乡村，为很多乡村的发展做出了贡献。四川海惠助贫服务中心在秦岭大巴山地区、乌蒙山区等特困地区实施了一些公益扶贫项目，展现了一个公益组织精准扶贫的独特作用。[①] 或者可以号召家乡成功人士捐助，建立传统村落保护与发展基金、文物保护基金等形式多样的基金，设立村落发展专项经费，专款专用。另一方面要尽力创造良好的投资环境，通过村落的宣传介绍和

---

① 杨百会：《乡村振兴的公益实验》，《中国慈善家》2018年第11期。

各种活动吸引外商的关注，采取合资、合作、独资等多种方式积极引进外资。比如利用会展、网络宣传、农产品推介会等形式进行招商引资，吸引他们在本地发展乡村休闲旅游、建立生态养殖场、旅游观光园、生态农业示范基地等。

（三）技术保障

传统村落的保护和可持续发展离不开技术的支撑。村落的调查、规划和管理如果利用了空间信息技术 RS 与 GIS，就能形成相对准确的传统村落综合数据库，可以实时开展对村落资源的查询、检索、分析以及可视化表达。此外，利用现代新媒体技术对传统村落进行宣传，通过录制地方风俗、文化活动、景观风貌的 DV，建立传统村落的官方网站，或者通过深度挖掘民间故事和历史文化，拍摄相关的电影、电视或宣传片，都可以达到宣传目的。村落知名度提高了，一方面可以带动乡村旅游，另一方面也可以吸引外出务工者返乡创业。

产业要兴旺，农业要高效，科技是驱动力，传统村落的产业转型和生态循环模式的推广离不开技术的支撑。如浙江宁波慈溪市现代农业产业园就体现了发挥科技引领的巨大优势，他们成立了杭州湾现代农业研究院、沧海慈湖农创客基地、国际食品研发中心三大创新驱动平台，引入了 12 家科研单位和 16 个专家团队，建立了"一园多平台、一企一院校、一项目一团队"的"三合一"科技支撑体系。[①]在先进技术的推动下，他们的"农牧结合、农业废弃物综合利用等生态循环模式得到有效推广，实现清洁田园、病死动物无害化处理、秸秆资源化利用全覆盖，也实现了一二三产融合发展"[②]。

（四）组织人才保障

目前湘鄂西地区的传统村落保护与发展主要是住建部门在负责，但相关工作人员对传统村落的价值及文化遗产知识了解不多，严重影响村落保护与发展的开展成效和进度。传统村落里有很多古民居、古文物和

[①] 毛思洁：《慈溪市现代农业产业园：书写滩涂变沃土的传奇》，《宁波通讯》2019 年第 9 期。

[②] 陈再时、陆燕青：《浙江宁波慈溪市现代农业产业园：高质量创造高效益》，《农民日报》2019 年 3 月 1 日。

非物质文化遗产，对其修缮和保护需要专业技术知识。虽然各县市的非物质文化遗产中心和文物局可以开展一些工作，但是由于专门从事民族文化保护与研究的工作人员极为匮乏，他们很多时候都抽不开身，开展工作也是缚手缚脚的。传统村落专门机构在村落保护与发展过程中应该发挥重要功能，他们要负责组织制定村落发展规划，推广村落保护理念的普及；要负责村落的日常管理，参与村落建筑和文物的修复；要培养乡村建设骨干，传承村落文化等多项工作；还要对传统村落的保护与开发工作过程进行全面监督与正确引导。由于本地区传统村落数量众多，每个村落几乎都面临过疏化问题，村落的建设是一项长期而复杂的工程，需要配置专门的机构和有能力的工作人员才能更好地发挥职能。

随着经济社会的发展，人力资源已经成为推动、彰显地区综合实力的最宝贵的战略资源。目前，湘鄂西地区的传统村落中的人口外流现象非常严重，有能力有文化的人才缺乏。因此，制定长期稳定的人才输入计划也是非常重要的。民国时期从事乡村建设的中坚力量就是学术机构和社会团体。据统计，在晏阳初和梁漱溟的指引下，20世纪30年代全国从事农村建设工作的团体和机构有600多个，他们先后设立了1000多处实验区。当时社会中成百上千的知识分子，放弃城市舒适的生活条件，怀着"民族再造"的梦想，来到偏远农村与农民一道生活和劳动。[1] 传统村落的发展要建立灵活的人才机制，专兼职相结合，要加强与高等院校、科研机构、社会团体的联合，不断扩大兼职队伍，让他们在文化遗产资源摸底调查、科学鉴定、制作保护规划等方面做出自己的贡献。另外还可以对传统村落的干部进行一些适当的培训，提高他们对传统村落价值的认识，增强乡村治理的能力。

本章小结

随着城镇化和现代化的发展，湘鄂西地区的传统村落出现产业空、青年人空、住房空的过疏化景象，它带来乡村社会形态的重大变迁和村落社会的衰败。从可持续发展理念出发，传统村落最终要实现生态良好、

---

[1] 汤建华：《乡村建设运动对当前扶贫工作的借鉴与启示》，《管理观察》2016年第30期。

产业发展、文化传承、管理民主、乡愁延续的整体协调发展目标，村落发展应该坚持科学规划、整体推进的原则，生态为本、绿色发展的原则，村民主体、多元参与的原则，因地制宜、多样化发展的原则。

　　湘鄂西地区传统村落过疏化村落的治理可以采取以下具体措施：一是可以采取各种途径吸引精英人士返乡。鼓励大学生回乡创业，鼓励离退休公职人员"告老还乡"，要积极创造就业机会吸引优秀青年回流，将其重点培养为新型职业农民；二是加强对外流人员的密切联系和管理，重视农民技能培训，建立农民工动态管理机制，让外出务工人员从中感受到家乡的温暖和情怀；三是关注留守人群兴建公益建筑和文化空间，可以新修或改建一些公益建筑和文化场所，如"老人幸福院"、儿童托管园、民俗博物馆、文化活动室等，一方面可以满足村民的生产生活需求，另一方面又可以聚拢人心，让村落重新找回集体凝聚力；四是积极探索过疏化村落经济发展新模式，每个村落要根据自身的资源禀赋探寻最适合自己的特色发展模式，可以促进农地集中，倡导适度规模经营；可以鼓励"市民下乡"，发展定制农业；还可以适度发展养殖畜牧业、种植药材、发展经济林业、特色乡村旅游和文化产业等；五是吸取国内外过疏化村落发展经验，国内外很多地区都曾遇到城镇化带来的乡村凋敝问题，他们开展过疏化村落治理的实践比较早，积累了很多宝贵的经验，如日本的造村运动、韩国的新村运动以及我国台湾的乡村社区营造、河南莫沟村改造等，这些经验值得学习和借鉴；六是建立村落发展的保障体系。传统村落的保护和发展需要政策法律保障，需要资金支持，同时也离不开技术和组织人才保障。只有保障体系健全，村落的规划和建设才能得到落实。

结论与讨论

传统村落具有重要的历史文化价值和鲜明的地域民族特色，保护和发展传统村落是必要的，关于这一点已经成为全社会的共识。村落过疏化是中国在快速现代化的过程中逐渐形成的，这种现象不仅在湘鄂西地区存在，很多自然条件较差、交通闭塞的传统村落都面临同样的问题。因此我们可以站在更广阔的时空背景中去考察这种特殊的社会现象，探讨传统村落的未来发展。

一 正确看待传统村落的过疏化现象

村落空心化是人类进程中的正常现象，因为现代城市的发展一定会吸引乡村的劳力与人口。冯骥才先生曾经指出，"村落空心化是一种历史现象，也是一种现实。"[①] 西方社会自工业革命开始，乡村社会就开始瓦解，村落的过疏化便开始出现。只是中国的村落发展具有特殊性，由于中国社会近三四十年工业化、城镇化的高速发展，村落的空心化来得很快、很突然，所以肯定会带来一些冲突和挑战。

在城乡二元结构体制和东西部发展的巨大差异下，传统村落里的村民为了子女读书和日常生活需求必须向外流动。他们外出就业在改善家庭经济状况的同时，却带来乡村的空壳化，乡村耕种的土地荒芜了，村落记忆和传统民族文化慢慢淡化了，自身家庭的存续也形成威胁。这是一个悖论，从现实情况来看，农民不外出务工就难以生存和发展，但外出就业也会带来一些新问题，需要付出一些代价。到底应该如何解决这

---

① 冯骥才：《传统村落空心化，怎么办》，《环球时报》2019年10月8日第15版。

个悖论呢？村落空了，我们对此不能坐视不管。当前，很多空心村治理实践在地方政府的主导下轰轰烈烈地进行，典型的做法就是撤村并居、农民被上楼等。对于那些过疏化程度较高且失去存在价值的一般村落，固然可以依托新型农村社区建设布局进行改造。但是对于历史悠久、文化价值较高的传统村落来说，则不能简单地采取撤村并居的方式，而应该采取多种措施予以治理和保护，防止承载乡土地域文明的村落消失。

过疏化传统村落的治理应当因地制宜，充分发挥本地资源的优势，根据各地区的发展状况及农民意愿有步骤地实施。各地的传统村落在地理环境、自然资源、文化传统、经济水平、社会现状等方面各不相同，因而不可能有统一的放之四海而皆准的发展模式，一定要结合当地村落发展实际。当前，城乡收入差距大是农村人口大量流向城市务工的重要原因，因此要解决过疏化问题就应该锻造村庄的核心竞争力，激发村庄的发展前景，留住农村青壮年劳动力。在湘鄂西地区，传统村落应该走绿色发展模式，要以绿色资源为依托，大力发展绿色产业，大力开发绿色产品。山区的林业经济和养殖畜牧业都不能忽视，这些产业付出劳力少且能带来稳定收入。有些村落民族文化浓郁，可以适度发展乡村旅游和文化产业，为村民提供就业机会。在调查中，很多村民其实都希望在家乡周边就业，因为这样一方面可以照顾家庭，另一方面可以兼顾农业生产。只有创造机会让农民在传统村落里找到谋生出路，他们才能留下来，村落的未来发展才有希望。

二 资本与市民下乡

土地、人力和资本是农业发展的三个重要因素，土地是农业生产的前提，人力和资本是农业现代化的重要条件。目前，在城镇化的拉动下，农村劳动力大量流出村落，不仅人才流失，资本也流失，因此带来乡村的过疏化，传统村落的可持续发展需要资本的投入和人才的输入。

关于"资本下乡"问题学术界争论较多，有些学者认为城市资本下乡可以盘活农村经济，破解农村发展困境；有些学者则认为资本下乡会给国家粮食安全和农村稳定带来隐患。笔者认为，资本是过疏化村落发展的重要条件，资本可以推进农业技术革新，可以提高农业生产者素质，可以推进农业的规模化和品牌化经营。但是下乡的"资本"一定要进行规范引导，防止"公司替代农户"，特别注意保护小农户的利益。

徽州传统村落是中国传统乡村的典范，他们历史上就大多是青年男性长期在外的"空巢"村落。因为当地群山连绵、山多地少，单纯的务农无法维持生计，年轻男性常年外出经商。但由于他们的父母、妻子和子女都在故乡，所以他们需要把经商的收入带回家乡，以保证家庭收入。因此徽州过去乡村建设资金充沛，遍布白墙、黑瓦、马头墙的村落瞩目壮观，部分村落已经以"皖南民居"的名目列入世界遗产名录。[1] 随着城镇化和现代化的发展，过去只在徽州等少数乡村存在的现象现在已经成为湘鄂西地区乃至中国农村普遍存在的现象，但为什么现在的农村却出现凋敝的现象呢？其主要原因在于资本的流出。过去的徽州农民工，无论他们走多远、去了哪里，最后都会回到家乡，叶落归根，都会把挣得的财富带回家乡。正是这种财富不断向乡村的回流，才有了村落的巨大遗产，但是现在很多有能力有钱的农民一般都会选择在城区买房，有的父母为了子女在城市买房还把自己在农村多年的辛苦积蓄掏出来，这样导致财富不能向乡村回流，乡村缺乏建设和发展的资本，只会慢慢凋敝。

在湘鄂西地区调查时，一些地方干部在提到乡村凋敝时谈道："未来是穷人进城，富人进村。"他们认为穷人要增加收入，就应该进城打工，这是最有效的途径，强行留住村民不大可能。那如何解决乡村的过疏化呢？可以吸引一些城市市民下乡和能力强的农民工回乡创业。他们的解释颇有道理，把这些"富人"和"能人"引到乡村，既可以分散城市的拥堵，也可以让传统村落优质的生态资源和民俗资源得到利用，为他们提供一个休闲、养生的好去处。这些"富人"下乡一方面可以带来消费，提高村民的收入，另一方面也可以给村民增加就业岗位。村落里的优秀青年在外面打工增长了见识，也拥有了一定的社会资本，可以将其吸引回来培养为新型职业农民，为村落的发展培养"继承人"。只有城乡人口自由流动，乡村才会充满活力。

---

[1] 孙华：《传统村落保护的问题与对策》，载《望山、看水、记乡愁生态文明视域下传统村落保护与发展论坛文集》，文物出版社2017年版，第128页。

三　留住传统村落的根脉

传统村落里蕴藏着丰富的历史文化信息和自然生态资源，是农耕文明的重要遗产。传统村落的根脉，不止是几栋建筑、几棵古树或几件文物，更在于其承载的独特的历史记忆。保护和发展传统村落一定要注意留住村落的根脉，留住村民的情感和"乡愁"之根。

中国传统农村社会的老农对土地充满着深厚的感情，因为有了土地，便有了生存的保障。"泥土的安稳与厚重赋予了人们安土重迁和落叶归根的心态"[①]，他们不会轻易离开自己热爱的土地和栖息的家园。但是现在越来越多的人选择离开土地、离开农村，选择"四处漂泊"的生活。他们对土地的感情不断淡化，可以任意地抛荒土地，可以随意地在良田上挖鱼塘、建新房……很多新生代农民工都是从学校到学校，然后直接走向社会，他们没有农业生产的经历，因此对土地、对村落都没有什么感情。他们在城市闯荡，和乡间的距离越来越远，对于乡间的情况也越来越不熟悉，城市文化的耳濡目染逐渐消解了他们对家乡的情感认同和社会记忆。

乡愁的重要情感源头是乡土记忆和地方文脉，传统村落的建设和发展一定要保护村落的风土人情，要留住有文化的村落。湘鄂西地区传统村落的物质遗产和非物质文化遗产数量众多，是民族文化的天然博物馆。近年来，由于人口大量外流，传统古民居破败不堪，古桥、古道、宗祠、佛像雕刻等文物自然损毁较多，传统生产生活用具也慢慢远离人们的生活，迫切需要对这些古建筑、古文物进行抢救性修复和保护。这些老建筑不仅展现了当地独特的历史风貌，是千百年来农耕文化赖以寄托的载体，对于很多村民而言，这里有他们过去抹不去的生活记忆。有的传统村落非物质文化遗产资源丰富，一定要通过搭建各种文化活动平台有效传承下去，增强村民的文化自觉。

传统村落中的传统习俗与生活方式是经年累月形成的，每一种习俗的背后都是几百年、几千年乃至几万年丰富的历史积淀。它们"既是传统文化的载体，又是地域文化的象征，体现了一个地区长期以来所形成

---

① 朱启臻、赵晨鸣：《农民为什么离开土地》，人民日报出版社2011年版，第302页。

的共同心理和生活特点"[①]，富有独特的精神价值和民族特色。这些乡村文化带有非常强烈的乡土情结和田园向往，延续村落文化传统可以联结家族血脉和亲情，可以增强人们对村落的认同。我们一定要留住传统村落里的这些文化"根脉"，用"乡愁"唤起人们回乡发展的动机。

总之，我们要正确看待乡村过疏化问题，因村制宜采取合理的治理对策，从短期来看要促进传统村落的正常运转，留住传统村落的"根脉"；从长期来看要通过村落的健康发展吸引外出人员返乡，同时还要鼓励市民下乡，实现城乡自由流动，让传统村落充满生机与活力！

---

① 胡彬彬、吴灿：《中国传统村落文化概论》，中国社会科学出版社2018年版，第587页。

附　　录

附录 1　传统村落过疏化问题调查问卷

本调查是为科学研究所设计的，没有其他目的，承诺不透露您的任何信息。请在相应位置作答，感谢您的支持与帮助！

1. 您家里有哪些人？家里常住人口（　　　）人。

2. 您的房子修建于什么时间？什么时候维修过？在其他地方是否买有住房？

3. 您对现在的房子满意吗？

卫生状况	舒适度	房间面积	建筑样式	邻里关系

4. 您家里有几个学龄子女？他们在哪里读书？平时由谁照看？是否听话？

5. 您家里老人有多大年纪？平时身体如何？他们平时还做农活或带孙子吗？

6. 您和家人关系如何？跟以前相比是否发生了变化？（夫妻、子女、父母）

7. 您家里的主要经济来源是什么？（主业、副业）年均收入大约有多少？

8. 您家里有几人外出务工？分别在什么地方做什么工作？收入如何？您外出的主要原因是什么？

9. 您家里是否有因外出务工而闲置下来的土地？这些土地大约有多少？您是如何处理的？（抛荒、无偿送给他人耕种还是租给别人？）

10. 和以前相比，您觉得目前的土地收成怎么样？为什么？

11. 您（您儿女）是否愿意回乡创业？为什么？

12. 您在外面务工一年回乡几次呀？在外面跟家里人和村里人联系多吗？如何联系？

13. 村里每年是否举行一些文化娱乐活动？传统节日习俗或婚礼、葬礼习俗跟以前相比是否发生了变化？

14. 您觉得目前村落发展还面临哪些问题？从长远来看，大量年轻人外出务工之后村落应该如何发展呢？

附录2 双凤村人口外流状况表

户主	人口数	人口外出状况
肖DY	4	全家在外，过年过节回来，村里有婚丧嫁娶大事时户主回来。儿子儿媳在城上班，她给带孙子上小学，女儿外嫁
彭ZL	1	全家搬迁富平镇，两个女儿，一个外嫁，房空，常年不回来
彭ZM	4	全家搬城里，房子卖给村民田岩华
彭YM	9	彭YM常年在家，妻子在城里带孙子，周末寒暑假回来。儿子媳妇在城打工
彭ZH	4	彭ZH在广西打工，一年回来一次。老婆在城里带孩子，儿子去年高中毕业后也外出打工
彭ZQ	2	彭ZQ常年跟随大儿子一家在张家界居住，老婆黄作香常年在村，二儿子开的民宿，平时全家在长沙，村里偶尔有游客
彭XB	1	父亲2019年4月去世，后一个月自己到温州打工，儿子自己在县城住，平时放假交给亲戚接送
彭HB	6	全家搬迁到山下的村寨
陈ZH	2	和妻子一般居住在县城，偶尔回来，两个儿子都在县城单位工作
彭CY	5	外嫁，母亲跟着三个姐妹轮流居住
彭YF	2	自己平时在附近打零工，老婆常年在城里带孙子
彭ZB	4	两口子在外打工，母亲在城里带孩子上学
彭ZH	4	母亲在城给带孩子上学
严CH	5	严CH2019年7月到浙江打工。二儿子是村秘书，二儿媳在县城超市上班，两个孙子在城读书
彭ZS	4	两口子在广东打工，长子高中毕业后在长沙打工，次子初中毕业后在广东打工

续表

户主	人口数	人口外出状况
彭 ZY	2	自己常年在家。女儿外嫁长沙,春节回来探望一次
符 GY	2	常年在家,儿子7月犯事坐牢,女儿外嫁,次子常年深圳打工
熊 LX	2	在县城购房,村里有婚丧嫁娶大事时回来,女儿在县城读书
彭 ZH	1	户口一个人在村,是村里的媳妇,全家住城里
陈 ZM	2	两个儿子在县城工作,自己跟着儿子住
彭 SZ	1	外嫁,全家在县城
彭 JC	5	母亲常年在家,自己到处打工,妻子带两个小孩在县城读书,假期回来
彭 ZG	5	妻子今年外出打工,自己做零工,孩子们在县城读书
彭 ZM	4	常年在广东打工,妻子今年7月到浙江打工,儿子结婚县城有房,女儿外嫁
田 YC	3	妻子今年7月浙江打工,儿子常年在广东外打工
田 YP	3	今年6月去世,妻子在家,长子在吉首
彭 JZ	2	老两口在家
彭 ZJ	7	两口子在家,大儿子三儿子全家在重庆务工,二儿子离异,在温州打工
彭 MH	4	全家在吉首,过年回来
彭 JM	3	全家在县城购房居住
米 MY	3	在县城购房居住,村里有婚丧嫁娶事宜回来,祭祖回来。女儿高中,儿子小学
彭 ZX	3	全家搬迁到富平镇
田 YY	2	今年7月到浙江打工
田 ML	4	在县城购房,每年清明前后回来采茶,家里有小型茶叶加工厂,村里有婚丧嫁娶事宜回来。妻子在县城陪孩子读书
向 NH	1	两个儿子在县城工作,自己跟着儿子住,村里有婚丧嫁娶事宜回来
彭 ZF	5	自己平时在附近打零工,老婆常年在城里带孙,两个女儿在温州打工,儿子全家在温州

续表

户主	人口数	人口外出状况
彭JK	6	自己在温州打工，离异。母亲带着2个孙女在县城租房读书，寒暑假回来，自己过年回来一次
彭MY	5	大女儿在深圳打工，自己平时做零工，县城常年租房住，偶尔回村。妻子平时也做零工
彭YJ	1	在富平镇买房，清明时回来采茶收茶，家里有茶叶加工机器
王HQ	4	离异，带3个孩子在广州打工
粟ZH	1	自己常年在家，儿子全家4口在温州，两个女儿出嫁
唐SH	4	吉首工作，两个姐姐出嫁，母亲跟随姐姐在吉首居住，偶尔回来
唐RL	5	全家在县城居住，两个女儿已出嫁
田YH	5	妻子今年外出打工，大女儿出嫁，小女儿和儿子在江西打工，妻子今年也外出务工
彭SH	4	全家住城里，孩子在读小学
彭YJ	4	因父亲病重回来照顾了3年没有外出务工，妻子仍然在浙江务工。5月弟弟从吉首回来轮班照顾父亲，自己又去了浙江打工。女儿出嫁，儿子在长沙打工
彭ZP	4	全家在县城居住，平时两口子在县城打零工，过年才回来
张SX	1	两个儿子在宁波务工，过年回来。婆婆常年在儿子县城置办的房屋里居住，采茶时偶尔回来
彭YD	2	县城置房，常年在城
彭ZS	4	县城置房，常年在城
彭B	3	县城置房，常年在城，祭祖会回来
粟ZH	1	儿子一家温州打工，过年有时候回来，有时候不回来
彭JH	6	儿子一家在县城，老两口在家，节假日孙子回来
彭YF	4	全家长住县城
张CE	5	儿子在温州打工，儿媳带孩子在县城读书，孙子读大学
彭WL	3	儿子儿媳在山上圈养猪、鸡、鸭
彭JF	4	全家在富平镇住

附录3　湘西土家族苗族自治州传统村落保护条例

（2019年2月28日湘西土家族苗族自治州第十四届人民代表大会第三次会议通过，2019年3月28日湖南省第十三届人民代表大会常务委员会第十次会议批准）

第一章　总则

第一条　为了加强传统村落保护发展，传承和弘扬优秀传统文化，根据《中华人民共和国民族区域自治法》《中华人民共和国城乡规划法》《中华人民共和国非物质文化遗产法》等相关法律法规，结合本州实际，制定本条例。

第二条　本州行政区域内传统村落的规划、保护和利用适用本条例。

本条例所称传统村落，是指本行政区域内的中国传统村落和省、州、县（市）认定的传统村落。州、县（市）级传统村落的申报认定办法由州人民政府制定。

未纳入传统村落保护名录的少数民族特色村寨参照本条例执行。

第三条　传统村落保护发展，坚持政府主导、村民自治、社会参与、科学规划、保护为主、活态传承、绿色发展的原则。

第四条　州、县（市）人民政府负责本行政区域内传统村落的保护发展，将传统村落保护发展纳入国民经济和社会发展规划、国土空间规划及城乡规划，建立传统村落保护工作协调机制，统筹推进传统村落保护各项工作。

第五条　州、县（市）住房和城乡建设主管部门负责传统村落保护发展工作的组织、协调、指导和监督管理。

州、县（市）自然资源和规划主管部门负责传统村落保护发展规划编制，并对规划实施工作进行指导和监督。

州、县（市）文化旅游广电主管部门负责传统村落物质文化遗产和非物质文化遗产保护工作。

州、县（市）发展和改革、财政、扶贫开发、生态环境、人力资源和社会保障、民族宗教、应急管理、农业农村、林业、水利等相关主管部门应当按照各自职责做好传统村落保护发展相关工作。

第六条　传统村落所在地乡（镇）人民政府、街道办事处履行下列职责：

（一）配合编制并组织实施本行政区域内传统村落保护发展规划；

（二）协调或者组织实施传统村落风貌改造、保护发展项目；

（三）完善传统村落基础设施、公共服务设施，改善人居环境；

（四）协助做好传统村落物质文化遗产和非物质文化遗产抢救、保护、保存和传承工作；

（五）落实消防安全、白蚁防治等安全防护责任；

（六）指导、督促村（居）民委员会做好传统村落保护发展工作。

第七条　传统村落所在地村（居）民委员会具体做好下列工作：

（一）参与传统村落保护发展规划的编制与实施，配合相关部门开展传统村落保护和宣传工作；

（二）依法组织村（居）民会议或者村（居）民代表会议，将传统村落保护发展事项纳入村规民约；

（三）对有损毁危险的传统建（构）筑物进行登记，收集、保护已经坍塌、散落的传统建（构）筑物的构件，并向乡（镇）人民政府、街道办事处报告；

（四）协助落实消防安全、白蚁防治等安全防护责任；

（五）组织村（居）民按照传统习俗开展各种文化活动，保护、传承、传播非物质文化遗产。

第八条　传统村落保护发展资金应当专款专用，接受州、县（市）人民政府财政、审计和监察部门的监督。其资金来源包括：

（一）本级财政预算；

（二）上级财政专项补助；

（三）公民、法人和其他组织的捐赠；

（四）其他途径依法筹集。

第二章　规划编制

第九条　传统村落所在地县（市）人民政府应当在传统村落批准公布之日起一年内组织编制完成传统村落保护发展规划，并依照法定程序报批后公布实施。

依法批准的传统村落保护发展规划不得擅自变更和修改。确需修改的，应当依照法定程序报批。

第十条　传统村落保护发展规划编制应当包括保护范围、保护对象、保护措施、产业布局、人居环境改善等内容。

第十一条　传统村落保护发展规划应当突出民族地方特色，与国土空间、产业发展、扶贫开发、生态环境保护、全域旅游、乡村振兴和少数民族特色村镇等规划相衔接。

编制传统村落保护发展规划应当注重保持传统村落完整性、真实性和延续性，建（构）筑物的风格、用材、选址、高度等符合传统村落自然景观环境保护要求。

第十二条　传统村落保护发展规划在报批前，应当经村（居）民会议或者村（居）民代表会议讨论同意。乡（镇）人民政府、街道办事处依法将规划草案予以公告，并采取论证会、听证会或者其他方式征求专家和公众的意见。公告期限不得少于三十日。

乡（镇）人民政府、街道办事处应当充分考虑专家和公众的意见，并在报批材料中附具意见采纳情况及理由。

县（市）人民政府应当在传统村落的公共场所设置展示牌，公示本传统村落保护发展规划。

第三章　保护措施

第十三条　传统村落主要保护内容包括传统民居、整体风貌、文物古迹、非物质文化遗产、生态环境等。

第十四条　县（市）人民政府应当设立统一的传统村落保护标识，并对传统建筑、古路桥涵垣、古树名木、非物质文化遗产保护传承场所等保护对象实行挂牌保护。

任何单位和个人不得擅自设置、移动、涂改或者损毁传统村落保护标识。

第十五条 传统村落保护范围内建设项目，建设单位或者个人应当依法取得建设工程规划许可证或者乡村建设规划许可证，涉及文物保护单位的应当征得文物主管部门的同意。

第十六条 在传统村落保护范围内，禁止进行下列行为：

（一）开山、采石、开矿、挖砂、葬坟、取土等破坏传统格局和历史风貌的；

（二）占用或者破坏传统村落保护发展规划确定保留的湿地、林地、河湖水系、道路等自然景观、历史环境要素的；

（三）修建生产、储存爆炸性、易燃性、放射性、毒害性、腐蚀性物品工厂、仓库等；

（四）损坏或者擅自迁移、拆除传统建（构）筑物的；

（五）擅自设置户外广告、标牌、招贴等影响环境风貌的；

（六）违反传统村落保护发展规划，擅自改变传统建筑原有高度、体量、外形及色彩等建筑风貌的；

（七）破坏非物质文化遗产组成部分实物和场所的；

（八）其他损害传统村落的行为。

第十七条 传统村落保护范围包括核心保护区、建设控制地带，实行分区保护。

第十八条 核心保护区的保护应当坚持整体保护和原址保护的原则，保持传统村落传统格局、历史风貌、空间尺度、自然景观。

在核心保护区内，除保护发展规划确定的基础设施和公共服务设施外，不得擅自进行新建、扩建活动。

核心保护区修缮、装饰、装修建（构）筑物，设置标识、临街广告等，应当符合传统村落保护发展规划的要求。

第十九条 传统村落建设控制地带的建设活动应当符合保护发展规划要求，不得影响传统村落核心保护区轮廓线和主要视线走廊，为核心保护区提供良好的保护屏障和景观背景。

第二十条 传统村落保护范围内，在保护传统风貌和建筑形式不变的前提下，引导传统村落村（居）民对建（构）筑物进行结构加固、隔热保温、通风采光、内部装饰等改造，提升村（居）民居住品质。

第二十一条　传统村落保护范围内原有建（构）筑物与历史风貌不协调的，由县（市）人民政府按照保护发展规划逐步完成核心保护区改造；由所有权人或者使用权人按照传统村落保护发展规划要求完成建设控制地带改造，县（市）人民政府可以给予适当补助或者奖励。

第二十二条　所有权人或者使用权人应当按照保护发展规划的要求，负责传统建（构）筑物的维护和修缮，县（市）人民政府可以对传统建（构）筑物维护和修缮给予补助或者奖励。

所有权人或者使用权人不具备维护和修缮能力的，县（市）人民政府应当采取措施进行保护，所有权人或者使用权人应当予以配合。

所有权人、实际使用人或者代管人不明确的，由乡（镇）人民政府、街道办事处制定抢救修缮方案，报县（市）人民政府批准后组织实施。

第二十三条　对非传统村落内尚存可移动的零星传统建（构）筑物构件和具有较大历史、科学、艺术价值的碑刻、木雕等，经州、县（市）文物主管部门认定，在征得所有权人同意后可以迁移到传统村落中保护。

第二十四条　县（市）人民政府应当按照保护发展规划要求治理河道、山塘、水库，修建垃圾处理、污水处理、公共厕所等公共服务设施和开展亮化绿化建设，改善传统村落人居环境。

第二十五条　县（市）人民政府应当按照传统村落保护发展规划设置和完善消防设施，建立志愿消防队等多种形式的消防组织，做好预防和消除火灾安全隐患工作。

因消防安全需要对传统村落进行改造时，应当在不破坏传统村落原貌的基础上，合理开设防火通道，配备消防设施。

任何单位和个人不得占用、堵塞、封闭消防通道，不得损坏、挪用或者擅自拆除、停用消防设施、器材。

第二十六条　传统村落非物质文化遗产保护与传承适用《湘西土家族苗族自治州民族民间文化遗产保护条例》。

鼓励村（居）民开展传统民俗文化活动，利用传统建（构）筑物开设博物馆、纪念馆、传统作坊、传统商铺、民宿等，对传统村落民族文化遗产进行展示。

第二十七条　州、县（市）人民政府应当建立传统工匠传承人制度，组织培训传统工匠，鼓励传承民间手工技艺。

乡（镇）人民政府、街道办事处应当组织传统工匠参与传统建（构）筑物抢救修缮和传统村落风貌整治。

第二十八条 传统村落所在地县（市）人民政府应当建立传统村落驻村专家、村级联络员制度，对传统村落保护发展规划的实施及传统村落内建设活动进行指导和监督。

第四章 发展促进

第二十九条 传统村落保护发展应当保障村（居）民合法权益。因保护需要造成村（居）民合法权益损失的，应当先行协商，给予合理补偿。

第三十条 编制传统村落保护发展规划，应当预留允许建设区，其选址应当征求村（居）民意见，完善水、电、路等基础设施。

传统村落保护范围内村（居）民房屋，因保护需要无法满足居住需求的，村（居）民可以在允许建设区申请宅基地，具体申请办法由州人民政府制定。

第三十一条 根据保护发展的需要，县（市）人民政府可以通过货币补偿或者产权置换的方式，依法征收传统村落保护范围内的传统建（构）筑物。

第三十二条 传统村落保护范围内的传统建（构）筑物所有人下落不明且无法确定继承人或者合法代理人的，由传统建（构）筑物所在地村（居）民委员会进行公告认领，公告满一年无人认领的，由传统建（构）筑物所在地村（居）民委员会代管。代管期间，原产权人认领的，经审查属实，予以返还。代管期间的经营收益扣除保护管理成本后，由原产权人享有。

第三十三条 州、县（市）人民政府及有关部门应当扶持有条件的传统村落发展乡村旅游，推动重点旅游景区建设与传统村落旅游开发有机衔接。

鼓励村集体利用村（居）民空置或者退出的土地、住宅等资源，发展乡村旅游等产业。探索村（居）民自愿参与的旅游开发机制和利益分享机制，鼓励传统村落村（居）民利用住宅或者其他条件依法从事乡村旅游等相关经营活动。

第三十四条　鼓励发展传统村落的民族民间工艺，搭建传统村落文化消费、传播体验交流平台，建设民族民间文化展示、休闲养生、文化创意等产业基地。

第三十五条　传统村落进行旅游和商业项目开发的，县（市）人民政府应当组织相关部门对开发项目进行可行性论证，对开发条件不成熟的，应当先予保护、禁止开发；已经实施开发的，应当加强保护，严格控制开发强度。

利用民族民间文化，应当尊重其传统形式和内涵，不得歪曲、滥用、贬损。

第五章　法律责任

第三十六条　州、县（市）、乡（镇）人民政府、有关行政主管部门及其有关工作人员违反本条例规定，不履行法定职责的，对直接负有责任的主管人员和其他直接责任人员，依法给予处分；构成犯罪的，依法追究刑事责任。

第三十七条　违反本条例第十四条第二款规定的，由县（市）人民政府住房和城乡建设主管部门责令限期改正；逾期不改正的，对单位处二千元以上二万元以下的罚款，对个人处五百元以上五千元以下的罚款。

第三十八条　违反本条例第十六条第一、二、三项规定的，由州、县（市）人民政府自然资源和规划主管部门责令停止违法行为、限期恢复原状或者采取其他补救措施；有违法所得的，没收违法所得；逾期不恢复原状或者不采取其他补救措施的，经催告仍不履行，自然资源和规划主管部门可以指定有能力的单位代为恢复原状或者采取其他补救措施，所需费用由违法者承担；造成严重后果的，对单位并处二十万元以上五十万元以下的罚款，对个人并处二万元以上五万元以下的罚款；造成损失的，依法承担赔偿责任。

第三十九条　违反本条例第十六条第四项规定的，由县（市）人民政府住房和城乡建设主管部门责令停止违法行为、限期恢复原状；有违法所得的，没收违法所得；逾期不恢复原状或者不采取其他补救措施的，经催告仍不履行，县（市）人民政府住房和城乡建设主管部门可以指定有能力的单位代为恢复原状，所需费用由违法者承担；造成严重后果的，对单位处一万元以上十万元以下的罚款,对个人处五千元以上五万元以下的罚款;造成损失的,依法承担赔偿责任。

第四十条　违反本条例第十六条第五项规定的,由县(市)人民政府住房和城乡建设主管部门责令停止违法行为、限期改正,并处五十元以上二百元以下罚款;造成损失的,依法承担赔偿责任。

第四十一条　违反本条例第十六条第六项规定的,由县(市)人民政府住房和城乡建设主管部门责令停止违法行为、恢复原状;造成严重后果的,对单位处五万元以上十万元以下罚款,对个人处二千元以上二万元以下罚款;造成损失的,依法承担赔偿责任。

第四十二条　违反本条例规定,法律、法规已有处罚规定的,从其规定。

第六章　附则

第四十三条　州人民政府应当在本条例颁布一年内制定有关具体办法。

第四十四条　本条例经湖南省人民代表大会常务委员会批准后,由州人民代表大会常务委员会公布施行

附录4　恩施土家族苗族自治州传统村落和民族村寨保护条例

(2019年6月5日恩施土家族苗族自治州第八届人民代表大会常务委员会第十六次会议通过,2019年9月26日湖北省第十三届人民代表大会常务委员会第十一次会议批准)

第一章　总　则

第一条　为了保护和利用传统村落、民族村寨,维护村(居)民合法权益,传承弘扬优秀传统文化,推进乡村振兴,根据《中华人民共和国城乡规划法》《中华人民共和国文物保护法》《中华人民共和国非物质

文化遗产法》等法律、法规的规定，结合本州实际，制定本条例。

第二条　本州行政区域内传统村落、民族村寨的保护和利用适用本条例。

本条例所称传统村落，是指本州行政区域内列入县级以上名录并命名，拥有物质形态、非物质形态文化遗产，具有较高历史、文化、科学、艺术、生态等价值的自然村或者行政村。

本条例所称民族村寨，是指本州行政区域内列入县级以上名录并命名的少数民族特色村寨，即少数民族人口相对聚居，且比例较高，生产生活功能较完备，少数民族文化特征及其聚落特征明显的自然村或者行政村。

第三条　传统村落、民族村寨保护和利用应当遵循保护优先、科学规划、合理利用、可持续发展的原则，实行政府主导、村民自治、社会参与的工作机制。

第四条　州人民政府负责本行政区域内传统村落、民族村寨保护和利用工作的统筹指导。县（市）人民政府负责本行政区域内传统村落、民族村寨的保护和利用工作。

州、县（市）人民政府应当将传统村落、民族村寨的保护和利用纳入国民经济和社会发展规划及城乡总体规划，将保护和利用资金列入本级财政预算，定期对本行政区域内传统村落、民族村寨保护和利用工作进行检查、考核，并将检查、考核情况向同级人民代表大会常务委员会报告。

第五条　州、县（市）住房和城乡建设主管部门会同文化和旅游主管部门负责传统村落保护和利用的统一管理，民族事务主管部门会同文化和旅游主管部门负责民族村寨保护和利用的统一管理，其他相关部门根据各自职责负责传统村落、民族村寨的保护和利用工作。

乡（镇）人民政府应当组织编制传统村落、民族村寨保护和利用规划并负责实施，依法履行传统村落、民族村寨文化保护、经济发展、环境整治、安全防范等工作职责。

第六条　传统村落、民族村寨所在地村（居）民委员会应当协助乡（镇）人民政府、街道办事处开展工作，组织、引导村（居）民参与保护和利用，发挥村规民约、居民公约在保护和利用中的作用。

第七条　州、县（市）、乡（镇）人民政府应当加强传统村落、民族村寨保护和利用的宣传教育，增强公众的保护和利用意识。

州、县（市）、乡（镇）人民政府应当挖掘传统村落、民族村寨中传统文化、民族文化蕴含的优秀思想观念、人文精神、道德规范，培育文明乡风、良好家风、淳朴民风。

第八条　州、县（市）人民政府应当建立传统村落、民族村寨保护和利用专家咨询制度，传统村落、民族村寨申报、认定、规划、建设等重大事项应当组织专家开展咨询、论证。

第九条　州、县（市）人民政府应当鼓励企业、社会团体和个人以捐赠、赞助、投资等方式参与传统村落、民族村寨保护和利用。

对在传统村落、民族村寨保护和利用工作中做出突出贡献的单位、个人应当给予表彰和奖励。

第二章　申报认定与规划编制

第十条　县（市）人民政府应当在本行政区域内组织开展传统村落、民族村寨资源普查，根据普查情况提出申报传统村落、民族村寨的建议名录。

第十一条　县级传统村落、民族村寨由所在地乡（镇）人民政府、街道办事处根据建议名录申报。州级传统村落、民族村寨由县（市）人民政府从县级名录中申报。评审、认定、命名的具体办法由州人民政府组织制定。

国家级、省级传统村落、民族村寨的申报按照国务院、省人民政府有关部门的规定执行。

第十二条　具备下列条件的自然村或者行政村，可以申报县级传统村落：

（一）传统建筑体现一定历史时期风貌，主体结构及使用功能基本保存完好，具有地域、民族特色；

（二）村落选址、规划和建造具有历史、文化、科学、艺术、生态等价值，地形地貌、山川水系、街巷空间、生产生活配套设施等整体格局形态保存较完整；

（三）历史文化沉淀较深厚，拥有文物古迹或者非物质文化遗产；

（四）生态环境良好。

申报县级传统村落应当经村（居）民会议或者村民代表会议讨论同意。

第十三条　具备下列条件的自然村或者行政村，可以申报县级民族村寨：

（一）少数民族人口比例不低于百分之三十，村（居）民户数不低于二十户，特色民居比例不低于百分之三十且布局协调、风格典型；

（二）民族传统习俗保存较好，民族风情浓郁；

（三）民族民间传统艺术、工艺留存完好，或者保存有与民族传统文化以及重要历史事件、历史名人相关的文物古迹；

（四）生态环境良好。

申报县级民族村寨应当经村（居）民会议或者村民代表会议讨论同意。

第十四条　乡（镇）人民政府应当自传统村落、民族村寨名录公布之日起一年内组织编制完成保护和利用规划，县（市）人民政府应当予以支持。

传统村落、民族村寨保护和利用规划应当与乡镇总体规划、村庄规划、土地利用规划等相衔接。

第十五条　编制传统村落、民族村寨保护和利用规划应当包括下列内容：

（一）保护原则、保护范围、保护对象、保护要求；

（二）核心保护区、建设控制地带、风貌协调区的划定；

（三）传统格局、历史风貌保护；

（四）传统建筑、特色民居、历史环境要素、文物古迹保护；

（五）非物质文化遗产保护传承；

（六）基础设施、公共服务设施、生态环境改善；

（七）利用与发展项目；

（八）法律法规规定的其他内容。

编制传统村落、民族村寨保护和利用规划，可以根据实际情况预留允许建设区。

第十六条　传统村落、民族村寨保护和利用规划应当经村（居）民会议或者村民代表会议讨论同意后公告，公告期不得少于三十日。公告期满报县（市）人民政府批准后公布实施。

依法批准的传统村落、民族村寨保护和利用规划不得擅自修改。因公共利益需要或者自然环境发生重大变化等原因确需修改的，按照前款规定执行。

第三章　保护与管理

第十七条　传统村落、民族村寨的保护内容包括：

（一）具有地域、民族特色的整体风貌；

（二）传统建筑、特色民居、历史环境要素、文物古迹；

（三）非物质文化遗产及其相关的实物、场所；

（四）生态环境、人居环境；

（五）法律法规规定的其他内容。

第十八条　县（市）人民政府住房和城乡建设、民族事务、文化和旅游主管部门应当按照一村一档要求，建立传统村落、民族村寨档案及信息管理系统。

第十九条　县（市）人民政府应当在传统村落、民族村寨的主要出入口按照有关规定设置标识。任何单位和个人不得擅自设置、移动、涂改或者损毁标识。

第二十条　传统村落、民族村寨保护范围包括核心保护区、建设控制地带、风貌协调区。保护范围内禁止下列行为：

（一）破坏传统建筑、特色民居、历史环境要素、文物古迹的；

（二）进行开山、采石、采砂、采矿等活动破坏村落整体风貌的；

（三）破坏非物质文化遗产及其相关的实物、场所的；

（四）擅自修建生产或者储存爆炸性、易燃性、放射性、毒害性、腐蚀性产品的工厂、仓库的；

（五）破坏森林、绿地、河道水系等自然景观的；

（六）造成生态环境损害的；

（七）违反法律法规规定的其他行为。

第二十一条　传统村落、民族村寨风貌协调区应当保护好现有的自然景观环境，不得影响建设控制地带、核心保护区轮廓线和主要视线通廊。

传统村落、民族村寨建设控制地带内新建、改建、修缮建（构）筑物，应当符合保护和利用规划，建筑形式、体量、高度、色彩应当与村落整体风貌相协调。

第二十二条　传统村落、民族村寨核心保护区应当整体保护，保持传统格局、历史风貌和空间尺度。除保护和利用规划所确定的基础设施和公共服务设施外，不得擅自新建、扩建建（构）筑物，不得建造坟墓。

本条例施行前传统村落、民族村寨核心保护区内建成的破坏整体风貌的建（构）筑物和其他设施，应当逐步予以改造或者拆除。

第二十三条　传统村落、民族村寨保护范围内所有建设项目应当经自然资源和规划、住房和城乡建设等主管部门批准后实施，批准前应当征求有关专业机构或者专家的意见。

第二十四条　传统村落、民族村寨保护范围内新建、改建、修缮建（构）筑物应当遵守相关技术规范。国家、省未制定技术规范的，州人民政府应当根据需要组织制定技术规范。

传统村落、民族村寨保护范围内新建、改建、修缮建（构）筑物的，鼓励优先采用传统工艺、技术和材料，可以采用有利于古建筑保护的新工艺、技术和材料。

州、县（市）、乡（镇）人民政府应当对传统村落、民族村寨传统工艺、技术的传承利用及传统材料的生产供应给予支持。

第二十五条　传统村落、民族村寨的村（居）民可以对保护范围内传统建筑、特色民居的日照、通风采光、节能保温、给排水、环境卫生等生活设施进行内部改造，完善生活功能，但不得破坏村落整体风貌。

第二十六条　传统村落、民族村寨保护范围内传统建筑、特色民居的改建、修缮由所有权人负责，县（市）人民政府可以给予适当补助。

传统村落、民族村寨保护范围内传统建筑、特色民居所有权人死亡无法确定继承人或者所有权人下落不明的，可以由村（居）民委员会代管。代管期间，所有权人申请认领的，应当予以返还。

第二十七条　州、县（市）、乡（镇）人民政府应当对传统村落、民族村寨非物质文化遗产予以保护，鼓励非物质文化遗产项目代表性传承人开展传承活动，支持村（居）民开展健康有益的民俗文化活动。

第二十八条　州、县（市）人民政府应当建立传统村落、民族村寨保护和利用专家学者、传统工匠、民间艺人等人才库，采取培训、授予称号、给予补助等措施加强专业人才队伍建设，支持专业人才进行传统村落、民族村寨文化遗产收集、整理、研究、传承等工作。

第二十九条　县（市）、乡（镇）人民政府应当负责传统村落、民族村寨的消防工作。县（市）人民政府应急管理部门应当定期开展消防安全检查，及时消除安全隐患，指导村（居）民委员会做好消防工作。

县（市）、乡（镇）人民政府应当组织相关部门开展传统村落、民族村寨地质灾害和白蚁防治工作。

第三十条　州级、县级传统村落、民族村寨因保护不力致使其历史、文化、科学、艺术、生态等价值受到严重影响的，应当由批准机关予以警示并责成所在地下一级人民政府整改。自发出警示之日起6个月内未整改的，或者整改后未达到预期效果且拒不继续整改的，应当予以除名。

国家级、省级传统村落、民族村寨因保护不力致使其历史、文化、科学、艺术、生态等价值受到严重影响的，州人民政府应当予以警示并责成所在地县（市）人民政府整改，并将有关情况报送批准机关处理。

第四章　利用与发展

第三十一条　州、县（市）人民政府应当根据传统村落、民族村寨保护和利用的需要制定支持政策。

乡（镇）人民政府、街道办事处应当依据保护和利用规划，因地制宜谋划、申报、实施利用与发展项目，推进现代农业、文化旅游等绿色产业发展。

第三十二条　州、县（市）、乡（镇）人民政府应当鼓励和支持各类市场主体依法利用传统村落、民族村寨资源，发展多种形式的适度规模经营，开发休闲农业、乡村旅游、民俗文化等特色产品。

鼓励和支持传统村落、民族村寨所在地集体经济组织利用资源优势，发展村级集体经济。

鼓励和支持传统村落、民族村寨村（居）民利用空置土地、闲置住房等资源，发展乡村民宿等特色产业。

第三十三条　为了公共利益的需要，确需征收、占用传统村落、民族村寨保护范围内土地的，应当依法办理审核、审批手续，并给予补偿。

县（市）人民政府可以通过货币补偿或者产权置换的方式，依法征收传统村落、民族村寨保护范围内的传统建（构）筑物。传统建（构）筑物被征收的村民，符合条件的，可以在允许建设区内申请宅基地。

第三十四条　传统村落、民族村寨保护和利用应当保障村（居）民合法权益。因保护需要造成村（居）民合法权益受到损害的，应当协商给予补偿。

依法对传统村落、民族村寨进行开发利用的，应当尊重村（居）民意愿，并对权益分配等事项作出约定。

第三十五条　州、县（市）、乡（镇）人民政府应当鼓励和支持利用传统村落、民族村寨的传统建筑、特色民居设立博物馆、陈列馆、传习所、传统作坊、传统商铺、传统工艺示范基地等，开展交流、培训、研究、传承等活动，展示、传播文化遗产。

第三十六条　州、县（市）、乡（镇）人民政府应当加强传统村落、民族村寨道路、供水、供电、通信、绿化、公共照明、公共厕所、垃圾处理、污水处理等基础设施建设，完善教育、文化、医疗卫生、农村社区服务等公共服务设施。

第三十七条　州、县（市）、乡（镇）人民政府应当利用互联网、物联网、人工智能等现代信息技术，推动传统村落、民族村寨的智慧乡村建设。

第五章　法律责任

第三十八条　违反本条例规定的行为，法律、法规有规定的，从其规定。

第三十九条　违反本条例规定，擅自设置、移动、涂改或者损毁传统村落、民族村寨标识的，由县（市）人民政府住房和城乡建设、民族事务主管部门责令限期改正；逾期不改正的，处三百元以上三千元以下的罚款；造成损失的，依法承担赔偿责任。

第四十条　违反本条例规定，破坏传统建筑、特色民居的，由县（市）人民政府住房和城乡建设主管部门责令停止违法行为、限期恢复原状或者采取其他补救措施；有违法所得的，没收违法所得；造成严重后果的，对单位并处二十万元以上五十万元以下的罚款，对个人并处十万元以上二十万元以下的罚款。

第四十一条　违反本条例规定，在传统村落、民族村寨保护范围内进行开山、采石、采砂、采矿等活动破坏村落整体风貌的，由县（市）人民政府自然资源和规划主管部门或者其他有关行政主管部门依法责令停止违法行为，没收违法所得，限期恢复原状或者采取其他补救措施；情节严重的，并处一千元以上一万元以下的罚款。

第四十二条　违反本条例规定，致使传统村落、民族村寨保护范围内历史环境要素、自然景观破坏的，由县（市）人民政府自然资源和规划主管部门责令停止违法行为、限期恢复原状或者采取其他补救措施，并处二万元以上十万元以下的罚款。

第四十三条　违反本条例规定，在传统村落、民族村寨保护范围内新建、改建、修缮建（构）筑物与传统村落整体风貌不相协调的，由县（市）人民政府住房和城乡建设主管部门责令停止违法行为，限期恢复原状或者采取其他补救措施；造成严重后果的，对单位并处五万元以上十万元以下的罚款，对个人并处一万元以上五万元以下的罚款。

第四十四条　违反本条例规定，在传统村落、民族村寨核心保护区内擅自新建、改建建（构）筑物和其他设施的，由乡（镇）人民政府责令停止建设、限期改正；逾期不改正的，应当依法拆除。

违反本条例规定，在传统村落、民族村寨核心保护区内建造坟墓的，由县（市）人民政府民政主管部门责令限期拆除。

第四十五条　因保护不力致使传统村落、民族村寨被警示或者除名的，由上级人民政府、主管部门或者监察机关对直接负责的主管人员和其他直接责任人员，依法给予处分。

第四十六条　州、县（市）、乡（镇）人民政府、有关部门及其工作人员不履行本条例规定的职责，由其所在单位、主管部门、上级机关或者监察机关责令改正；情节严重的，对直接负责的主管人员和其他直接责任人员依法给予处分；构成犯罪的，依法追究刑事责任。

第六章　附　则

第四十七条　本条例下列用语的含义：

（一）传统建筑，是指修建于 1980 年以前，使用传统材料、具有传统形制、运用传统工艺建造的民宅、祠堂、庙宇、牌坊、书院、名人故居等具有保护价值的建（构）筑物。

（二）特色民居，是指传承传统建筑风格，具有鲜明的地方特色和民族特色，彰显白墙青瓦镂花窗等建筑符号和干栏式建筑元素，与当地自然和人文环境相协调的居住建筑。

（三）历史环境要素，是指除文物古迹、传统建筑、特色民居之外，构成历史风貌的塔楼亭阁、墓碑石刻、路桥涵垣、井塘河道、古树名木等景物。

第四十八条　本条例自 2020 年 3 月 1 日起施行。

参考文献

保靖县征史修志领导小组：《保靖县志》，中国文史出版社1990年版。

恩施州志编纂委员会编：《恩施州志》，湖北人民出版社1998年版。

凤凰县志编纂委员会编：《凤凰县志》，湖南人民出版社1988年版。

湖北省恩施土家族苗族自治州地方志编纂委员会编著：《恩施州志》（1983—2003），湖北人民出版社2013年版。

湖北省恩施自治州政协文史资料委员会主办：《鄂西文史资料》2005年第1期。

龙山县修志办公室：《龙山县志》，龙山县印刷厂1985年版。

汤明田、潘顺福：《利川市民族志》，湖北人民出版社2010年版。

湘西土家族苗族自治州编纂委员会编：《湘西州志》，湖南人民出版社1999年版。

向子钧、周益顺、张兴文：《来凤县民族志》，恩施州民族研究丛书，北京民族出版社2003年版。

永顺县地方志编撰委员会：《永顺县志》（1989—2010），方志出版社2017年版。

中共湖北省鹤峰县委革命斗争史调查组：《鹤峰苏区简史》（1928—1933），湖北人民出版社1985年版。

中国人民政治协商会议利川市委员会文史资料委员会编：《利川文史资料》第三辑，恩施日报出版社1990年版。

（清）多寿：《恩施县志》，同治三年修，民国二十年铅字重印本。

（清）傅一中：道光版《建始县志》校注，建始县档案馆2000年版。

（清）缴继祖：《龙山县志》，嘉庆二十三年刻本。

（清）李勖：《来凤县志》，同治五年刻本。

《鄂西土家族苗族自治州概况》编写组：《恩施土家族苗族自治州概况》，民族出版社 2007 年版。

《湘西土家族苗族自治州概况》编写组：《湘西土家族苗族自治州概况》，湖南人民出版社 1985 年版。

龚胜生：《清代两湖农业地理》，华中师范大学出版社 1996 年版。

贺雪峰：《乡村的前途》，山东人民出版社 2007 年版。

贺雪峰：《新乡土中国——转型期乡村社会笔记》，北京大学出版社 2013 年版。

胡彬彬、吴灿：《中国传统村落文化概论》，中国社会科学出版社 2018 年版。

黄于纲：《凉灯——山这边的中国》，江西教育出版社 2019 年版。

黄宗智：《华北的小农经济与社会变迁》，中华书局 2000 年版。

黄宗智：《中国乡村研究》，商务印书馆 2003 年版。

姜爱：《土家族传统生态知识及其现代传承研究》，中国社会科学出版社 2017 年版。

解彩霞：《现代性，个体性，空壳化——一个当代中国西北村庄的社会变迁》，中国社会科学出版社 2017 年版。

李培林：《村落的终结——羊城村的故事》，商务印书馆 2004 年版。

梁漱溟：《乡村建设理论》，上海世纪出版集团 2006 年版。

凌纯声、芮逸夫：《湘西苗族调查报告》，商务印书馆 1947 年版。

刘彦随、龙华楼、陈玉福：《中国乡村发展研究报告——农村空心化及其整治策略》，科学出版社 2011 年版。

龙先琼：《近代湘西开发史研究——以区域史为视角》，民族出版社 2014 年版。

陆学艺：《内发的村庄》，社会科学文献出版社 2001 年版。

罗杨：《守望古村落》，中国文联出版社 2012 年版。

马翀炜、陆群：《土家族——湖南永顺县双凤村调查》，云南大学出版社 2004 年版。

祁嘉华：《陕西古村落》，陕西人民出版社 2013 年版。

施坚雅：《中国农村的市场和社会结构》，中国社会科学出版社 1998

年版。

石建华、伍贤佑：《湘西苗族百年实录》，法制出版社 2008 年版。

石启贵：《湘西苗族实地调查报告》，湖南人民出版社 1986 年版。

王铭铭：《走在乡土上》，中国人民大学出版社 2003 年版。

王曙光：《中国农村》，北京大学出版社 2017 年版。

温铁军：《"三农"问题与制度变迁》，中国经济出版社 2009 年版。

徐杰舜、刘冰清：《乡村人类学》，宁夏人民出版社 2012 年版。

阎云翔：《私人生活的变革》，上海书店出版社 2006 年版。

阳明明：《湘西最后的古村落》，花城出版社 2013 年版。

杨懋春：《一个中国村庄：山东台头》，张雄、沈炜、秦美珠译，江苏人民出版社 2001 年版。

游俊、李汉林：《湖南少数民族史》，民族出版社 2001 年版。

于建嵘：《岳村政治——转型期中国乡村政治结构的变迁》，商务印书馆 2001 年版。

周大鸣：《凤凰村的变迁》，社会科学文献出版社 1998 年版。

周建明：《中国传统村落——保护与发展》，中国建筑工业出版社 2014 年版。

朱道才：《我国农村空心化问题的治理研究》，经济科学出版社 2016 年版。

朱启臻、赵晨鸣：《留住美丽乡村——乡村存在的机制》，北京大学出版社 2014 年版。

朱启臻、赵晨鸣：《农民为什么离开土地》，人民日报出版社 2011 年版。

［法］孟德拉斯：《农民的终结》，李培林译，社会科学文献出版社 2010 年版。

［美］明恩溥：《中国的乡村生活》，陈午晴、唐军译，电子工业出版社 2012 年版。

陈华文：《文化重启：传统村落保护可持续的灵魂》，《广西民族大学学报》（哲学社会科学版）2018 年第 5 期。

陈家喜、刘王裔：《我国农村空心化的生成形态与治理路径》，《中州学刊》2012 年第 5 期。

成真：《农村"空心化"背景下乡村振兴的现实困境及解决路径探析》，

《湖北农业科学》2019 年第 6 期。

段家芬：《劳动力转移、人口"空心化"与农村土地规模化经营研究——以四川省金堂县为案例的调查分析》，硕士学位论文，西南财经大学，2013 年。

方天建：《乡村振兴视野下的中越边境地区"空心化"问题研究——基于滇桂交界地区的实证考察》，《民族学刊》2018 年第 6 期。

冯骥才：《传统村落的困境与出路——兼谈传统村落是另一类文化遗产》，《民间文化论坛》2013 年第 1 期。

贺雪峰：《保护小农的农业现代化道路探索——兼论射阳的实践》，《思想战线》2017 年第 2 期。

贺雪峰：《谁的乡村建设——乡村振兴战略的实施前提》，《学术争鸣》2017 年第 6 期。

胡彬彬：《当前传统村落演变态势堪忧——来自农村一线的调查与回访》，《人民论坛》2015 年第 2 期。

李祖佩：《村庄空心化背景下的农村文化建设：困境与出路——以湖北省空心村为分析对象》，《中州学刊》2013 年第 6 期。

林孟清：《推动乡村建设运动：治理农村空心化的正确选择》，《中国特色社会主义研究》2010 年第 5 期。

刘锐、杨云云：《空心村问题再认识——农民主体的视角》，《社会科学研究》2013 年第 3 期。

刘彦随、刘玉、陈秧分等：《快速城市化中的中国农村空心化》，《地理科学》2010 年第 12 期。

龙先琼：《略论历史上的湘西开发》，《民族研究》2001 年第 5 期。

鲁可荣、程川：《传统村落公共空间变迁与乡村文化传承》，《广西民族大学学报》（哲学社会科学版）2016 年第 6 期。

潘英海：《关于文化主体性与传统村落的可持续发展》，《旅游学刊》2017 年第 2 期。

彭丽慧：《农村空心化与地域、社会空间重构研究》，硕士学位论文，东北师范大学，2011 年。

彭智勇：《空壳村：特征、成因及治理》，《理论探索》2007 年第 5 期。

秦杰：《新型城镇化背景下传统村落保护研究》，硕士学位论文，杭州师范大学，2014 年。

饶旭鹏、周娟：《"过疏化"中国农村发展的趋势及其影响》，《生产力研究》2016 年第 5 期。

宋凡金、谷继建、王东强：《破与立的变奏：农村空心化治理模式研究》，《社会科学家》2017 年第 4 期。

孙九霞：《传统村落：理论内涵与发展路径》，《旅游学刊》2017 年第 2 期。

田毅鹏：《"村落终结"与农民的再组织化》，《人文杂志》2012 年第 1 期。

田毅鹏：《农村社区治理能力现代化的新取向》，《政治学研究》2018 年第 1 期。

田毅鹏：《乡村"过疏化"背景下城乡一体化的两难》，《浙江学刊》2011 年第 5 期。

王鑫林：《农村空心化背景下的土地撂荒现象及治理探讨——基于四川省仪陇县 X 村的调研分析》，硕士学位论文，西南财经大学，2013 年。

文军：《从生存理性到社会理性选择：当代中国农民外出就业动因的社会学分析》，《社会学研究》2001 年第 6 期。

乌丙安：《中国社会转型中传统村落的文化根基分析》，《中国农业大学学报》2015 年第 5 期。

吴必虎：《传统村落与旅游活化：学理与法理分析》，《扬州大学学报》（人文社会科学版）2017 年第 1 期。

吴重庆：《农村空心化背景下的儒学"下乡"》，《文化纵横》2012 年第 2 期。

武敏：《当前农地抛荒原因及政府政策研究——基于农民土地权益保障的思考》，硕士学位论文，华中师范大学，2011 年。

杨庭硕、耿中耀：《农耕文明与传统村落保护》，《原生态民族文化学刊》2016 年第 4 期。

张茜、张俊：《农村"空心化"现象的经济学解释》，《生产力研究》2008 年第 8 期。

张仕平：《乡村场域变迁中的农民外出就业》，博士学位论文，吉林大学，2006 年。

张云兰:《新型城镇化背景下传统村落的保护与发展——以广西为例》,《广西民族研究》2017年第2期。

张志胜:《土地流转视阈下的"空心村"治理》,《长白学刊》2009年第2期。

赵佳文:《新型城镇化背景下"空心村"治理路径研究——以河北省魏县为例》,硕士学位论文,东北财经大学,2018年。

周春霞:《农村空心化背景下乡村治理的困境与路径选择——以莫顿的结构功能论为研究视角》,《南方农村》2012年第3期。

周大鸣、廖越:《我们如何认识中国乡村社会结构的变化:以"原子化"概念为中心的讨论》,《广西师范学院学报》(哲学社会科学版)2018年第4期。

周林昌:《村庄人口空心化背景下邻里关系变迁研究——以桂东南Y村为例》,硕士学位论文,浙江师范大学,2014年。

周祝平:《中国农村人口空心化及其挑战》,《人口研究》2008年第2期。

后　　记

　　湘鄂西地区的传统村落是土家族、苗族、汉族等民族共同居住、生产和生活的空间，具有重要的历史文化价值和鲜明的地域民族特色，传承着农耕文明和历史文化记忆。随着现代化和城镇化的不断推进，许多青壮年"离土又离乡"，传统村落过疏化趋势日益加剧，村庄发展主体缺失，村落古老木房民居因为长期无人居住而破败荒废。笔者长年在湘鄂西地区的传统村落做调研，乡村的衰败、乡土文明的流逝时时触动着我的心灵。鉴于此，笔者于2015年申报了国家社科基金青年项目"乡村'过疏化'背景下湘鄂民族地区传统村落的可持续发展研究"并有幸获得立项，本书即是在该课题的最终结题成果基础上修改而成的。

　　本书的写作受益于导师段超教授和刘伦文教授的教导。一朝沐杏雨，一生念师恩。现在虽已毕业多年，但一直承蒙老师的厚爱和帮助，老师每次"解疑释惑"都能让迷途中的我"拨开云雾见青天"。2018—2019年，我有幸到北京大学社会学系访学，在北大图书馆查阅了大量文献资料，导师高丙中教授几次与我探讨课题内容，启发我从新视角去思考传统村落的未来发展问题，给予我很多有价值的建议，让我受益匪浅。此外，还要感谢五位匿名评审专家在课题结题评审中给予的褒奖和修改建议，使得本书得以不断完善。

　　感谢田野调研中提供无私帮助和接受访谈的每一位对象！根据研究需要，我到恩施州、湘西州很多县市的传统村落展开过调研，尤以恩施市二官寨村、湘西永顺双凤村和凤凰县山江凉灯村调研时间最久，同当地许多政府官员、村干部、乡村精英、村民等都打过交道，需要感谢的人太多太多。面对我一次次地打扰及无休止的疑问，他们总是表现出极大的耐心，不仅提供了大量鲜活的第一手资料，还提供了诸多便利，谨向他们表示最诚挚的谢意！

在本书即将付梓之际，还要特别感谢湖北民族大学民族学与社会学学院谭志满院长提供的宽松写作环境和各种支持。在课题研究过程中，研究生闫涛、刘春桃、孙绍华曾参与田野调研和资料整理，做了很多具体工作。中国社会科学出版社孔继萍老师为本书的出版倾注了大量心血，她的悉心审阅和细致校核为本书增色不少，在此一并致谢！

因笔者学识水平有限，调研工作尚不完全，该书难免有疏漏和不当之处，恳请广大读者批评指正，以便将来补充修正。

姜　爱

2023 年 1 月于湖北恩施